MÉMOIRES

DU

DUC DES CARS

L'auteur et les éditeurs déclarent réserver leurs droits de traduction et de reproduction à l'étranger.

Cet ouvrage a été déposé au ministère de l'intérieur (section de la librairie) en mai 1890.

LE CHEVALIER D'ESCARS
Colonel du Régiment de Dragons-Artois (1774)

MÉMOIRES

DU

DUC DES CARS

COLONEL DU RÉGIMENT DE DRAGONS-ARTOIS, BRIGADIER DE CAVALERIE
PREMIER MAITRE D'HOTEL DU ROI

PUBLIÉS PAR

SON NEVEU LE DUC DES CARS

AVEC UNE INTRODUCTION ET DES NOTES
PAR LE COMTE HENRI DE L'ÉPINOIS

Ouvrage accompagné de deux portraits

TOME PREMIER

PARIS

LIBRAIRIE PLON

E. PLON, NOURRIT ET Cie, IMPRIMEURS-ÉDITEURS
RUE GARANCIÈRE, 10

1890

Tous droits réservés

AVANT-PROPOS

Les Mémoires présentés aujourd'hui au public offriront, il faut l'espérer, de l'intérêt à quelques personnes.

Ils n'ont pas été écrits dans le but d'être publiés : on y trouvera, dans toute leur sincérité et leur primeur, les pensées d'un homme qui vivait à la Cour au milieu de la plus haute société de son époque. Cette société, très différente de la nôtre, a été de nos jours bien décriée. Il ne s'agit ici ni de la défendre, ni de la juger; mais on pourra reconnaître en lisant ces pages qu'elle renfermait des hommes d'intelligence et de caractère, appliqués à l'étude, remplis de patriotisme et préoccupés de se rendre utiles à leur pays, au Roi, comme on disait alors.

La vie de l'auteur des Mémoires que nous

publions peut se résumer par les mots : Honneur, loyauté, dévouement.

Jean-François, fils de François-Marie, comte des Cars, et d'Émilie de Fitz-James, fille du maréchal de Berwick, fut longtemps connu sous le nom du chevalier des Cars[1], parce qu'il avait été reçu chevalier de Malte. Il prit le titre de baron après la mort de son second frère, Jacques-François baron des Cars, tué sur le vaisseau *le Glorieux*, qu'il commandait dans un combat

---

[1] L'auteur de ces Mémoires écrivait son nom « d'Escars ». On pourra être étonné de le voir imprimé d'une manière différente qu'il ne l'écrivait. Depuis 1850 environ, la famille de Pérusse des Cars a écrit son nom : « des Cars, » au lieu de : « d'Escars », forme qui a été la plus usitée dans le dix-septième et le dix-huitième siècle. Cependant, on trouve aussi « Des Cars » dans des papiers de famille anciens et dans quelques almanachs de la Cour du siècle dernier. Dans la harangue prononcée le 8ᵉ août 1573 à Metz, par Charles des Cars, évêque de Langres, aux ambassadeurs de Pologne venant annoncer au duc d'Anjou, plus tard Henri III, son élection au trône de Pologne, on trouve le nom écrit *des Cars*. Or, l'évêque de Langres était un homme docte et érudit. On devrait en conclure que plus tard l'orthographe du nom se corrompit, soit par suite de la prononciation des Limosins interprétée à Paris, soit pour une autre cause. Du reste, jusqu'à la Révolution, on n'attachait aucune importance à l'orthographe des noms. Plusieurs membres de la famille signaient leurs lettres DESCARS. Ces lettres, toutes majuscules, n'avaient qu'à être séparées en deux mots, ou par une apostrophe, pour prendre les formes que nous avons vues. Dans les chartes latines, la famille est désignée par le mot *de Quadris*, et le lieu où elle résidait s'appelle aujourd'hui encore les Cars. Aussi, l'orthographe employée ici, « des Cars », a été adoptée comme plus rationnelle et conforme à l'étymologie. Le certificat de publication des bans du premier mariage de l'auteur de ces Mémoires, porte « Baronem des Cars ».

contre les Anglais, livré aux Antilles par le comte de Grasse, le 12 avril 1782. Après la mort de son frère aîné, en 1815, le baron des Cars prit le titre de comte et enfin celui de duc, lorsque le roi Louis XVIII le lui eut conféré en 1816.

Le baron des Cars avait épousé, le 5 mai 1783, Mlle Pauline de La Borde, fille du célèbre financier de ce nom, dont il n'eut qu'une fille morte en bas âge. La baronne des Cars mourut en 1792, aux eaux du Mont-Dore, où elle fut enterrée. Elle y était allée pour rétablir sa santé compromise par un refroidissement contracté à la fête de la Fédération. Elle avait fait acte de bonne citoyenne en roulant la brouette. Sa tombe a été dérangée récemment par la construction d'une route.

Le baron se maria en secondes noces, en 1798, avec la marquise de Nadaillac, née Rancher de La Ferrière, veuve du marquis du Pouget de Nadaillac, dont elle avait deux enfants qui devinrent le marquis de Nadaillac et la marquise de Podenas.

Le duc des Cars institua sa femme son héritière universelle, lui faisant ainsi passer la part des biens de la famille de Pérusse des Cars, qui lui avait été rendue après la Révolution [1]. Il se trouvait alors le chef de la famille.

[1] Ou leur produit, car il y avait eu des biens vendus.

a.

Le comte François-Marie de Pérusse des Cars, son père, avait, par son testament, substitué ses biens à celui de ses descendants, petit-fils ou petit-neveu, qui serait vivant à sa mort. Ces biens devaient revenir au vicomte, plus tard second duc des Cars, fils du comte François des Cars; mais les lois de la Révolution avaient aboli les substitutions, et le duc des Cars put laisser à sa veuve des biens patrimoniaux qui sortirent ainsi de la famille à laquelle ils avaient donné le nom et où ils étaient depuis 1300. De sages et fermes esprits peuvent le regretter; ils pensent que des lois sont indispensables pour assurer la stabilité et la perpétuité des foyers [1].

Les Mémoires devinrent la propriété de Mme de Podenas. Plus tard, le marquis Roger de Podenas et le comte Louis de Podenas, son frère, qui les avaient recueillis de leur mère, voulurent bien, en 1850, les offrir au duc des Cars, second du nom. Le comte Louis les apporta à la Roche de Brand, près Poitiers, où habitait le duc des Cars [2].

---

[1] Nous possédons l'inventaire de la succession du comte François-Marie, dressé pour sa veuve, où est relaté le testament. Voir la note III aux Appendices.

[2] Le marquis de Podenas épousa Mlle Yermoloff, dont il eut deux fils : un seul survit aujourd'hui. Il a bien voulu nous permettre de reproduire le charmant portrait qui orne ce volume. Le comte Louis, après avoir brillamment servi dans l'armée sarde pendant plusieurs années, se retira en 1850, laissant une excel-

AVANT-PROPOS.

Ce n'est pas sans beaucoup d'hésitation que nous nous sommes décidé à offrir au public, contrairement aux désirs exprès de leur auteur, des souvenirs écrits pour l'intimité. Si l'on nous blâmait, nous dirions que nous ne sommes pas les premiers à contrevenir à cette défense de les publier. Il y a déjà plusieurs années, M. le marquis de Nadaillac a confié à M. Geffroy, professeur au Collège de France et depuis membre de l'Institut, communication d'une copie qu'il possédait. Dans son livre sur *Gustave III et la Cour de France*[1], M. Geffroy revient à plusieurs reprises sur les récits et appréciations du baron des Cars.

Il reconnaît, il est vrai, dans une note, les qualités personnelles du baron. Il le dit « brillant officier, passionné pour l'état militaire, laissant après lui une mémoire justement appréciée, des traditions de fidélité, d'honneur et d'esprit »; mais en même temps, plus d'une citation prise isolément, entourée par des commentaires, vient donner le change sur le caractère de notre auteur, pour déverser sur ses idées et sur ceux

---

lente réputation militaire. Au moment de la guerre de 1870, il prit du service en France et reçut le commandement d'un bataillon de zouaves. Il combattit à Champigny, où il fut frappé d'une balle au front. Ses hommes voulaient le relever : « Ne pensez pas à moi, leur dit-il, mais à l'honneur de votre drapeau. »

[1] Paris. Perrin, édit.

qui les partagent, le blâme et le ridicule. On verra qu'il était loin de mériter ces critiques.

Nous espérons, par notre publication, le montrer tel qu'il était, et rétablir la vérité sur ses sentiments.

Il est très vrai : le baron des Cars a été l'adversaire résolu de la Révolution, tandis que d'autres s'en font les défenseurs. On n'accorde pas volontiers un patriotisme éclairé à ceux qui alors s'opposèrent au système de destruction soudaine et violente des institutions du passé. Le baron prévoyait trop bien les maux que l'entraînement irréfléchi des esprits devait attirer sur la France, pour hésiter un instant : l'expérience a montré que sur plus d'un point, il ne se trompait pas. Il fallait réformer, non révolutionner. N'avons-nous pas entendu un écrivain libéral constater avec bonne foi les mécomptes survenus, les illusions cruellement déçues, en un mot, « la banqueroute de la Révolution [1] » ?

On s'obstine également à montrer les adversaires de cette Révolution comme personnellement intéressés à soutenir leur manière de voir, alors qu'ils s'alarmaient surtout pour l'avenir de

---

[1] M. Émile MONTÉGUT, dans la *Revue des Deux Mondes*, juillet 1871.

leur pays. Pour seconder les désirs du Roi et répondre au vœu général, la noblesse offrait d'abandonner les privilèges dont elle jouissait. Ces droits féodaux, reste d'un régime qui, amené par les besoins du temps et modifié selon les âges, avait rendu de grands services pour l'administration et la défense du pays; ces droits, véritable et légitime propriété, devaient être rachetés comme le demandaient les cahiers pour les États généraux; mais au lieu de procéder comme on l'a fait de nos jours en Autriche, en Russie, dans le Canada, au lieu de réformer avec sagesse, comme on le voulait généralement, un état de choses suranné, des meneurs, aussi habiles que pervers, ont provoqué le désordre, méconnu des droits légitimement acquis, faussé la conscience publique et tout détruit violemment; ils ont volé et massacré. La France y a terriblement perdu et en a bien souffert. Voilà la vérité, et, tout en condamnant dans le passé ce qui fut un abus, on ne saurait la proclamer trop haut [1].

On n'a vu généralement dans l'émigration qu'une affaire de mode ou une satisfaction de vanité. Ce n'est point se rendre un compte exact de la situation où se trouvait la France. Le Roi, par sa fai-

[1] On peut en trouver les preuves dans les *Origines de la France contemporaine. La Révolution*, par M. TAINE.

blesse et ses concessions, se livrait à des ennemis dont il ne connaissait pas la perversité; par ses hésitations, il décourageait l'armée qui, travaillée depuis longtemps par les agents des loges maçonniques, passait à ses adversaires. Une nouvelle puissance, inconnue jusqu'alors et apparue spontanément, semblait-il, se livrait à tous les excès provoqués par des meneurs, hommes sans aucun titre à la confiance du peuple, mais, grâce aux mots pompeux qu'ils prononçaient, acceptés par lui avec enthousiasme. Le Roi, désormais sans troupes, était à la merci du premier mouvement populaire. La prise de la Bastille avait été le signal d'un soulèvement préparé d'avance. Dans presque toute la France, des factieux, obéissant à des chefs qui recevaient de Paris un mot d'ordre et de l'argent, excitaient les populations à se ruer contre les seigneurs. Plusieurs étaient massacrés : le feu était mis à un grand nombre de châteaux, et leurs propriétaires ne voyaient plus de salut que dans la fuite. Ainsi, la comtesse François des Cars se trouvant en Bourgogne au château de Courtenay, chez ses parents, n'eut que le temps de s'évader, lorsqu'une bande armée vint la nuit avec des torches pour y mettre le feu. De tels exemples sont nombreux.

Les victimes de ces excès ne trouvaient aucun

secours dans leur patrie. L'exercice de la justice était suspendu, les lois ne protégeaient plus personne. La force armée était entre les mains des conjurés, et les biens des fugitifs devenaient la récompense de ceux qui les avaient forcés à partir. Nous serions curieux de savoir si, persécutés aujourd'hui de la sorte, les détenteurs actuels de l'autorité tiendraient une conduite différente de celle qu'ils blâment dans les autres.

Le Roi, comprenant qu'il était impuissant à opposer une résistance aux désordres, ordonna au comte d'Artois et au prince de Condé de sortir de France. Les princes se flattaient de réunir autour d'eux une force capable de dominer l'esprit de révolte qui gagnait tout le royaume. Ils pensaient avoir laissé dans le pays assez de partisans pour être puissamment aidés et trouver au dehors des alliés qui feraient cause commune avec eux. Il s'agissait de se réunir pour rétablir en France l'ordre qui était bouleversé au point de provoquer des assassinats, des émeutes, des pillages.

L'esprit de patriotisme que personne assurément ne refusera aux Bourbons, ni à la noblesse française, n'était pas compris alors comme il l'est aujourd'hui, et il faut reconnaître que les appréciations émises à ce sujet par les partisans de la Révolution manquent de loyauté. Ceux-ci trouvent mauvais et digne de la rigueur des lois que leurs adversaires aient demandé du secours à l'étranger, tandis qu'eux-mêmes réclament et acceptent l'appui de tous ceux qui veulent bien se mettre dans leurs rangs, quelle que soit leur nationalité.

Pendant les guerres du seizième siècle, les protestants français n'acceptaient-ils pas l'argent de l'Angleterre? ne réclamaient-ils pas les reîtres allemands et les troupes suisses? Ils cherchaient donc, eux aussi, sans scrupule, des secours à l'étranger, du moment où l'étranger partageait les opinions pour lesquelles ils combattaient. Il en fut de même au dix-septième siècle.

Appeler l'étranger n'emportait pas alors l'idée que ce mot a eue, lorsqu'à la suite des longues guerres de l'Empire la haine a séparé les nations. Et même depuis, je ne sache pas que les Espagnols aient été blâmés d'avoir accepté le secours des Anglais pour résister aux Français qui bouleversaient leur pays en 1808, ni d'avoir accepté en 1823 le secours des Français pour réduire les révolutionnaires qui voulaient faire en Espagne et avaient commencé de faire ce que les révolutionnaires avaient opéré en France; en 1831, des troupes anglaises ne vinrent-elles pas au secours des Portugais réunis à don Pedro contre les Portugais partisans de don Miguel?

En 1827 les Grecs, et en 1831 les Belges, n'appelèrent-ils pas l'étranger à les secourir contre leurs oppresseurs? En 1834, des Français n'allèrent-ils pas aider les Espagnols défenseurs de la reine Christine contre les Espagnols fidèles à don Carlos? En 1789 et dans les années suivantes, des hommes d'ordre réunis à la frontière appelèrent à leur aide d'autres hommes d'ordre pour résister aux gens de désordre qui s'étaient emparés de la France. Accuser les émigrés d'avoir voulu soumettre la France aux étrangers, c'est une calomnie qu'il faut laisser comme une arme déloyale à un parti sans scrupule.

Les émigrés devaient croire que les parents de leur Roi et de leurs princes leur viendraient en aide pour arrêter les troubles qu'ils avaient intérêt à empêcher de s'étendre jusqu'à eux. Mais les puissances sur lesquelles ils comptaient pour rétablir l'ordre obéirent à des sollicitations égoïstes ; elles temporisèrent d'abord, soutinrent ensuite mollement les émigrés et finirent par les abandonner. Peut-être les gouvernements étrangers ne voyaient-ils pas sans satisfaction l'effondrement de la France, et l'écrasement de cette noblesse qui plus d'une fois avait été pour eux un si dangereux adversaire. L'égoïsme de leur conduite en cette circonstance ne leur porta pas bonheur : ils avaient trahi leur devoir de défenseurs de l'ordre social : vingt ans de défaites fut leur châtiment.

Il faut le reconnaître, dans tous les événements de cette triste époque, on doit voir l'action de la franc-maçonnerie, qui s'exerçait aussi bien en France pour exciter les désordres qu'à l'étranger pour empêcher de s'y opposer [1].

Nous ne savons ce qui serait arrivé si les émigrés, comme le Roi le désirait, fussent restés en France et eussent essayé de résister. Mais il est certain que les meneurs avaient pour but d'éloigner ceux dont ils redoutaient l'influence. Est-il juste de les entendre leur faire un crime de leur départ?

On raille ce qui s'est passé à Coblentz, et évidemment l'auteur des Mémoires que nous publions n'approuva pas tout ce qui s'y fit. Les émigrés apportaient dans l'exil les mœurs inconséquentes et frivoles de la Cour; ils avaient été riches et ne l'étaient plus, beaucoup étaient jeunes et sans expérience. S'il y avait parmi eux des illusions et si l'on saisissait parfois des désirs de vengeance, il ne faut pas oublier qu'un grand nombre se résignait, et pendant ce temps, en

---

[1] V. les preuves dans *Les Sociétés secrètes et la Société, ou Philosophie de l'histoire contemporaine*, par N. DESCHAMPS. Nouvelle édition, par M. CLAUDIO JANNET. 3 vol. in-8°, chez OUDIN, t. III, *passim*.

France, les révolutionnaires se livraient aux massacres qui préludaient aux saturnales de la Terreur. Les uns pouvaient être des étourdis, les autres étaient des monstres. Plaignons ceux qui vécurent en de pareils temps!

L'émigration n'a pas réussi, c'est vrai, et elle n'a procuré à ceux qui en ont accepté l'inconnu, que misères et malheurs; mais ces malheurs furent courageusement supportés. Nombre de personnes n'émigrèrent pas, mais elles furent recherchées et traquées sous l'accusation d'être aristocrates, amis des émigrés; nombre d'entre elles perdirent la vie, elles remplirent des prisons infectes, ou furent réduites à se cacher et à vivre misérablement. Ceux qui taxaient l'émigration de criminelle l'imposaient par leurs mesures tyranniques. Il ne faudrait pas l'oublier lorsqu'on veut juger ces affreux temps.

Nous ajouterons qu'avant d'incriminer des relations mondaines, simplement aimables, comme on l'a fait dans le récit du séjour du baron des Cars chez l'évêque de Passau, il faudrait peut-être examiner si les partisans de la Révolution n'ont pas aspiré, eux aussi, à se donner « douce vie » et n'ont pas recherché « ces délices des cours » qu'ils voulaient supprimer pour les autres.

Une autre considération nous a également

porté à publier les Mémoires du duc des Cars. Les personnes curieuses de connaître des détails sur le siècle dernier en rencontreront ici plusieurs capables de les intéresser. A propos du premier passage du chevalier des Cars dans la rade de Gibraltar, du siège de cette place, du combat d'Ouessant, des réformes militaires de M. de Saint-Germain, de la guerre d'Amérique, des missions auprès des cours d'Allemagne, de la mort du roi de Suède Gustave III, etc., etc., il y a des faits inédits et des observations utiles à recueillir. Au sujet du duc de Crillon, du prince de Nassau, du prince Henri de Prusse, du roi Frédéric II et de ses généraux, du roi Louis XVI et de la reine Marie-Antoinette, de l'empereur Joseph II et de la haute société à Vienne, du comte de Rumford, de l'abbé Terray, de M. Necker, de M. de Calonne, etc.,... de nombreuses anecdotes viennent éveiller l'attention et piquer la curiosité. Les personnages dont parle le baron des Cars n'existent plus depuis longtemps; ils appartiennent à l'histoire, et nous ne croyons pas offenser leur mémoire en divulguant des faits et des opinions dont le seul but est d'éclairer sur les événements de cette époque [1].

---

[1] Ceux dont le baron critique la conduite se trouvaient proba-

On verra dans ces pages comment un jeune colonel brillant à la Cour savait se réserver du temps pour l'étude. Curieux de connaître la tactique militaire innovée en Prusse par Frédéric II et désireux de faire profiter son pays des progrès réalisés chez nos voisins, il voulut aller étudier sur place les nouvelles manœuvres. On verra avec quel soin il s'y prépara, avec quelle maturité il mit ses projets à exécution. Le ministre de la guerre, en France, encouragea ses recherches et lui confia deux régiments afin de les instruire comme il le proposait.

Les Mémoires remis à ce sujet par le baron des Cars au ministre, et les expériences qu'il dirigea à Vaucouleurs et au camp de Metz, sous les yeux du maréchal de Broglie, ne furent pas, croyons-nous, inutiles pour l'ordonnance de réforme de la cavalerie en 1788.

Le baron des Cars eut pour le métier militaire une véritable passion ; il en parle souvent en ses moindres détails ; aussi nous avons jugé à propos de réunir à la fin de ses Mémoires les renseigne-

---

blement bien plus intelligents de faire autrement que lui. Le baron croyait son honneur engagé à suivre sa ligne de conduite, et il préférait cette satisfaction à tous les biens de la terre. Eux se trouvaient habiles et se faisaient gloire de ce que le baron des Cars blâmait dans leur attitude.

ments spéciaux qu'il a donnés à ce sujet. Plus d'un lecteur trouvera encore de l'intérêt à les connaître.

Faut-il parler ici d'une allégation souvent reproduite dans des ouvrages, comme le seul titre qui ait pu faire distinguer le duc des Cars? On a affecté de ne lui reconnaître de capacité que pour satisfaire son goût pour la bonne chère. D'autres que lui ont pu être de célèbres gourmets sans qu'on leur en ait fait reproche : il ne faudrait pas que ce qui a pu être une faiblesse fît oublier les solides qualités du soldat et du royaliste.

La bonne chère est un grand luxe qui est le complément de tous les autres, et que se devait la Cour de France. Il est plus aisé de tourner en ridicule que d'imiter. Plus d'un ne pouvant se donner chez lui le bien-être de la table, ne se prive pas d'aller le chercher dans des établissements choisis. La critique et le sarcasme sont souvent une tactique. A force de dénigrer, on enlève toujours un peu d'estime et de respect.

Plusieurs enfin trouveront que parfois l'esprit de l'écrivain est trop mordant, mais il était judicieux. Les personnes de la Cour avaient leur franc parler. C'était un des caractères de ce temps. Autrefois on ne prononçait pas si souvent le mot de liberté, mais la religion chrétienne entrée dans les mœurs et je ne sais quelle fierté native avaient laissé des allures d'indépendance qui ne prouvent pas des âmes asservies. Les Mémoires du baron, depuis duc des Cars, offrent souvent l'exemple de la franchise avec laquelle on parlait aux princes. On est moins fier aujourd'hui avec ceux qui les remplacent.

NOTE GÉNÉALOGIQUE

Le baron, depuis duc des Cars, a écrit ses Mémoires pour les membres de sa famille : il n'avait pas besoin de leur dire ce qu'elle était, ils la connaissaient. Il peut n'en être pas de même des lecteurs auxquels nous offrons ces pages, et nous croyons leur être agréable en en disant ici quelques mots.

La famille de Pérusse est originaire de la Marche limousine. Elle habitait le château de Pérusse, situé sur un roc escarpé au bord du Taurion, dans l'ancienne paroisse de Champroy, aujourd'hui commune de Châtelus-le-Marcheix, canton de Bénévent, département de la Creuse.

La filiation de la famille est établie par des chartes authentiques depuis l'an 1027. Un Pérusse alla à la première croisade, ce qui lui valut le surnom de « Jérosolimitain », dont il est qualifié dans les actes de son temps.

Audouin de Pérusse se trouvait à la septième croisade en 1250. Son nom figure à Versailles dans les salles des Croisades.

Vers le milieu du quatorzième siècle, le chef de la famille de Pérusse ayant épousé l'héritière de la seigneurie des Cars, située alors dans la paroisse de Flavignac [1], entre Nexon et Châlus, vint se fixer dans ce lieu, et la maison de Pérusse joignit à son nom celui de des Cars. En 1350, Ardoin de Pérusse était grand maréchal de l'Église à Avignon, sous le pape Innocent VI. Gauthier de Pérusse fut chambellan du roi Charles VII, et assista au lit de justice tenu à Vendôme, en 1458, pour juger le duc d'Alençon. Il figure dans le curieux tableau de Jean Fouquet, qui se trouve à Munich.

En 1516, François de Pérusse des Cars, seigneur de La Vauguyon, épousa Isabeau de Bourbon, princesse de Carency. C'est depuis lors que les souverains de la famille de Bourbon traitent les Pérusse des Cars du titre de cousins. Trois Pérusse des Cars furent nommés chevaliers des Ordres du Roi, lors de la création de l'Ordre du Saint-Esprit par Henri III, en 1578. L'un

---

[1] Aujourd'hui les Cars forme une commune du département de la Haute-Vienne.

d'eux était évêque, duc et pair de Langres. Un autre Pérusse, Anne, après avoir été longtemps Bénédictin, fut évêque de Lisieux, en 1595; il fut nommé cardinal; il est connu sous le nom de cardinal de Givry [1].

Plusieurs Pérusse des Cars ont été lieutenants généraux dans les armées du Roi; d'autres ont été gouverneurs du haut et du bas Limousin. Plusieurs autres membres de la famille furent chevaliers des Ordres du Roi. Le comte François-Marie, frère aîné du baron des Cars, dont nous allons donner les Mémoires, habitait souvent Paris dans son hôtel, situé rue du Bac. Il acquit la charge de maître de l'hôtel du Roi, en 1769, après la résignation du marquis de Brunoy, beau-père de sa sœur. Le baron hérita de cette charge, après en avoir eu la survivance. Il avait été capitaine des gardes de M. le comte d'Artois, position qu'eut également son cousin le comte François des Cars, grand-père du duc actuel.

Le comte François-Marie était fort riche, et les propriétés dépendant de sa seigneurie étaient considérables. En 1812, retiré près de Londres, dans une très modeste maison, non loin des

---

[1] Le rôle important du cardinal de Givry pendant la Ligue a été indiqué dans l'ouvrage *La Ligue et les Papes*, par M. le comte Henri DE L'ÉPINOIS, un vol. in-8°, 1886, p. 573 et suiv.

casernes de Hyde-Park, il disait à son neveu, le vicomte Amédée, depuis duc des Cars : « Lorsque je voulais me promener aux Cars, je montais à cheval en tournant le dos au vent, je pouvais marcher douze heures devant moi en étant certain d'être toujours dans mes propriétés. » Mais, ajoutait-il à son neveu, « aujourd'hui comme alors je te dirai : *Fais que dois, advienne que pourra* [1]. »

Le décret du 12 février 1792 ayant mis sous la main de la nation les biens des émigrés, le château des Cars, dont le propriétaire était hors de France (aux eaux d'Aix-la-Chapelle pour sa santé), devint propriété nationale. Rebâti à plusieurs époques, ce château était considérable et très richement meublé. Il possédait une collection d'émaux exécutés par des artistes de Limoges, représentaut les portraits des anciens seigneurs. On y voyait des tapisseries, dons de différents rois [2], et l'on y conservait des lettres écrites par ces souverains aux différents membres de la famille des Cars. Une partie des dépendances du

---

[1] C'est la devise de la maison des Cars, dont le blason est *de gueules au pal de vair*.

[2] L'inventaire fait le 14 décembre 1758, après la mort du comte François-Marie, pour la comtesse des Cars, sa veuve, fille du maréchal de Berwick, établit qu'il y avait quatre-vingt-dix pièces de tapisserie dans le château, la plupart en haute lice, d'autres de Flandre, d'autres d'Aubusson.

château existe encore; on voit les écuries et le manège, dont la voûte est couverte de peintures représentant divers épisodes, la marche d'un convoi de bagages, des évolutions de chevaux, etc. Le haras était nombreux : le comte François-Marie avait offert au roi Louis XVI un superbe attelage de huit chevaux alezans qu'il avait élevés.

A la Révolution, le mobilier fut vendu et dispersé. Les toits du château furent enlevés, et il fut permis à qui voudrait de prendre les matériaux. Ils servirent à bâtir le village actuel des Cars, qui fut érigé en commune. Le château n'est plus qu'une ruine informe.

A la fin du dix-huitième siècle, la famille des Cars se composait de plusieurs branches. Elles s'éteignirent successivement, et en 1816 il ne restait plus que trois de ses membres : 1° le baron des Cars, l'auteur des Mémoires, devenu le 19 mars 1816 duc des Cars; il mourut en 1822 sans enfants; 2° le comte François, cousin du duc, capitaine des gardes de M. le comte d'Artois, lieutenant général, pair de France, chevalier des Ordres du Roi; 3° son fils, le vicomte Amédée, alors maréchal de camp, attaché à la personne de M. le duc d'Angoulême. Le vicomte Amédée s'était brillamment conduit à l'attaque du pont de la Drôme pendant les Cent-jours (avril 1815). Il fit en 1823 la campagne d'Espagne, et en 1825 il fut créé duc. Nommé lieutenant général, il eut, lors de l'expédition d'Alger, le commandement de la troisième division de l'armée qui alla planter sur le sol africain le drapeau de la France.

Le duc des Cars, jeune encore, semblait destiné à occuper les plus hauts emplois du gouvernement de son pays; mais les événements de juillet 1830, qu'il regarda comme un grand malheur, l'obligeaient de prêter un nouveau serment. Il s'y refusa, et fut déchu de tous les emplois qu'il remplissait si bien.

Son fils aîné est le duc des Cars actuel. Le marquis des Cars, fils du duc, est capitaine d'infanterie dans l'armée française; il a plusieurs enfants.

Parvenu presque au déclin de la vie, je cherche dans le souvenir de tout ce qui m'est arrivé à la recommencer une fois encore, d'après ce principe de Martial[1] :

> . . . . Hoc est
> Vivere bis, vita posse priore frui.

Cette vie a été longtemps agitée par les différentes carrières que j'ai parcourues : le service de mer, celui des troupes de terre, la Cour sous deux règnes, et quelques missions dans différents pays de l'Europe, vont faire le sujet de ces Mémoires.

Sorti désormais de toutes ces agitations, je jouis enfin de moi-même dans une humble et paisible retraite, au sein de la plus aimable des familles, près d'une épouse chérie[2] et d'une belle-fille[3] qui peuvent lutter entre elles d'agréments, de grâces extérieures, d'esprit et d'instruction.

Seuls tous les trois, il ne manque à la douceur

---

[1] « C'est vivre deux fois que de pouvoir jouir de sa vie passée. » MARTIAL., l. X, ep. XXIII.
[2] Mademoiselle de La Ferrière, veuve du marquis de Nadaillac.
[3] Mademoiselle de Nadaillac, depuis marquise de Podenas.

de notre retraite que de la voir augmentée de la présence de mon beau-fils[1]. Dans sept campagnes consécutives il s'est déjà fait la réputation militaire la plus distinguée par la valeur la plus brillante.

Nous nous suffisons à nous-mêmes, et nos jours s'écoulent paisibles dans l'inestimable douceur de la plus entière et de la plus réciproque confiance.

Une affreuse révolution nous a tous privés de nos existences et de nos fortunes, et nous nous bornons à réfléchir sur l'instabilité des choses humaines, adorant respectueusement la volonté divine qui dirige tout, mais sans nous permettre ni plainte contre ses décrets, ni de trop vifs regrets sur nos pertes.

Nos goûts, nos désirs se sont mis au niveau de notre nouvelle fortune, et par la sage économie qui dirige notre vie frugale, nous jouissons encore de la douce consolation de pouvoir répandre quelque bien autour de nous, même sur ceux qui ont contribué à nous dépouiller.

Quoique notre vie soit partagée entre le doux commerce qui nous unit, des promenades et des lectures morales, historiques ou littéraires, il nous reste encore bien du temps pour nous livrer aux souvenirs des incroyables événements de la fin du dix-huitième et du commencement du dix-neuvième siècle!

---

[1] Le marquis de Nadaillac.

Ces souvenirs ineffaçables m'ont porté à retracer ma vie entière, et j'ai été encouragé dans cette tâche par ceux qui m'entourent.

J'entreprends donc de remonter le fleuve de ma vie en demandant que la connaissance de ces souvenirs ne sorte pas du cercle étroit de notre solitude.

Je ne me dissimule pas la difficulté de cette entreprise, car toutes les ressources ordinaires des personnes qui écrivent me manquent entièrement; ma mémoire seule fera tout.

Avant la Révolution, j'avais conservé des relations de mes campagnes sur mer, de mes voyages en Espagne et en Allemagne; j'avais plusieurs mémoires que j'avais écrits sur l'état militaire en France, comparé avec l'état militaire des grandes puissances du Nord, j'avais aussi des traductions de plusieurs manuscrits allemands et des commentaires que j'en avais faits pour l'usage et l'instruction des troupes légères, soit en campagne, soit dans les quartiers d'hiver; enfin je gardais une instruction pour les troupes à cheval, d'après un essai dont j'avais été chargé par le ministre de la guerre en 1787 et 1788. Tous ces objets, restés chez moi à Paris en 1789, y ont été saisis pendant la Révolution.

Je conservais aussi soigneusement, à l'étranger, les correspondances lors de mes différentes missions, un mémoire détaillé sur la Suède sous le règne de Gustave III, avec le journal exact de son assassinat et du procès de ses assassins. Une prudence peut-être exagérée a condamné au feu toutes ces pièces avant de rentrer en France. Quels matériaux me reste-t-il donc? Je le répète : ma seule mémoire.

Aujourd'hui, dans mon éloignement du grand monde, dans ma renonciation absolue à tout emploi, à tout grade civil ou militaire, n'ayant plus d'occasion de flatter ni rois, ni princes, ni grands, ni ministres, tous étant passés pour moi, comme moi pour eux, qui pourrait donc nuire à la franchise de mes écrits? Qui pourrait s'opposer à l'expression de ce que je croirai dans ma conscience être la vérité?

Ainsi donc, quand les relations que j'ai eues me mettront dans le cas de parler d'un roi, d'un ambassadeur, d'un ministre, je rendrai à chacun le tribut que je croirai lui devoir.

Je n'ajoute qu'un mot à ce préambule déjà long. Je ne prétends point écrire l'histoire de notre temps. Je ne parlerai que des grands événements dont j'ai pu être témoin. Je n'ai rien vu de la Révolution en France, mais hors de France je n'ai cessé d'avoir des relations les plus fréquentes et les plus intimes avec les personnages les plus influents de l'Europe, de sorte que je puis dire avoir vu le théâtre extérieur de cette Révolution, pour ainsi dire des premières loges.

MÉMOIRES
DU
DUC DES CARS

CHAPITRE PREMIER

Naissance de l'auteur des Mémoires; collège de Juilly; son entrée au séminaire; son engagement dans la marine; son voyage au Maroc en 1767; mariage de sa sœur avec le marquis de Brunoy.

Presque tous les mémoires particuliers que nous connaissons débutent par le détail pompeux d'un arbre généalogique. Je ne les imiterai point. Mes plus proches parents et ceux de mes amis, qui seuls auront connaissance de ce que j'écris, savent ce que je suis né et ce qu'a été ma famille; je le répète, c'est pour moi, c'est pour eux seuls que j'écris. Il me suffit de rappeler que le 13 novembre 1747 je suis né jumeau de ma sœur, Mme de Brunoy, au château des Cars en Limosin [1].

[1] Aujourd'hui commune de la Haute-Vienne. Jean-François, l'auteur de ces Mémoires, était le troisième fils de François-Marie, comte des Cars, lieutenant général pour le Roi au gouvernement du haut et bas Limousin, et d'Émilie de Fitz-James, fille du maréchal de Berwick.

Une circonstance qui accompagna ma naissance mérite peut-être d'être rapportée : ma sœur était au monde depuis un demi-quart d'heure lorsque ma mère ressentit de nouvelles douleurs plus fortes que les premières. Les difficultés de ce second accouchement furent alarmantes; enfin ma mère put être délivrée et l'accoucheur, en me montrant, s'écria : « C'est un fort joli garçon. » J'étais ce qu'on appelle « né coiffé ».

Pendant six mois, ma sœur et moi nous fûmes allaités par la même nourrice, et nous nous en sommes bien trouvés, car aujourd'hui 7 janvier 1813, elle et moi nous jouissons encore d'une excellente santé.

A l'âge de sept ans l'on pensa à me mettre dans un collège. Mon grand-père maternel, le maréchal de Berwick, et mes frères aînés avaient fait leurs études au collège de Juilly, chez les Pères de l'Oratoire. De plus, un frère de ma mère, l'évêque de Soissons, Fitz-James, était connu pour un des patrons les plus décidés de cette congrégation; telles furent les considérations qui déterminèrent le choix de Juilly [1].

J'y fis toutes mes classes, y compris la philosophie. Avant de les terminer j'avais annoncé à ma mère (car j'avais eu le malheur de perdre mon père

---

[1] Situé dans le département de Seine-et-Marne, à trois lieues de Meaux, le collège a été fondé en 1630 par les Oratoriens et est encore aujourd'hui sous leur direction.

dès le mois d'octobre 1758) mon goût décidé pour le service dans les troupes à cheval; mais ma mère avait pour moi d'autres vues. J'étais le cadet de deux autres frères. L'ainé était déjà colonel de cavalerie et chevalier de Saint-Louis; le second avait porté un moment le petit collet, mais l'avait quitté pour le service dans la marine. Ma mère me destinait donc à l'état ecclésiastique.

Elle avait sans doute raison sous le rapport de la fortune. Né cadet dans un pays de droit écrit où l'ainé a tout, et où les cadets sont bornés à une légitime, il y avait un grand chemin à faire dans l'Église et une fortune bien plus considérable à espérer; mais tous ces brillants calculs d'ambition dans une tête de quinze ans cèdent facilement à l'idée plus séduisante de la liberté du service. A six et sept ans, une chapelle, une chasuble peuvent être les joujoux d'un enfant, à quinze ans l'on préfère ordinairement un sabre, un uniforme à un petit collet et à un bonnet carré.

La proposition du petit collet fut donc la première que me fit ma mère en me retirant du collège de Juilly. Je lui en témoignai hautement ma répugnance. Elle la fit combattre par mon frère ainé, par tous mes parents; j'étais invincible, et tous les jours je demandais une cornette de cavalerie.

Ma mère, lassée de ma résistance, me déclara que si je ne consentais à prendre le petit collet, elle me renverrait encore au collège de Juilly; qu'au contraire, si je cédais à sa volonté, j'irais passer un été en Limosin avec elle et mes frères, et qu'ensuite elle me mettrait au séminaire.

Elle me faisait la peinture la plus douce et la plus attrayante de cette vie de séminaire à Paris, au centre de ma famille; elle me montrait les pensions sur les abbayes pleuvant d'abord en abondance, bientôt suivies de prieurés riches, de grosses abbayes. Je serais aumônier du Roi, agent du clergé, évêque au plus tard à trente ans, et enfin le plus riche de ma famille!

Toutes ces séductions étaient nulles pour mes goûts, mais la crainte de retourner au collège me décida; je déclarai donc à ma mère que je consentais par respect et soumission à ses désirs à faire l'essai du petit collet et du séminaire, mais je réclamai de sa justice et même de sa piété, que si une plus forte vocation ne m'appelait pas à l'état ecclésiastique, elle ne mettrait point d'obstacle à mon entrée au service.

Je n'eus pas exprimé ce consentement conditionnel, que je fus traité à merveille, et il ne fut plus question que de me tonsurer, même avant de partir pour le Limosin. L'on écrivit bien vite à l'évêque de Limoges pour qu'il expédiât des demi-noirs; la réponse ne revenant pas assez promptement, l'on me fit provisoirement couper mes beaux et longs cheveux blonds.

Cette toilette eut lieu le jour de la Pentecôte 1763.

L'on me fit deux belles boucles tout autour de la tête, l'on m'affubla d'un joli habit brun, et ma mère me fit dire d'aller avec son valet de chambre à la messe des Jacobins de la rue Saint-Dominique [1]. Dès ce moment je donnai une preuve bien évidente de ma vocation, car, calculant que pour me rendre aux Jacobins il fallait passer devant toutes les portes cochères de la rue Saint-Dominique, ordinairement remplies par les suisses et la livrée de tous les hôtels dont j'étais connu et qui me voyaient passer tous les jours en épée, la honte seule de me faire voir écourté me fit refuser absolument à sortir et à aller à la messe. Ni les ordres de ma mère renouvelés plusieurs fois, ni les exhortations plus amicales de mon frère, ne purent me faire surmonter cette espèce de honte; je passai donc toute la journée à la maison. Le lendemain, nous partîmes pour le Limosin.

Mes frères et ma mère ne tardèrent pas à me rejoindre au château des Cars. J'étais enchanté d'être hors du collège, mais j'étais bien loin de jouir de cette liberté dont on se flatte quand on en sort pour entrer au service.

Avant de partir, ma mère m'avait donné, pour me servir de directeur au séminaire, un ancien Père de l'Oratoire, chanoine de Soissons, et qui avait été précepteur de mon frère. C'était assurément le

---

[1] Aujourd'hui, église Saint-Thomas d'Aquin.

meilleur des hommes, de la piété et des mœurs les plus austères, quoique janséniste à trente-six carats. Non seulement il fallait continuer avec lui mes humanités, et le bonhomme n'était pas très fort, mais il fallait avec lui commencer l'étude de la théologie et me préparer à recevoir la tonsure.

En effet, l'évêque de Limoges, cédant à l'impatience de ma mère, ne tarda pas à venir et à me donner la tonsure dans la chapelle du château.

Mais tout tonsuré que je me trouvais, et paré d'un petit collet, je ne voyais pas mes frères monter à cheval, aller à la chasse avec une meute de soixante chiens, avec des cors de chasse et des piqueurs, que je ne me sentisse étranglé par ce petit collet, car non seulement l'on ne me permettait de les suivre ni à pied ni à cheval, mais l'on faisait aussi l'impossible pour m'empêcher de me trouver seul avec eux.

Il était fort peu politique à ma mère de me tenir les lisières aussi courtes. C'était m'inspirer encore de plus tristes présages pour le temps où je serais renfermé dans un séminaire.

Le choix de cette seconde école fut déterminé comme l'avait été celui du collège de Juilly. Le mois d'octobre suivant, je fis mon entrée au séminaire de Saint-Magloire, rue Saint-Jacques, à Paris[1].

L'on m'y donna une chambre fort jolie pour un

---

[1] Le séminaire, fondé en 1618, a été supprimé en 1792. Les bâtiments ont été concédés à l'institution des Sourds-Muets.

séminariste, avec un cabinet ayant vue sur le jardin. Mon domestique avait un bouge donnant sur le corridor, mon directeur était logé tout à côté. Je n'avais pas encore été aussi bien logé de ma vie, et je me trouvais fort heureux d'avoir un appartement à moi tout seul.

Le neveu d'un ami de l'Oratoire, aussi distingué que l'évêque de Soissons, ennemi prononcé des Jésuites et du formulaire, réfutateur des Pères Hardouin et Berruyer, fut reçu à bras ouverts par les bons Oratoriens de cette maison. Sans doute l'esprit de secte et de parti leur montrait déjà dans ce jeune néophyte un successeur de son oncle dans son antipathie contre les enfants de Loyola et une future colonne de l'Église! Mais je ne laissai pas durer longtemps la première illusion qu'avait pu s'en faire le Révérend Père supérieur.

Je lui confiai tout ce qui s'était passé entre ma mère et moi pour me décider à la tonsure, et lui avouai avec franchise que n'étant point *vocatus a Deo tanquam Aaron*, ma seule vocation à cet état était dans la très despotique volonté de ma mère : par une respectueuse soumission je n'avais pas cru pouvoir lui refuser d'essayer une épreuve; si le régime de la maison ne me répugnait pas, et si je pouvais me plier aux études de Sorbonne et de théologie, si enfin mon premier goût pour le service ne l'emportait à la longue et parvenait à s'effacer, je resterais peut-être dans cet état. J'ajoutai qu'après une telle confidence, j'espérais qu'en prenant ma santé pour prétexte, il ne m'assujettirait pas trop servilement à toutes les règles du séminaire, promettant d'être extrêmement discret à cet égard.

Ce supérieur était un homme d'esprit, connaissant le monde. C'était un cousin de même nom que d'Auger, fermier général. Il avait, je crois, un frère officier général ou dans l'état-major général de l'armée. Il me rassura sur les épines de cette carrière, m'engagea à ne pas m'en épouvanter et me promit toute l'indulgence et toutes les facilités que je lui demandais. Je lui dois cette justice et cette reconnaissance qu'il me les a continuées avec toute sorte de bonté et d'affection jusqu'au dernier moment.

J'avouerai que dans les premiers mois je me trouvais tout fier d'être mieux logé que tous mes camarades, d'être le seul ayant un « directeur » et un laquais, de recevoir presque seul des visites de mes parents dont on admirait à la porte les voitures élégantes, les beaux chevaux, les belles livrées; d'être souvent envoyé chercher dans de beaux équipages pour aller dîner en ville. Les fonctions d'acolyte, de thuriféraire, de choriste et bientôt de maître des cérémonies ne laissèrent pas que de m'amuser. La réunion du matin aux salles de Sorbonne était une vraie partie de plaisir. Elles étaient précédées de la rencontre de séminaristes de Saint-Sulpice et d'autres maisons de ce genre, et par des déjeuners d'huîtres, de jambons et de petits pâtés, suivis de quelques escapades aux Tuileries, au Luxembourg ou sur les boulevards; mais une fois dans la salle de Sorbonne, il fallait écrire des cahiers de théologie sous la dictée des professeurs. Cela ne tarda pas à m'ennuyer.

Bien conseillé par quelques camarades, je fus trouver le médecin Lorry et je lui représentai que l'attitude d'écrire sur mes genoux ces cahiers de Sorbonne me faisait mal. Le docteur se mit à rire; j'ignorais qu'il connaissait beaucoup ma mère, et il me demanda ironiquement si ce n'était pas elle qui m'envoyait chez lui. Je tremblai de tous mes membres. « Je vous entends, me dit-il, la maman ne doit pas savoir cela », et sur-le-champ il me donna une attestation à remettre au professeur de Sorbonne, d'après laquelle je devais être dispensé d'écrire des cahiers, *propter nimiam pectoris debilitatem.*

Muni de cette attestation de médecin, que je tins secrète au séminaire, à ma mère et même à mon directeur, je sortais tous les matins sous prétexte d'aller aux salles de Sorbonne et, au lieu de m'y rendre, j'allais tantôt voir ma sœur au couvent de la Présentation, tantôt faire mille courses dans Paris. Bientôt même, je fus, avec d'autres abbés de mes amis, prendre des leçons d'équitation d'un nommé Razade, écuyer de la princesse de Carignan, et des leçons d'escrime chez un fameux maître d'armes, nommé Molet.

Après toutes ces courses ou exercices du matin, je revenais dîner à onze heures au séminaire, et après ce dîner frugal je m'habillais en manteau court et j'allais dîner plus solidement chez quelques-uns de mes parents, lorsque je savais ma mère de service à Versailles[1]; quelquefois même, j'allais à la Comédie française ou à l'Opéra, me cachant au parterre sous les premières loges, de crainte d'être reconnu.

Cette vie, au lieu de me donner du goût pour le séminaire, me rappelait plus fortement celui du militaire et de la Cour. Je voyais souvent mon frère qui passait sa vie à courir la chasse avec le Roi, à souper avec lui dans les cabinets : « Pourquoi, me disais-je, n'en ferais-je pas autant? » Et cette double idée de la réunion des plaisirs de la Cour à ceux de la vie militaire, m'inspirait le plus grand désir de m'y livrer.

Je dînais à peu près une fois la semaine chez ma mère. J'y allais toujours avec mon abbé, et elle était bien loin de croire que je sortais sans lui. Chaque fois, je lui parlais des efforts que je faisais pour me complaire dans les études ecclésiastiques. Je ne mordais point à l'étude de la théologie; mon estomac ne soutenait ni le jeûne, ni le maigre,

---

[1] La comtesse des Cars était dame d'honneur de la Reine et astreinte par cette charge à faire un service régulier à la Cour.

encore moins le carême. Je craignais, si je m'y obstinais, de devenir un mauvais prêtre. J'en voyais tous les jours au désespoir de s'être engagés dans les ordres. Je lui faisais ces aveux, connaissant trop ses principes religieux pour n'être pas assuré qu'elle me détournerait elle-même de m'engager dans un état auquel je me trouvais si peu propre.

Les réponses de ma mère n'étaient jamais directes à mes observations, mais c'étaient des reproches d'inconstance et de dispositions au plaisir : Je n'étais qu'un cadet! je n'aurais jamais de quoi payer un régiment! Elle ne voulait, ni pour elle, ni pour moi, ni pour l'honneur de ma famille, que je végétasse dans les grades inférieurs et qu'enfin, ayant tant fait que de prendre le petit collet, je le garderais!

Depuis quelque temps, il est vrai, elle avait eu pour moi une pension de 1,800 francs sur une abbaye et elle avait obtenu de l'évêque d'Orléans, alors ministre de la feuille des bénéfices, qu'il me proposerait au Roi pour une pension de 2,000 écus. L'évêque, fidèle à sa promesse, en fit effectivement la demande. « Deux mille écus! répondit le Roi, c'est beaucoup trop à son âge; ce gaillard-là nous jouerait le même tour que son cousin, le chevalier de Clermont d'Amboise, à qui j'avais donné la domerie[1] d'Aubrac n'étant que tonsuré; son frère fut

---

[1] Nom donné à des abbayes qui étaient des hôpitaux. Aubrac ou Albrac est dans le diocèse de Rodez.

tué, il quitta le petit collet, prit la croix de Malte et nous chipa ainsi 1,000 livres de rente. Je consens qu'il ait une pension de 1,800 francs pour lui aider à faire ses études. Quand il sera dans les ordres sacrés, nous le traiterons mieux. » J'avais donc déjà 1,800 francs de pension sur l'abbaye de Molesme, dont l'abbé Terray, alors conseiller de grande chambre et rapporteur de la Cour, avait été pourvu.

Cette pension, jointe à celle de 1,200 francs que me faisait ma mère, qui en sus payait ma dépense au séminaire et celle de mon directeur, m'avait rendu le plus riche séminariste de Saint-Magloire.

Cette considération m'avait fait craindre que ma mère ne voulût toucher elle-même la pension sur l'abbaye. Je connaissais assez les canons et les droits des bénéficiers pour savoir qu'elle n'en avait pas le droit, je fus donc trouver l'abbé Terray. Je me présentai à lui comme son pensionnaire et lui demandai la permission de venir chez lui à chaque semestre lui porter ma quittance. Il y consentit, à la condition que je dînerais chez lui à chaque visite.

Ma précaution avait été d'une très sage prévoyance, car lorsque je me présentai pour toucher le premier semestre, l'abbé m'apprit que ma mère lui en avait déjà fait la demande, mais il avait répondu qu'il ne pouvait payer que sur ma quittance. L'abbé en rit beaucoup avec moi, ma mère fut furieuse. Je le sus par mon directeur, mais comme sans doute on lui avait expliqué que les parents étaient sans droits à cet égard, elle ne m'en parla jamais.

Enfin le dégoût d'un état où je perdais tout l'avantage du temps pour le service dans lequel je brûlais d'entrer, joint à l'inutilité de mes remontrances à ma mère, me détermina à un acte de vigueur.

Je fus chez elle un samedi matin, jour où elle devait aller à Versailles pour faire sa semaine; là, je répétai avec plus de force et d'énergie que sûrement son intention n'était pas de faire de moi un mauvais prêtre, qu'ainsi elle devait être contente d'un essai de près de deux ans, c'était autant de perdu pour mon avancement au service, et que très décidément je la suppliais d'obtenir pour moi une cornette de cavalerie.

Nouveau refus de sa part avec une violence extrême et des fureurs telles que je décrochai mon rabat, le mis sur la cheminée, en déclarant sur ma parole d'honneur que je ne le reporterais plus. Sa fureur devint au comble : « Sortez, sortez, me dit-elle... et je verrai ce que j'ai à faire. »

Je rentrai donc au séminaire sans rabat, et je confiai sur-le-champ à mon bon Père supérieur ce que je venais de faire et ce qu'en homme très religieux il approuva infiniment.

De son côté, ma mère en arrivant à Versailles avait été sur-le-champ chez le duc de Choiseul, ministre alors de la guerre et de la marine, et après lui avoir raconté la scène du matin, fidèle à son principe qui ne connaissait pour les cadets que l'alternative de l'Église ou de la marine, elle lui demanda une lettre de garde de la marine.

Cette lettre fut donnée immédiatement, je la reçus le surlendemain, avec l'ordre de me rendre à Toulon pour y être embarqué sur le vaisseau *le Tonnant,* avec le prince de Bauffremont, destiné à conduire un ambassadeur à Constantinople.

Mes vœux pour la cavalerie étaient si ardents, ce nouvel état m'éloignait tellement et de Paris et de la Cour, que je me crus frappé d'un coup de foudre. Bientôt pourtant je n'éprouvai que de la joie d'être délivré de la soutane, de la calotte et du rabat ; je me résignai et commençai mes dispositions pour transformer M. l'abbé en garde de marine.

Mon premier acte de liberté fut de me débarrasser d'un vieux laquais, espèce d'espion que ma mère m'avait donné, et de le remplacer.

Je réfléchis alors que je venais de perdre le bénéfice qui m'avait été accordé, ce qui diminuait fortement mes ressources, car certainement ma mère n'était pas disposée à rien faire pour moi. J'allai alors prier un de mes oncles, qui avait été chevalier de Malte, de vouloir bien faire sur-le-champ les démarches les plus promptes pour me faire admettre dans l'Ordre. Mon oncle écrivit immédiatement au bailli de Lemps, grand prieur d'Auvergne, qui était ma langue, et je fis une démarche auprès de l'abbé Terray.

J'endossai donc de nouveau la soutane, le manteau long, je repris le rabat et je courus chez mon commendataire. Il crut d'abord, quoique le semestre ne fût pas échu, que je venais lui demander de l'argent: — « Non, lui dis-je, monsieur l'abbé, non, mais je viens me confesser à vous. Tenez, monsieur l'abbé, je ne suis plus l'abbé des Cars, je suis garde de la marine. — Tant mieux, me répondit-il, je n'aurai plus dix-huit cents livres à vous payer. — Mais... mais, monsieur l'abbé, lui répondis-je en balbutiant, je conviens que je me suis trop pressé, j'aurais dû attendre pour quitter le petit collet d'avoir reçu la croix de Malte. Mais je l'ai fait demander, j'espère la recevoir incessamment. — Vous comptez, me dit l'abbé avec le ton le plus sévère, prendre la croix de Malte? c'est bien aisé à dire, mais cela ne laisse pas d'être présomptueux; croyez-vous donc qu'il suffise de vouloir être chevalier de Malte pour le devenir? C'est un Ordre de noblesse qui exige des preuves, et ne les fait pas qui veut. — J'espère pourtant y réussir sans peine, monsieur l'abbé. Il ne me faut que reproduire celles faites par un de mes oncles paternels. — Bah, bah! reprit l'abbé, encore une fois, c'est de la présomption; néanmoins, écoutez-moi; malgré votre étourderie, je veux bien vous donner... six mois... un an... même dix-huit mois pour faire vos preuves. Pendant tout ce temps-là, je vous payerai avec exactitude, mais si au bout du terme M. des Cars n'a pas prouvé qu'il est assez bon gentilhomme pour entrer à Malte, j'hériterai de votre pension. » Puis il reprit en souriant : « M. le garde de la marine voudra-t-il bien me faire l'honneur de dîner chez moi, comme M. l'abbé des Cars? » Après le dîner, il me dit encore : « Comme vous devez avoir besoin d'argent, puisque vous serez longtemps absent, une année d'avance vous fera plaisir », et il me la donna en beaux louis d'or.

Cette plaisanterie de bon goût et cette obligeance m'inspirèrent un réel attachement pour l'abbé Terray. J'aurai occasion de prouver que ma reconnaissance envers lui ne s'est jamais démentie.

Ma mère, redoutant pour moi le séjour de Paris sans rabat, m'enjoignit sévèrement de me rendre en Poitou[1], chez un de mes oncles qui y était, pour m'acheminer de là à Toulon.

Mon nouveau costume était prêt. Je pris la diligence à cheval de Poitiers, et ayant fait mes adieux aux Pères de l'Oratoire et aux séminaristes, je partis pour ma nouvelle carrière.

Ma première couchée fut à Étampes. Tous les voyageurs de la Messagerie soupèrent ensemble. Je me trouvai à côté d'un jeune ecclésiastique de mon âge. « Puis-je vous demander, monsieur l'abbé, si

---

[1] A Montoiron, près Châtellerault.

nous ferons longtemps route ensemble, et si vous demeurez dans quelque séminaire de Paris? — Je sors, me dit-il, du séminaire de Saint-Sulpice et je me rends à Rochefort, où je suis nommé garde de la marine. C'est mon oncle M. d'Ile-Beauchêne [1] qui commande cette compagnie. — Parbleu, lui répondis-je, la rencontre est plaisante. Eh bien, moi, monsieur l'abbé, je sors aujourd'hui du séminaire de Saint-Magloire et je vais à Toulon m'embarquer comme garde de la marine sur le vaisseau *le Tonnant*. » Notre liaison fut bientôt intime.

Le reste de la compagnie était composé de gardes du corps, de chevau-légers, de gendarmes, tous tapageurs d'auberge. Nous ne nous quittâmes plus, M. d'Ile et moi, jusqu'à Tours, où je pris les devants.

Pendant que j'étais en Poitou chez mon oncle, je fus reçu chevalier de Malte de majorité [2], et j'en rendis compte à l'abbé Terray. En même temps, M. de Choiseul se défit du ministère de la marine, dont fut chargé son cousin le duc de Praslin, et je reçus l'ordre de me rendre à Brest, ce qui me charma, car un de mes frères y résidait.

Je l'y trouvai en effet et fus reçu à merveille par mes chefs et mes nouveaux camarades. L'on commençait déjà à exiger des gardes-marine qu'avant d'être embarqués, ils eussent subi l'examen du

---

[1] M. Isle de Beauchaisne, lieutenant de vaisseau, fut nommé chevalier de Saint-Louis en 1782.

[2] C'est-à-dire étant majeur.

redoutable Bezout, sur les deux premiers volumes de son traité de géométrie. Je m'y appliquai avec zèle, ainsi qu'au traité de navigation de l'abbé de La Caille. A juger de mes succès par une gratification de cinquante écus, suivie bientôt d'une seconde, que je reçus de la Cour sur les notes de Bezout dans cet examen, il est naturel de croire que mon application n'avait pas été sans fruits.

Ma vie de garde de la marine me plaisait mieux que celle du séminaire. J'étais plus riche que la plupart de mes camarades, et je cherchais à faire de mon aisance un usage qui pût leur être agréable.

Les liaisons de mon frère devinrent les miennes. Elles étaient toutes plus âgées que moi. Cela m'a préservé de bien des étourderies, et dès lors jusqu'à la fin de ma jeunesse, j'ai toujours recherché mes liaisons dans mes anciens. J'ai éprouvé que non seulement elles sont plus sûres, mais qu'en vérité, ce sont presque toujours les plus aimables.

Au printemps de 1767, M. le comte de Breugnon fut nommé au commandement d'une petite escadre destinée à le porter en qualité d'ambassadeur extraordinaire à Maroc. Il arriva à Brest, libre de choisir qui il voudrait pour composer ses états-majors.

Je le rencontrai un jour dans la rue : « Que faites-vous, jeune homme? me dit-il. — Général, lui répondis-je, je suis destiné à partir incessamment avec mon frère pour les Antilles. Il est nommé commandant de telle frégate, mais nous ne sommes pas encore en armement. — Votre frère est un très « zoli » officier, répliqua-t-il. C'est moi qui l'ai formé, « ze » veux vous former aussi, et « ze » vous prends avec moi sur mon vaisseau. — Mais, mon général, je suis engagé avec mon frère. — Mon ami, « z'ai » dans ma « *posse* » la permission de la Cour de « zoisir » qui « ze » veux et « ze » vais dire tout à l'heure à Mornières que « ze » vous prends. — Alors, général, je vous demande de vous suivre toute la campagne, sur terre comme sur mer. — « Ze » vous le promets. »

Mon frère ne s'opposa pas à ce changement.

Avant d'entrer dans le détail de cette campagne, il convient d'en faire connaitre le motif actuel et le but.

La paix de 1762 n'avait que trop rappelé les désavantages de la guerre qui s'était allumée en 1756 entre la France et l'Angleterre. Le traité qui établissait un commissaire anglais à Dunkerque limitait aussi le nombre des vaisseaux de guerre que la France pourrait armer en temps de paix, et ce nombre à peine suffisant pour le service et la garde de nos colonies dans les deux Indes, l'était encore moins pour le but si utile de former de jeunes officiers à la mer.

Pour remédier, quoique bien faiblement, à cet inconvénient sans exciter l'inquiétude jalouse de l'Angleterre, le duc de Choiseul avait assez adroitement profité des pirateries des Saltins[1], pour établir contre eux des croisières. Les commandements des frégates étaient donnés à de jeunes enseignes, à des lieutenants de vaisseau, et l'on y ajoutait le plus de gardes de la marine possible.

Ces armements isolés fournissaient à un certain nombre d'officiers le moyen d'avoir quelque pratique et quelque habitude de la mer, quoique l'on restât encore fort éloigné du but plus difficile et plus important de former la marine dans les mouvements de la navigation relative à la grande tactique.

Les Saltins, ne se bornant point à leur piraterie contre nos bâtiments marchands, commençaient à construire des bâtiments plus considérables que ceux qu'ils avaient employés jusque-là. L'on était informé que dans leur port de la Râche[2], ils avaient mis en construction une frégate de quarante canons.

Le projet d'aller la brûler dans ce port fut bientôt conçu. Il fallait réunir une escadre assez forte pour l'exécution de cette entreprise, et assez faible néanmoins pour éviter les plaintes de l'Angleterre. Il fallait, de plus, un chef expérimenté. Le duc de Choiseul consulta la marine elle-même sur le choix de ce chef, et l'opinion publique désigna M. le comte du Chaffault.

---

[1] Saltins ou Salatins, nom des habitants de la ville de Salé, sur la côte du Maroc, célèbres par leurs courses contre les bâtiments de commerce.

[2] Ville à l'embouchure du Lukos, de cinq mille habitants; fut bombardée par les Français en 1765.

M. de Choiseul, de qui je tiens tous ces détails, confia lui-même tout son secret à M. du Chaffault. Il était moins question encore de brûler la frégate dans le port de la Râche et d'y protéger le commerce sur les côtes de l'Afrique, que d'y faire des évolutions et des prises ou reprises de bâtiments français. Ce ministre calculait qu'en entreprenant ainsi ce fantôme de guerre, en peu d'années il aurait rendu manœuvrière une partie de la flotte, avantage précieux dont on tirerait parti en cas de rupture avec l'Angleterre.

C'est dans cette politique que fut armée cette escadre, et c'est d'après des instructions qui y étaient conformes que partit M. du Chaffault. Mais lorsque l'escadre fut mouillée devant le port de la Râche, soit en vertu d'un ordre donné par cet officier général, soit par l'effet de l'ambition particulière de l'officier chargé d'entrer dans la rivière avec des embarcations et des troupes pour aller mettre le feu à la frégate marocaine, celui-ci ne se livra qu'à son ardeur, et mit la prudence de côté. Il ne prévit point d'obstacle, il se flatta de réussir en une marée montante et de pouvoir revenir avec le jusant. Il en arriva tout autrement. Les Maures de la ville et de la campagne ayant vu des chaloupes chargées de troupes se diriger vers le port, bordèrent promptement les deux rives et firent un feu de mousqueterie si considérable qu'il ralentit la marche des chaloupes et leur tua beaucoup de monde.

Rien cependant n'arrêtait l'intrépide courage de M. de Kergariou, commandant cette expédition ; il redoubla d'efforts pour arriver jusqu'à la frégate, et s'y étant obstiné, jusque fort au delà de la marée montante, il se trouva si peu d'eau dans la rivière à son retour et surtout sur la barre de son embouchure, que les Maures, tant à pied qu'à cheval, vinrent jusques aux chaloupes sabrer leurs équipages et y faire des prisonniers. M. de Kergariou périt dans cette expédition, nombre d'hommes furent tués et un très grand nombre resta prisonnier.

L'escadre étant revenue en France, M. de Choiseul manda tout de suite à Fontainebleau M. du Chaffault. Le ministre lui rappela les instructions qu'il avait reçues : « Il me répondit une si lourde bêtise, m'a dit depuis M. de Choiseul, que je lui répliquai que je voyais bien que c'était moi qui avais eu tort. »

Depuis lors l'on n'entreprit plus rien contre les Saltins, qui continuaient à enlever le plus qu'ils pouvaient de nos vaisseaux marchands.

Il n'était ni de la dignité, ni de la bonté du cœur de Louis XV, de laisser un grand nombre de Français esclaves de ces Barbaresques. Il fit donc proposer à l'Empereur de Maroc une trêve qui fut acceptée, et peu après il fut convenu qu'on lui enverrait une ambassade solennelle tant pour racheter les prisonniers que pour conclure un tarité de paix.

Telle fut donc l'origine de notre ambassade, tels furent les motifs et le but de cette campagne.

Le vaisseau *l'Union,* de soixante-quatre canons, fut destiné à porter M. de Bréugnon. Il eut aussi sous ses ordres la frégate *la Sincère,* de trente-deux canons, commandée par le comte de Durfort, et la corvette *la Lunette,* commandée par M. de Kersaint.

L'état-major de *l'Union* était très nombreux, parce que, indépendamment de celui ordinaire d'un vaisseau de ce rang, il portait la suite de M. de Breugnon en sa qualité d'ambassadeur extraordinaire.

Nous fûmes embarqués quinze gardes de la marine et onze volontaires.

Il était impossible que M. de Breugnon donnât la table à tant de monde et surtout à une jeunesse aussi nombreuse. Les gardes de la marine furent donc réduits à ce qu'on appelle la gamelle. Un de nos camarades, le plus gourmand de tous, fut élu, à l'unanimité des voix, chef de cette gamelle, et mon domestique en fut créé maître d'hôtel. Le chef, nommé Fournier de Bellevue, était mon ami; nous prîmes d'accord toutes les dispositions nécessaires pour que la gamelle fût bien fournie en vivres et en vin. Lui et moi nous courtisâmes beaucoup le maître d'hôtel de M. de Breugnon, précaution extrêmement sage, afin qu'en cas de besoin il vînt à notre secours.

Enfin l'armement de l'escadre étant achevé, nous

partîmes de Brest par un très beau temps, les vents à l'est.

Quelque curiosité que j'eusse de faire une campagne par mer, j'avoue qu'il m'est impossible d'exprimer ce qui se passa en moi lorsqu'une fois loin du goulet de Brest, je vis la terre s'éloigner rapidement, et surtout à ce moment où, se perdant insensiblement dans les eaux, elle disparut entièrement à nos yeux : *quo tandem defuit orbis*.
En apercevant les roches élevées de la pointe Saint-Mathieu, les Pierres noires et le Boulinguet, je les comparais aux *infames scopulos Acroceraunia*. Lorsque je n'aperçus plus que le vaste fond de la mer, je m'écriai avec Horace [1] :

> Illi robur et æs triplex
> Circa pectus erat, qui fragilem truci
> Commisit pelago ratem
> Primus.

Je ne tardai pas à être enlevé à ces mélancoliques réflexions par le spectacle de nombre de personnes qui souffraient du mal de mer. J'eus le bonheur d'y échapper.

Au bout de quelques jours nous arrivâmes dans la superbe rade de Cadix. A une certaine distance, cette rade ressemblait à une vaste forêt : deux mille

---

[1] « Il avait le cœur vigoureux et trois fois cuirassé, celui qui le premier confia à la fureur des flots un fragile esquif. » Odes, liv. I, ode III, v. 9.

bâtiments au moins s'y trouvaient à l'ancre. Le coup d'œil de la ville sur la droite de la rade est une des plus belles perspectives dont on puisse jouir. Grâce à ses toits à l'italienne ornés par les nombreux pavillons des consuls de toutes les nations, ce centre du commerce de l'univers est un spectacle réellement ravissant et qui diffère entièrement de celui des villes de la France. La baie commence à gauche, par la pointe qu'y fait la ville de Rota, puis la côte s'étend depuis Rota jusqu'au port de Sainte-Marie, de Sainte-Marie au Pinetal et à la Isla, dominée à une certaine distance par la ville de Medina et une montagne très élevée couverte d'oliviers ; elle se termine enfin à droite par la ville de Cadix, qui a l'air de sortir de la mer. Tout cela forme une perspective enchanteresse dont l'œil ne peut se lasser, surtout lorsque le brillant soleil de l'Andalousie réfléchit ses rayons ardents sur tant d'objets divers.

Le lendemain de notre mouillage, je fus envoyé complimenter, de la part de M. de Breugnon, les commandants de la marine et de terre. Celui de la marine était le vieux marquis de La Vittoria, que j'ai vu danser le menuet à l'âge de quatre-vingt-seize ans. Celui de terre était le marquis de Samana. Comme ce dernier me reconduisait avec une politesse vraiment exagérée de la part d'un capitaine général d'Andalousie vis-à-vis d'un garde de marine, je voulus le retenir. « Mais, moussu, me dit-il, si vous me trouvez quelque poulitesse, queuque ourbanité, c'est en France que je l'ai pouisée; j'ai étoudié au collège d'Harcourt [1]. »

Après une relâche de quelques jours nous mîmes à la voile pour nous rendre à Saffi, ville de l'empire de Maroc [2].

Notre première navigation de Brest à Cadix et celle de Cadix à Saffi furent si agréables et si douces, que je commençais à traiter de contes toutes les narrations que j'avais entendu faire des gros temps et des tempêtes. Depuis Cadix, nous ne perdîmes jamais de vue la côte d'Afrique, et nous eûmes successivement connaissance des villes de Salé [3], de la Râche et de Mogador [4].

Louvoyant une nuit par le travers de Mogador, un incident qui ne fut que plaisant me donna une idée et une preuve de ce qu'une imagination frappée peut produire sur les esprits.

La frégate et la corvette couraient en avant de nous sur la côte, et la corvette devait faire signal par un coup de canon du moment de virer de bord

---

[1] Le collège d'Harcourt, à Paris, était situé sur l'emplacement où est aujourd'hui le lycée Saint-Louis.

[2] Saffi est une ville de 12,000 habitants, à 130 kilomètres au nord de Mogador. Elle avait été occupée au seizième siècle par les Portugais, qui y restèrent jusqu'en 1641.

[3] Port du Maroc, à l'embouchure de la Bouregreb; il a 18,000 habitants.

[4] La ville de Mogador avait été fondée en 1760 par l'empereur de Maroc sur l'emplacement d'un ancien fort construit par les Portugais.

et de courir au large. Par un hasard bizarre, à ce coup de canon de la corvette, mon ami Fournier, couché dans un hamac à l'anglaise, au-dessus de moi et d'un canon du poste des gardes de la marine, se réveilla en sursaut et me cria : « Des Cars, lève-toi, nous touchons. » J'entendis à peine ce qu'il me disait, je restai tranquillement dans mon lit, et lui, étant de suite monté sur le pont et ayant trouvé tout en bon ordre, redescendit, en riant beaucoup de sa terreur panique. Il reconnut alors seulement que le cordon de son hamac ayant cassé et étant tombé sur un canon, il avait attribué au vaisseau ce qui n'appartenait qu'au heurt de son hamac. Ce fut pendant plusieurs jours l'objet de nos plaisanteries.

Nous ne tardâmes pas à arriver dans la baie de Saffi, qui est immense ; la ville, située dans le fond sur le bord de la mer, n'a point de port. L'on mouille très loin de terre, et pour peu que les vents viennent à souffler du large, la prudence exige qu'on appareille et qu'on se remette en mer. Ce point avait été préféré à tous les autres de la côte, à cause de la proximité de la capitale, qui en est encore distante de soixante lieues.

Lorsque nous arrivâmes dans cette rade, le terme de notre trêve avec l'empereur de Maroc venait d'expirer, et peu de jours auparavant ses corsaires avaient capturé cinq bâtiments marchands français. Nous en fûmes instruits par un négociant de notre nation, M. Salva, qui était resté à Saffi pendant toute la guerre. Durant son long séjour dans le pays et pendant plusieurs voyages à Maroc même, Salva, le plus honnête et le plus vertueux des hommes, avait su s'attirer l'estime et l'amitié particulière de l'Empereur, la considération et l'affection de ses sujets.

Il informa sur-le-champ Sidi-Mehemed Abdallah, fils du fameux Muley-Ismaël, de l'arrivée de l'escadre et de l'ambassade. C'était annoncer, en même temps, des présents de tout genre et l'argent pour la rançon des prisonniers; il n'en fallait pas davantage pour nous assurer une bonne réception. Mais on devait attendre de Maroc la permission de débarquer l'ambassade. Salva obtint immédiatement pour nous celle d'aller faire de l'eau dans une petite anse de la baie, au-dessus de Saffi.

En général, sur toute la côte d'Afrique, il règne, depuis le détroit de Gibraltar jusqu'au cap de Bonne-Espérance, ce que les marins appellent « une barre ». Ce sont trois ou quatre lames d'eau très élevées qui viennent successivement se briser contre le rivage; il en résulte que les canots et chaloupes sont obligés de mouiller en deçà de cette barre et ne peuvent aller jusqu'à terre, vu la trop grande finesse de leurs fonds. J'aurai bientôt occasion d'expliquer de quelle manière l'on passe de ce mouillage jusqu'à terre; parlons d'abord de la manière dont on fait de l'eau.

Nous avions construit un grand radeau, sur lequel se jetaient toutes les personnes de l'équipage commandées pour cette opération. Les barriques destinées à être remplies étaient amarrées vides des deux côtés du radeau : plusieurs matelots, bons nageurs, allaient porter à terre un grelin ; alors les officiers et matelots passaient des chaloupes sur le radeau et étaient ainsi halés à terre par ceux qui étaient déjà arrivés à travers les lames.

Ce n'était pas seulement un bain de mer que l'on prenait en montant et en redescendant ces lames, c'était une série de douches assez fortes pour vous emporter si l'on ne se cramponnait pas fortement au radeau. Au retour de terre aux chaloupes, lorsque l'eau était faite, les gens restés dans la chaloupe halaient à eux, au moyen d'un grelin, ceux qui l'avaient été précédemment pour aller à terre. Je n'ai eu qu'une seule fois cette corvée, et je n'ai pas désiré l'avoir deux.

A terre, personne ne devait s'éloigner de la troupe occupée à l'aiguade, et il fallait même laisser une bonne garde aux chaloupes, car les Maures s'étant aperçus les premières fois qu'on y avait laissé seulement des jeunes mousses, plusieurs de ces Africains avaient été à la nage jusqu'aux chaloupes avec mauvaise intention.

Pendant que nous attendions en rade la permission de débarquer l'ambassade, M. de Breugnon m'envoya un jour à terre avec une commission pour M. Salva. Dès que l'on aperçut un canot français se diriger vers le débarcadère, situé à quelque distance de la ville, la côte se garnit d'une foule considérable armée de fusils. Ayant mouillé mon canot près de la naissance des lames, plusieurs pirogues du pays, en les remontant, vinrent jusqu'à moi. Je sautai dans l'une d'elles qui m'emmena très promptement.

Après avoir franchi la dernière lame, la pirogue s'échoua, et comme elle était à fond plat, elle resta ainsi échouée, mais une autre lame qui succéda très promptement, venant se briser contre elle, la déplaça encore de trente ou quarante pieds. Alors des Juifs se jetèrent à l'eau et vinrent jusqu'à la pirogue, nous présenter leur dos. Nous les enfourchâmes et ils nous transportèrent à terre, mais ce court trajet suffit souvent pour être couverts d'insectes! Descendu de mon Juif, je lui donnai une ou deux blanquilles, c'est-à-dire trois ou six sols, et il se trouva richement payé.

Le plus grand honneur que sachent rendre les Maures est de vous recevoir à coups de fusil tirés à bout portant. Monté sur mon Juif, et même débarqué, il m'en fallut essuyer peut-être quatre mille coups. Un Maure, en rechargeant sans doute son fusil avec trop de précipitation, laissa dans le canon une baguette de fer qui vint percer la corne de devant de mon chapeau et ressortir par le retroussis de derrière.

A travers cette multitude, j'avais peine à me diriger vers la ville, et je ne savais comment demander que l'on me fît place. Au bout de quelques pas, un Maure, mieux vêtu que les autres, portant un beau turban, un cafetan[1], en or et en argent, m'aborda avec assez de grâce et en fort bon français me dit : « Mon officier veut sûrement aller chez M. Salva, j'aurai l'honneur de l'y conduire », et, sur-le-champ, d'un ton d'autorité répondant à la magnificence de son vêtement, il trouva le moyen de me faire passer à mon aise à travers la foule.

Je profitai du premier moment où je pus respirer pour le remercier et lui témoigner ma surprise d'entendre si bien parler français sous son costume. « Ah! mon officier, me dit-il, c'est que je suis Français. — Et par quel hasard? — Mon officier, que voulez-vous? On a été jeune... un coup de tête. Tenez, mon officier, j'étais tambour-major du régiment Royal-vaisseau. Nous faisions la guerre aux Portugais en 1762; c'était M. le prince de Beauvau qui nous commandait. J'eus le malheur d'avoir un petit démêlé avec mon major, je puis vous assurer que mon major avait tort... Je pris de l'humeur... Je désertai à l'ennemi... La paix se fit, je me déplaisais au service de Portugal... Je désertai, j'entrai au service d'Espagne. Le régiment dans lequel je m'engageai fut envoyé à Ceuta. Je m'y

---

[1] Cafetan, robe turque.

ennuyai, je passai chez les Maures, et me voici. J'ai l'honneur d'être alcade (officier) et j'aurai le plaisir d'être de l'escorte qui doit conduire l'ambassade à Maroc. — Vous êtes donc mahométan? lui dis-je. — Ah! mon officier, je suis toujours bon chrétien au fond du cœur. — Mais de quel pays de France êtes-vous? — Je suis du pays des châtaignes, je suis Limosin. — Vous êtes Limosin?... et moi aussi, et de quel endroit? — Je suis, mon officier, d'un petit endroit que vous ne connaîtrez pas..... Je suis de la Roche-l'Abeille. — Quoi! repartis-je avec la plus vive surprise, vous êtes de la Roche-l'Abeille?... Vous rappelez-vous qui est le seigneur de la Roche-l'Abeille? — Oh! oui, mon officier, c'est M. le comte des Cars; j'ai peut-être été cent fois dans ma vie au château des Cars. J'étais commissionnaire de M. le receveur et de M. le curé. Il y avait au château deux petits enfants bien gentils qui étaient jumeaux, M. le comte de Saint-Bonnet et Mlle des Cars. J'ai souvent joué aux quilles avec eux sur la terrasse... — Mon ami, lui dis-je, voilà une rencontre bien bizarre. Croiriez-vous que je suis ce même petit comte de Saint-Bonnet?» Je crus que mon alcade mourrait de joie, c'étaient des transports, des exclamations que je ne puis rendre. — « Ah! mon officier, reprit-il bientôt, j'ai une grâce à vous demander... J'ai une femme qui blanchit le linge en perfection, faites-moi avoir la pratique de l'ambassade. — Mon ami, lui répondis-je, je suis le plus jeune officier de l'escadre et de l'ambassade, mais je ne crains pas de trop m'avancer en vous le promettant. J'en ferai dès ce soir la demande à M. l'ambassadeur. »

J'arrivai enfin chez M. Salva, et ayant rempli ma petite mission auprès de lui, mon Limosin renégat me reconduisit à mes embarcations.

De retour à bord, je racontai ma singulière rencontre à M. de Breugnon et à mes camarades; l'on en rit beaucoup, et l'ambassadeur m'accorda sa pratique pour la blanchisseuse du ci-devant tambour-major.

Lorsque Salva eut informé l'Empereur de notre arrivée à Saffi, et demandé que l'ambassade pût partir immédiatement pour Maroc, Sa Majesté marocaine avait exigé que, préalablement à notre débarquement et à la restitution des cinq bâtiments que nous réclamions, l'on fît revenir de Brest deux de ses sujets qui depuis trente ans étaient au bagne.

On avait donc immédiatement expédié en France la corvette de M. de Kersaint. La cour approuva cette restitution. Les deux forçats furent embarqués et ramenés à Saffi, où nous les attendions avec grande impatience. Ces deux hommes étaient au bagne depuis si longtemps qu'ils y jouissaient d'une très grande liberté : ils avaient monté un petit commerce dans la ville, et ils avaient amassé une espèce de petite fortune; quand on leur annonça que leur souverain les réclamait et qu'on allait les ramener, leur désespoir fut extrême. Il dura toute la traversée, mais à leur arrivée à Saffi, et lorsqu'ils touchèrent du pied le sol de leur pays natal,

A tous les cœurs bien nés que la patrie est chère !

ils passèrent subitement de la plus sombre tristesse aux plus vifs transports de joie.

Rien ne s'opposant plus à notre admission, M. l'ambassadeur reçut à bord les honneurs dus à sa dignité, descendit à terre et vint loger chez M. Salva. Dès lors tout se disposa pour notre voyage.

La suite de l'ambassadeur était composée d'une compagnie de soixante bombardiers de la marine avec une nombreuse musique militaire, de plusieurs capitaines, lieutenants et enseignes de vaisseau, de quatre gardes de la marine, d'un médecin et d'un chirurgien de l'ambassade, de M. Chenier, nommé consul à Maroc, d'un aumônier, de deux Pères de la Merci, de deux écuyers courtiers du Roi, chargés de faire l'achat de chevaux arabes, d'une livrée nombreuse de l'ambassadeur et de tous nos domestiques. Un bacha commandait l'escorte, qui était de soixante à quatre-vingts hommes. Cette suite devait encore être considérablement augmentée par un grand nombre de chameaux et de mules nécessaires pour porter les bagages et les présents destinés à l'Empereur.

Les dispositions pour notre départ exigèrent

encore quelque temps. Je dois donc ne pas quitter Saffi sans dire quelques mots sur cette ville.

Elle est assez grande et assez populeuse. La ville des Maures est, ce que sont en général toutes les villes mahométanes, un ramas de baraques moitié terre, moitié pierres, presque enterrées sous terre. Le quartier des chrétiens, habité par les consuls de toutes les nations, par des Capucins qui y ont une maison, et par quelques négociants, est bâti à l'italienne. Un fils de l'Empereur, jeune homme de dix-neuf ans, d'une tournure fort noble et fort leste, d'une très jolie figure et d'une tête extrêmement bouillante, était gouverneur de la ville, où il habitait une espèce de vieux château à tours et à tourelles. On l'y regardait comme exilé. Ce jeune prince fut enchanté de nous voir et nous rechercha beaucoup. Après avoir fait à plusieurs d'entre nous quelques petits présents de fusils et de pistolets, il témoigna le plus grand désir qu'on lui fît boire du vin. Le comte de Durfort eut l'imprudence de lui promettre de lui faire venir de la frégate du vin de Champagne, du vin de Bourgogne et du vin de Bordeaux !

Très heureusement une promesse si dangereuse ne tarda pas à être connue. Le sage Salva en fut instruit, personne mieux que lui ne pouvait en prévoir les funestes conséquences, c'était se donner un grand tort vis-à-vis d'un souverain du sang de Mahomet que de fournir à son fils l'occasion de violer si manifestement la loi du Prophète; c'était exposer, par l'ivresse du jeune prince et de ses favoris, la ville et le château au feu et au pillage, et toute l'ambassade même à la colère et à la vengeance des fidèles croyants.

Tous ces dangers ayant été exposés à M. de Breugnon par le prudent Salva, qui lui donna aussi connaissance du jour et de l'heure où ce vin devait être porté à terre, M. de Breugnon me chargea de me rendre à bord de l'*Union*, d'y guetter le moment où le canot de M. de Durfort s'éloignerait du bord de la frégate et d'aller m'emparer de ce vin que je rapporterais au vaisseau *l'Union*. Je remplis cet ordre avec la plus grande exactitude. Durfort m'en voulut pendant quelques jours, et bientôt, reconnaissant que je n'avais pu me dispenser d'obéir, il n'y songea plus.

Enfin, tout étant prêt et disposé pour notre départ, il s'effectua, mais non sans des embarras assez risibles, car presque personne parmi nous ne savait monter à cheval, depuis l'ambassadeur jusqu'au dernier bombardier ou goujat de notre suite. Le premier moment de la marche fut donc extrêmement curieux... des marins en si grand nombre sur des chevaux arabes!... Les uns ne pouvaient pas faire partir leurs chevaux, d'autres étaient emportés par eux; enfin, lorsque l'on fut hors la ville, presque tous demandèrent d'autres montures, sans être plus rassurés sur celles qu'on pourrait leur donner.

Grâce à la passion que j'avais eu de bonne heure pour l'exercice du cheval, et aux leçons d'équitation que l'abbé des Cars avait prises à Paris au manège de Rozade, je me trouvai le plus fort et le plus savant. Tous ces pauvres marins s'adressèrent donc à moi pour leur choisir des chevaux plus paisibles parmi le surcomplet qui nous suivait; l'Empereur nous en faisait fournir en abondance.

M. de Breugnon, qui avait remarqué ma supériorité en équitation, me nomma dès la première marche son aide de camp général et me chargea de l'ensemble de toute la colonne. A cet effet, le bacha fit mettre à ma disposition quatre ou cinq chevaux par jour, et dès ce moment je ne fus plus qu'au galop de la tête à la queue de la colonne, ce qui m'attira l'amitié du bacha et la considération des Maures.

Il n'est pas nécessaire de dire que les chaleurs sont excessives dans ces immenses plaines, ou plutôt dans ces vastes déserts.

L'on recherche, pour y camper, le voisinage des très rares sources, et de quelques bouquets de bois. C'est dans de pareils emplacements que l'on rencontre, à des distances fort éloignées, des douars, espèces de villages des Maures formés par des tentes, dont les chrétiens, à cause des femmes, ne peuvent approcher sans le plus grand danger.

Après une marche d'environ dix lieues, nous parvînmes à notre premier campement, ainsi disposé : l'escorte marocaine formait un grand cercle ; nos bombardiers avec leurs canonnières en formaient intérieurement un second ; la suite de l'ambassadeur un troisième, et la tente de l'ambassadeur était au centre de ce dernier cercle. Là nous trouvâmes réunie une immense quantité de vivres, tous fournis par l'Empereur, bœufs, moutons, veaux, volailles ; c'était immense.

Le second jour de notre marche nous entrâmes dans une nouvelle province. Le bacha qui en était gouverneur vint au-devant de l'ambassadeur, à la tête d'environ quatre mille chevaux, dont il fallut essuyer longtemps la mousquetade à la portée de pistolet. Cette réception honorable est absolument conforme à leur manière d'attaquer quand ils font la guerre. Les Maures se divisent par troupes plus ou moins nombreuses, et courant à toutes brides jusqu'à la moustache de leurs ennemis, ils lâchent leur coup de fusil à bout portant, arrêtent leurs chevaux sur cul et s'en retournent rechargeant leurs armes. J'ai fait avec eux et mêlé dans leurs troupes une infinité de charges pareilles, ce qui les étonnait beaucoup en me voyant monté sur une selle française, si différente des leurs. Ces selles n'ont pas changé depuis l'ancienne et fameuse cavalerie numide, et tous les Arabes et Tartares de l'Afrique et de l'Asie s'en servent encore.

L'ambassadeur ayant demandé au nouveau bacha si de pareils salamalecs arrêteraient longtemps notre marche, et lui ayant représenté le besoin pressant que nous avions d'arriver à notre camp dont nous apercevions déjà les tentes, le bacha fit porter par des alcades l'ordre de cesser la fusillade et de nous laisser continuer notre route. Mais nous n'avions pas encore vraisemblablement satisfait la curiosité générale. De nouvelles troupes s'avancèrent pour saluer, et notre marche fut de nouveau suspendue. Aussi le bacha ordonna d'écarter à coups de plat de sabre et de bâton tous ceux qui se présentaient, et nous arrivâmes enfin sur le terrain destiné pour notre camp.

Ce moment ne laissa pas d'être critique : le terrain où nous allions camper était dur et parsemé de cailloux, nos bombardiers et nos gens avaient mille peines à enfoncer les piquets de leurs canonnières et de nos tentes. La nature de ce terrain servit merveilleusement ceux qui voulaient se venger des coups de plat de sabre et de bâton administrés par ordre du gouverneur de la province. Nous fûmes inopinément assaillis d'une grêle de pierres, et quelques mécontents, se glissant même entre les canonnières de notre première enceinte, renversèrent celles qui étaient installées. Un lieutenant de bombardiers, le chevalier de Gourmont, s'occupait de les faire relever, lorsqu'un Maure lui asséna un violent coup de bâton sur les épaules. Le chevalier de Marville, l'un des prisonniers faits à la Râche, à qui l'Empereur, par considération, avait accordé l'inspection de tous les esclaves français, sauta alors sur le Maure, le saisit et, aidé de plusieurs d'entre nous, le conduisit au bacha de notre escorte, qui le fit aussitôt mettre au bloc en dehors de sa tente.

Néanmoins la pluie de pierres continuait tout autour de notre camp. Nuls moyens d'opposer la force à la force. Loin encore de Maroc et de nos vaisseaux, M. de Breugnon ne savait trop à quel parti se décider. Il se rendit avec Salva à la tente de notre bacha pour tenir conseil, et il fut décidé qu'on remettrait le Maure en liberté, sauf à le faire punir rigoureusement lorsqu'on aurait rendu compte à l'Empereur. Par ce moyen l'orage s'apaisa et tout redevint tranquille.

Le bacha qui nous escortait avait toujours sa tente remplie de tous les meilleurs fruits et de rafraîchissements qu'il nous prodiguait avec un plaisir affectueux. Le lendemain, après avoir campé, nous aperçûmes au loin un gros nuage de poussière se dirigeant assez rapidement de notre côté. Nous reconnûmes bientôt qu'il était formé par une troupe d'une quinzaine de cavaliers, au grand trot. A la tête de cette cavalcade, était un homme de fort bonne mine, bien monté sur un cheval richement enharnaché. Il portait un riche turban, un schlem très fin, un cafetan d'étoffe d'or et d'argent, une riche écharpe, un sabre magnifique, de superbes pistolets à sa ceinture et des éperons dorés. Arrivé à la porte de la tente du bacha, il sauta lestement et de la meilleure grâce du monde à bas de son cheval, nous salua et alla se prosterner aux pieds du bacha nonchalamment couché sur des coussins.

Après s'être entretenu quelque temps avec le bacha qui lui témoignait une grande considération, notre inconnu se releva, et se retournant vers le chevalier de Suffren, Guichen[1], quelques autres et moi : « Messieurs, nous dit-il en très bon français, j'ai fait la plus grande diligence pour avoir l'avantage de vous voir avant votre arrivée à Maroc, j'étais extrêmement jaloux de faire votre connaissance. » Déjà nous le jugions renégat français. Nous nous trompions. Lorsque, après avoir répondu à son premier compliment, nous lui témoignâmes notre surprise de l'usage facile qu'il faisait de notre langue : « Je ne suis cependant point Français, nous dit-il. J'ai lu beaucoup d'ouvrages dans cette langue, mais je l'ai rarement parlée. J'étais Jésuite en Portugal et professeur de mathématiques à Lisbonne lors du complot contre les jours du Roi[2]; quoique ni ma Compagnie, ni moi, n'y fussions entrés en rien, je fus forcé de m'évader. Je passai à Alger, j'y commandai quelques corsaires jusqu'à ce que S. M. l'Empereur de Maroc, qui recrute sa marine dans celle d'Alger, me fit appeler, et me créa son

---

[1] Fils du chef d'escadre, garde-marine en 1764, lieutenant de vaisseau en 1778, mort à la Martinique le 27 mai 1780, des suites d'une blessure reçue dans un combat naval livré le 19 mai.

[2] En 1759, formé par les Tavora.

grand amiral. C'est moi, ajouta-t-il, qui ai construit à la Râche la frégate que vous essayâtes de brûler il y a deux ans. »

Enfin, après cinq jours de marche, nous arrivâmes à Maroc. Tout ce qu'il y avait de plus jeune, de plus brillant et de mieux monté dans cette capitale vint à deux lieues au-devant de nous. Nous n'entrâmes point dans la ville, mais nous longeâmes les murs du palais sur lesquels règne dans toute leur longueur une espèce de terrasse ornée de tourelles de distance en distance. On nous assura que l'Empereur et les Reines étaient dans une de ces tourelles pour nous voir passer. Nous fûmes conduits ainsi à une demi-lieue au delà de Maroc, dans le jardin d'un vieux château impérial rasé, destiné à nous servir de campement; il était fermé de murs, quoique avec de nombreuses brèches.

Il faudrait un autre pinceau que le mien pour peindre les délices de cette position.

Qu'on se figure d'un côté la très grande ville de Maroc à une demi-lieue en avant de nous, nos yeux éblouis du reflet du soleil sur ces minarets nombreux, riches et élevés, la plaine qui nous en séparait ornée d'un nombre considérable de pavillons bâtis avec élégance, presque tous au bord de quelque lac destiné aux promenades du soir de l'Empereur et des Reines, qui venaient y respirer le frais, et se promener sur l'eau dans des gondoles. D'un autre côté et à égale distance de Maroc, le mont Atlas, dont les premières collines verdoyantes se réunissent par une gradation insensible et se marient avec les neiges éternelles de son sommet.

Ce jardin, traversé d'un bout à l'autre par un ruisseau assez rapide, ayant l'eau la plus claire et la plus fraîche venant de la montagne, était rempli d'orangers, de citronniers, de grenadiers, d'abricotiers, de pêchers. Le matin, en relevant la toile de nos tentes et sans sortir de nos lits, il nous suffisait d'étendre les bras pour cueillir à notre gré les plus délicieux de ces fruits. Un peintre ou poète, car Horace nous l'a dit, *ut pictura poesis erit*, en aurait fait un jardin d'Éden.

Il est certain que sans l'ombrage délicieux de ce jardin, sans la fraîcheur que ce limpide et rapide ruisseau répandait dans l'air embaumé des parfums de tant d'orangers et de citronniers, nous n'aurions jamais pu résister près de deux mois à l'excessive chaleur d'un climat aussi ardent.

La première visite que nous reçûmes fut celle de l'ambassadeur d'Espagne, qui était arrivé avant nous par des motifs absolument semblables, savoir, le rachat des esclaves espagnols et la conclusion d'un traité de paix.

Cet ambassadeur était le célèbre don Georges Juan, chef d'escadre, l'un des plus savants géomètres, l'un des premiers astronomes de l'Europe, à qui l'on doit, ainsi qu'à don Ulloa, des ouvrages extrêmement utiles à la navigation.

M. de Breugnon lui rendit sa visite le lendemain.

L'ambassadeur était campé dans une des cours extérieures du palais impérial, moitié cour et moitié jardin. Sa suite, moins nombreuse que celle de l'ambassadeur français, avait peut-être une plus grande magnificence. Les deux ambassadeurs se traitèrent réciproquement, et nous vécûmes le plus cordialement du monde avec la noblesse espagnole de l'ambassade. C'est là que je fis connaissance avec don Langora, alors lieutenant de vaisseau, si malheureux depuis dans son combat contre l'amiral Rodney près le cap Sainte-Marie. Autant que je puis me le rappeler, je vis là encore le fameux Massorodo, si connu dans les campagnes de don Luis de Cordova avec M. d'Orvilliers et plus tard avec M. de Guichen, lors du siège de Gibraltar.

Avant d'être admis à l'audience de l'Empereur, nous allâmes souvent chez son premier ministre, Muley-Driss.

C'était un homme d'une trentaine d'années, d'une physionomie fort douce et fort aimable. Son petit palais était charmant, entouré d'un jardin fort agréable, tant par la quantité considérable d'arbres fruitiers fournissant beaucoup d'ombrage, que par de nombreuses eaux jaillissantes.

La pièce dans laquelle il nous reçut n'avait d'ouverture que sur une cour ovale terminée par une colonnade en marbre à travers laquelle on apercevait le jardin. Au milieu de cette cour était un large bassin d'eau extrêmement claire, d'où s'élevait un jet d'eau à une assez grande hauteur.

La pièce du fond où se trouvait Muley-Driss, garnie d'un riche divan et de nombreux coussins, était impénétrable à la chaleur du jour et d'une fraîcheur vraiment délicieuse.

Indépendamment des visites avec l'ambassadeur, j'allais souvent chez lui de la part de M. de Breugnon pour diverses commissions. Il me prit dans une grande amitié et m'envoyait fréquemment des présents en fruits de toutes espèces. Ses questions et ses reparties décelaient un homme d'esprit très pénétrant.

Le jour de notre première audience arriva. Nous partîmes de notre camp, précédés de la musique militaire et de la compagnie de bombardiers, suivis par les présents chargés sur quantité de chameaux et de mules. Le cortège de M. de Breugnon en officiers et en livrée fermait notre marche. Arrivés dans cette grande plaine qui est au-dessous des murs du palais, nous trouvâmes un demi-cercle immense formé aux ailes par la populace de Maroc et plus près du centre par des gens à pied armés de fusils. Bientôt l'on vit l'Empereur, seul à cheval, venir occuper le centre du demi-cercle; un Maure à pied lui portait un parasol, quatre autres chassaient les mouches de son cheval avec des espèces de serviettes.

Dès que l'Empereur parut, M. de Breugnon fit

jouer la musique, et nous reçûmes l'ordre d'approcher de Sa Majesté jusqu'à la tête de son cheval.

L'ambassadeur lui présenta ses lettres de créance. L'Empereur répondit assez longuement; l'un de ses ministres, un Juif nommé Sumbel, fut l'interprète en très bon français du discours du souverain. En substance, ce discours exprimait sa sensibilité pour l'estime que lui témoignait le roi de France. Comme tout l'univers, disait-il, reconnaissait la différence énorme qu'il y avait entre le sublime empereur du Maroc et les petits deys de Tunis et d'Alger, si la France eût plus tôt recherché son alliance, elle en eût tiré de grands avantages dans sa dernière guerre avec les Anglais.

Notre ambassadeur voulut répliquer, mais, peu accoutumé sans doute à improviser, il balbutia... s'embarrassa... Sumbel, le remarquant, eut l'impertinence de lui dire : « Monsieur l'ambassadeur, remuez seulement les lèvres, je sais ce que vous avez à dire », et il répondit comme il voulut pour l'ambassadeur.

Il est bon d'observer que, malgré le titre de ministre dont Sumbel était revêtu, il ne pouvait paraître, en sa qualité de Juif, que pieds nus devant sa sublime Majesté, et qu'il jouissait en outre, comme Juif, du très doux privilège de pouvoir être assommé à coups de bâton par tout Maure à qui il pouvait prendre la fantaisie de rouer Son Excellence israélite.

Les lettres de créance reçues, les discours prononcés de part et d'autre, sa gracieuse Majesté daigna nous adresser quelques paroles moitié en langue franque, moitié en espagnol. J'étais tout à côté de M. de Breugnon : « *El muchacho*, dit-il en me regardant, *es un cavaliero de San-Juan di Malta... demonios en la guerra, buenos hombres en la pace.* » L'ambassadeur lui fit remarquer que MM. de Suffren[1] et Montluc de La Bourdonnaye étaient également chevaliers de Malte, mais l'Empereur n'eût pas appelé Suffren un *muchacho*[2], tant il était déjà gros et trapu, ce dont les Maures ne font point de cas.

Avant de nous retirer, l'Empereur désira entendre encore notre musique. C'était un homme d'environ cinquante-cinq ans, mais il avait l'air d'avoir quinze ans de plus. Il passait pour assez instruit en géométrie et même en astronomie, et parmi ses sujets on le prisait pour un monarque extrêmement doux ; il l'était en effet en comparaison de son père Muley-Ismaël, et on ne citait de lui qu'un seul acte où le sang paternel sans doute l'avait fait sortir de sa mansuétude naturelle. On avait amené devant lui une soixantaine de Berbères prisonniers. Commençant par la droite et finissant par la gauche, il les

---

[1] M. de Suffren, garde-marine en 1743, était alors capitaine de frégate ; il devint chef d'escadre et se rendit célèbre par ses combats dans l'Inde. Il devint bailli dans l'ordre de Malte et mourut en 1788.

[2] Jeune homme.

transperça tous successivement avec une lance, en ayant l'attention de changer de lance à chaque Berbère.

Par un usage constant, les empereurs de Maroc se rendent tous les vendredis dans le lieu où nous reçûmes notre audience. Le peuple s'y assemble, et les gens qui ont des plaintes à porter ou quelque justice à réclamer se présentent devant lui, invoquent sa clémence et son équité. Dès qu'il a prononcé un mot, le peuple répète : « Nama sidi, nama sidi » (le Seigneur a raison); cela s'appelle le *méchoir* ou le parlement. Si le jugement du gracieux monarque condamne une tête, elle tombe aussitôt, et cette tête, avant de tomber, s'écrie avec toute l'assemblée : « Nama sidi, nama sidi. »

Notre audience finie, les chameaux et mules chargés des présents furent conduits au palais.

Parmi ces présents il y avait un trône en velours cramoisi, richement brodé en or, une aigrette de diamants du plus grand prix, des tentures des Gobelins, des porcelaines de Sèvres, des pendules, des fusils et pistolets richement montés, et de l'argent. Dès le lendemain nous sûmes que l'aigrette avait été démontée et vendue aux Juifs!

Les négociations pour la conclusion du traité de paix commencèrent avec plus d'activité. Les conférences furent nombreuses entre l'ambassadeur, Salva et Sumbel, tantôt à notre camp, tantôt chez Muley-Driss; enfin le traité se trouva prêt, sauf quelques formalités qui nous retinrent très tard. Muley-Driss s'apercevant que l'heure de notre dîner se passait, eut la galanterie de nous en donner un; l'on dressa une table de cinq ou six couverts garnie du plus beau linge de Saxe. Les couverts étaient de l'orfèvrerie la plus recherchée; des aiguières d'argent renfermaient l'eau; les verres étaient du plus beau cristal.

Le premier plat nous donna bien de la peine à deviner ce qu'il était; l'on nous expliqua que c'était des côtelettes de mouton. L'on servit ensuite un immense *couscoussou*. Le *couscoussou* est fait avec de la farine extrêmement fine et tellement tamisée qu'elle ressemble à de la semoule, le bouillon est fait avec une grande quantité de bœuf, de mouton, de veau, de volaille et de gibier. Cette farine, bien assaisonnée de safran, est placée sur un plat à peu près comme une casserole au riz, et toutes ces viandes forment au milieu du plat une très haute pyramide. Le jus est servi dans un grand vase d'argent. Muley-Driss, en bon mahométan, nous demanda de l'excuser de ne pas nous servir de vin, qui fut remplacé par des sirops de capillaire et de limon. Le dessert fut magnifique en fruits, et le repas finit comme partout par du café. Celui-ci était réellement du moka!

Je ne puis me dispenser de rapporter un ou deux traits de Muley-Driss, qui le feront mieux connaître et donneront en même temps une idée des mœurs du pays.

Un jour, pendant que M. de Breugnon, Salva et lui étaient en conférence, je me promenais seul dans ses jardins, ignorant absolument que je m'approchais de son sérail. Tout d'un coup un de ses esclaves courut après moi, me fit de grands signes pour m'indiquer que je devais revenir sur mes pas; il me suivit jusqu'au pavillon où était Muley-Driss, à qui il rapporta qu'il m'avait trouvé près du sérail. Muley-Driss, au lieu de se fâcher, se mit à rire, il en fit même quelques plaisanteries, et la chose en resta là. Une autre fois, ayant fait quelques présents en schlems et babouches à M. de Breugnon, il lui prit fantaisie de m'en faire un aussi. Sans m'en prévenir, il donna un ordre à un esclave; l'esclave partit, courut, vola et revint rapportant un schlem tel qu'en portent les seuls chérifs et descendants de Mahomet (il était cousin de l'Empereur). Alors, me faisant signe d'approcher de lui, il me revêtit de ce schlem fait en étoffe de laine très fine, parfaitement tissée, entièrement semblable à un manteau de Carme, avec un capuchon pointu, et sur la poitrine une espèce de brandebourg en fort belle soie. Quand je fus revêtu de ce schlem : « Bon, dit-il en riant, voilà un nouveau musulman qui nous restera. »

Mais le malheureux esclave avait été, selon Muley-Driss, trop longtemps à remplir sa commission, de sorte qu'à son arrivée son maître ayant donné par signe un ordre à d'autres esclaves, ceux-ci prirent le malheureux par les jambes, le corps et la tête, le jetèrent en l'air d'une telle manière qu'il retomba la tête la première contre le marbre dont la salle était pavée, et les esclaves se disposaient à lui faire renouveler ce saut vraiment périlleux, lorsque tous nous levâmes les bras, suppliant Muley-Driss qu'on en restât là. Il nous l'accorda, mais en nous disant que, sans nos prières, l'on eût recommencé jusqu'à ce que la cervelle de ce malheureux fût sortie du crâne.

Au présent de son schlem il ajouta encore un petit tapis de Turquie de trois à quatre pieds carrés. M. de Breugnon ne fut pas traité plus magnifiquement que moi.

Dans nos promenades à cheval, l'après-midi, M. de Breugnon fut un jour tenté d'aller vers le mont Atlas. Nous étions déjà près du pied de la montagne, lorsque les éclaireurs de notre escorte revinrent à toutes jambes, nous faisant signe de rétrograder; ils prétendirent avoir aperçu derrière une haie une embuscade de Berbères; aussi notre bacha, craignant de compromettre M. l'ambassadeur, exigea qu'il revînt au camp.

C'est le cas d'expliquer brièvement ce que sont ces Berbères.

Les Maures, à leur expulsion d'Espagne, furent obligés de chasser les naturels du pays qu'ils occupent aujourd'hui; ceux-ci se retirèrent dans les montagnes, et depuis lors ces deux nations sont en guerre perpétuelle. Quand nous disposions tout pour notre retour à Saffi, l'Empereur se préparait à marcher contre eux à la tête de cent mille hommes.

De temps en temps ces Berbères descendent en petites troupes de l'Atlas, et font des incursions dans la plaine pour enlever du bétail.

La nuit suivante, nous fûmes tout d'un coup réveillés par des coups de fusil. Nos sentinelles maures du dehors du jardin prétendirent avoir repoussé un de ces Berbères, venu sans doute dans l'espoir de voler quelque chose dans notre camp. Le fait était-il vrai ou supposé par nos propres Maures, dans l'espoir d'une récompense?

Après la signature de la paix chez Muley-Driss, le jour où il nous avait retenus à dîner, nous rentrions au camp, lorsque le chevalier de Suffren vint dans ma tente et me prévint que l'ambassadeur allait envoyer à la Cour un garde de marine porter cette nouvelle. « Cette mission, me dit-il, ne peut convenir qu'à vous parmi les quatre qui sont ici. Vous seul êtes en état de supporter la fatigue de ce voyage, et vous êtes aussi le seul dont la famille soit établie à la Cour. Allez donc vite chez M. de Breugnon le lui demander, d'autant que cela vous vaudra sûrement d'être fait enseigne de vaisseau. »

Je courus chez l'ambassadeur, qui me répondit

qu'il venait de charger M. Amé de La Laune[1] de cette commission, et qu'il était parti sur-le-champ. Cet Amé de La Laune était neveu d'un M. Legué, premier commis de la marine, à la tête du bureau des consulats, et je sus depuis que ce premier commis avait valu à Breugnon son ambassade, à la condition de faire porter la nouvelle de la paix par son neveu, qui fut en effet nommé sur-le-champ enseigne de vaisseau.

J'avoue franchement que je fus extrêmement piqué de cette préférence donnée au neveu d'un commis, plutôt qu'à M. de Guichen, fils d'un chef d'escadre, à M. de Montluc de La Bourdonnaye, chevalier de Malte, homme de qualité, ou à moi.

Je n'étais entré dans la marine que pour obéir aux volontés expresses de ma mère, et cet exemple d'Amé de La Laune me suggéra la pensée d'ouvrir une négociation avec elle pour obtenir mon passage au service de terre.

Notre audience de congé eut lieu comme la première, et notre retour de Maroc à Saffi par la même route n'eut rien qui mérite d'être rapporté.

A Saffi, l'on s'occupa de payer la rançon des prisonniers faits sur les bâtiments marchands et à la Râche; cela nous y retint encore quelque temps.

---

[1] Garde-marine en 1762, fut nommé enseigne en 1767, devint capitaine de vaisseau en 1785.

J'avais mené une vie si active depuis que nous étions à terre, j'avais tellement couru à cheval sous un soleil brûlant, que mon sang s'était singulièrement échauffé. A peine eus-je goûté quelques jours de repos que je tombai malade. L'on me transporta à bord, et je fus pris de la fièvre putride. Ma jeunesse, mon bon tempérament et peut-être aussi le médecin du vaisseau qui me prodigua des soins, me guérirent très heureusement.

De Saffi à Brest notre navigation fut de vingt-huit jours. Je commençai alors à faire connaissance avec une mer agitée, sans cependant essuyer encore ce que les marins appellent un coup de vent et les gens du monde tempête.

A notre arrivée dans la rade de Brest l'on nous imposa une quarantaine de quatre jours seulement, pendant laquelle nos amis vinrent en canots dans la rade causer avec nous sous la galerie du vaisseau ; c'est là que j'appris par le vicomte de Canillac, entré au service comme garde de la marine, le mariage de ma sœur avec le marquis de Brunoy, fils de M. de Montmartel[1]. « Je suis chargé de vous remettre les présents de noces », me cria-t-il, et en effet, lorsque je fus à terre, il me remit ceux dont il était chargé. C'était une tabatière en or avec le portrait de ma

---

[1] Armand-Louis-Joseph Pâris, fils du marquis de Brunoy et de Marie-Armande de Béthune, né le 25 mars 1748 à Paris. Le mariage eut lieu en 1767.

sœur entouré de diamants, une montre avec chaîne et breloques pareillement entourée de diamants. C'était bien beau pour un garde de marine! Toutes les femmes de la ville voulaient voir ces bijoux, fort rares en basse Bretagne.

Je ne trouvai point mon frère à Brest, il était parti pour les îles, commandant une frégate.

CHAPITRE II

Souvenirs de marine; voyages à Bayonne; voyages à Cadix, à Marseille; maladie et séjour aux Cars; mort de madame des Cars.

La quarantaine finie, nous descendîmes à terre : j'avais à peine fait trente pas dans la rue que je rencontrai La Peyrouse [1], qui, m'embrassant, me dit qu'il recevait dans le moment le commandement de la flûte *l'Adour,* qu'il cherchait des officiers, que si je voulais m'embarquer avec lui, je ferais fonction d'enseigne. J'acceptai sans balancer, ce dont mes autres amis me grondèrent fort, pensant que j'avais besoin de repos.

L'armement de la flûte (nom donné à une certaine espèce de navire) *l'Adour* fut bientôt achevé. Cette flûte, ainsi que sa digne sœur *le Gave,* étaient assurément les deux plus détestables bâtiments de la marine royale, qu'ils déshonoraient. Vilaines hourques hollandaises, fort longues et à fond plat, ayant une poupe extrêmement élevée, une proue

---

[1] J.-Fr. Galaup de La Pérouse, né en 1741 à Albi, devint capitaine de vaisseau en 1780 et fut, en 1785, chargé par Louis XVI d'un voyage de découverte autour du monde : il y périt malheureusement.

absolument ronde et très basse, elles avaient pour unique qualité d'être susceptibles de gros chargements ; leur mâture peu élevée et leur peu d'envergure n'exigeaient aussi qu'un équipage de quinze à vingt hommes. Les Hollandais les construisaient principalement pour le transport des mâts qu'ils tiraient du Nord. C'était pour en aller chercher aux Pyrénées que la Cour avait acheté ces deux galimassues. Mais la marine hollandaise ne permettait pas que ces bâtiments naviguassent une fois le 1ᵉʳ octobre arrivé. Par une ordonnance très sage, ils devaient hiverner quelque part où ils se trouvaient le 1ᵉʳ octobre et ils y restaient jusqu'au 1ᵉʳ mai. Nous autres, plus hardis ou plus imprudents, ne calculions point les saisons et nous les bravions.

J'omettais de dire que ces bâtiments à fond plat dérivaient au plus près du vent comme de la fumée, qu'ils ne viraient que rarement de bord, vent devant pour peu qu'il y eût de mer, ce qui les rendait surtout dangereux sur les côtes du golfe de Gascogne et d'Espagne, et sur celles de Bretagne hérissées de rochers, navigation à laquelle nous les destinions.

Nous partîmes de Brest dans le courant de septembre, pour aller chercher un chargement de mâtures à Bayonne. Nous transportions toute la famille d'un commissaire ordonnateur, composée du mari, de la femme, de trois grandes filles de dix-huit à vingt ans, et d'une jeune femme de chambre, d'un perroquet et de quelques petits chiens. L'état-major comptait trouver là des distractions à la monotonie de la traversée. Mais les longs tangages, les durs roulis de l'*Adour* vinrent y mettre obstacle. Tous, même le perroquet, furent victimes du plus affreux mal de mer, qui nous laissa bien peu de répit.

Après dix ou onze jours de navigation, nous arrivâmes à la barre de Bayonne.

Cette barre formée à l'embouchure de l'Adour est peut-être ce qu'il y a de plus dangereux dans toute navigation. Par un beau temps, lorsque les bâtiments sortent de la rivière pour mettre en mer, elle est unie comme le bassin des Tuileries; il n'en est pas de même lorsque les vents soufflent avec force de l'ouest, du nord-ouest, et surtout de l'ouest-nord-ouest. La mer, alors déjà fort agitée au large, et se brisant avec fureur contre le banc de sable formé à l'embouchure, élève ses lames à une si grande hauteur, que par moments les gens placés sur le rivage n'aperçoivent plus les bâtiments qui franchissent cette barre.

Le peu de fond de ce passage contribue à la grande élévation des lames et augmente le danger. Il n'y avait pas alors au-dessus de seize à dix-sept pieds d'eau dans les grandes marées de l'équinoxe, il y en avait bien moins dans les marées ordinaires. Il suffit à un bâtiment de toucher sur cette barre pour venir sur-le-champ en travers et être brisé par le poids d'une mer amenant ses flots courroucés des côtes de l'Amérique.

Aussi existe-t-il des ordonnances sévères, soit pour les bâtiments qui entrent, soit pour les pilotes de la rivière chargés de leur entrée.

A la rive gauche de la rivière est placée une haute balise. Le bâtiment qui arrive du large doit en prendre connaissance. Si la balise est surmontée d'un pavillon, c'est signe que le coup de pleine mer étant arrivé, il peut se présenter sur la barre d'où il aperçoit devant lui un autre pavillon sur l'avant du canot du pilote-major qui lui indique la direction qu'il doit suivre. Ainsi, à quelque portée qu'on soit de cette barre, tant que le signal ne paraît pas à la balise, il faut nécessairement louvoyer de courts bords jusqu'au signal, se tenant le plus à portée possible d'arriver promptement sur la barre.

C'est ce qui nous arriva. Le pavillon n'étant pas arboré sur la balise, il nous fallut louvoyer. Mais la mer était monstrueuse; nous commencions toujours à chaque bord par vouloir virer vent devant; mais l'*Adour* s'y refusant, il fallait virer vent arrière et perdre par conséquent beaucoup d'espace; heureusement pour nous, ce recul, qui pouvait être notre perdition si l'heure de la pleine mer eût été plus retardée, nous devint favorable. Dès que le signal parut, nous arrivâmes sur-le-champ sur la barre, et ayant franchi les trois lames en suivant la direction indiquée par le pilote de la rivière, nous passâmes incontinent d'une mer furieuse dans les ondes paisibles de l'Adour, et l'on nous remonta jusqu'à l'Allée-Marine, promenade charmante de la ville, où nous mouillâmes.

A la sortie des alarmes d'un pareil passage sur un aussi détestable bâtiment, une inquiétude d'un tout autre genre succéda.

On nous dit que la garnison de Bayonne était formée par le régiment de Provence qui, peu de temps auparavant, avait été en garnison à Brest; or rarement, dans les ports, l'infanterie s'accorde avec le corps de la marine; la querelle du régiment de Provence avec la marine de Brest était née d'une affaire particulière que La Peyrouse avait eue avec un officier de ce régiment; il y avait reçu un tel coup d'épée qu'il avait été trois semaines entre la vie et la mort. Ce duel en amena une quantité d'autres : peu de jours se passaient sans de pareilles rixes; enfin la Cour prit le parti de faire changer de garnison au régiment de Provence.

Instruits à bord que nous allions nous trouver vis-à-vis de ce régiment, ayant avec nous l'auteur de la première hostilité entre les deux corps, nous concertâmes le plan d'une conduite mesurée, sage, mais ferme s'il était besoin.

La première visite que nous avions à faire était chez le marquis de L'Hôpital Saint-Même, commandant de la ville et de la province. Nous nous y rendîmes à l'heure de la parade; tous les officiers du régiment de Provence y étaient rassemblés.

Cet officier général, ignorant sans doute ce qui s'était passé à Brest, nous reçut avec les égards les plus distingués, répétant sans cesse qu'il ne connaissait point de corps supérieur à tous les autres par la naissance, l'instruction et les talents, puis il nous déclara que nous étions maîtres d'aller en sa loge à la comédie quand nous voudrions, qu'elle nous serait toujours ouverte. Nous nous regardions les uns les autres, semblant nous dire de l'œil qu'au sortir de là nous aurions à payer chèrement cette brillante réception.

Point du tout : l'officier qui avait blessé La Peyrouse avait été renvoyé du corps, plusieurs autres avaient quitté le service, ou étaient en semestre ; le major qui commandait le régiment était un homme de mérite, maintenant une fort bonne discipline. Nous lui fîmes une visite, il nous la rendit à bord avec tous ses officiers, et nous vécûmes tous dans la plus parfaite intelligence.

Bayonne était alors une ville extrêmement agréable, nous avions tous les jours de fort bons dîners en ville, toutes nos soirées se passaient dans la maison d'Amon Camponne, ou chez Mme de la Groslay, ou chez Mme de Montpellier, souvent chez M. de Casenove, homme aimable et très considéré.

Je me rappelle que ce premier séjour à Bayonne fut un temps de délices et de plaisirs.

Notre chargement achevé, nous repartîmes pour Brest. C'était en novembre ou en décembre, dans ces temps où, sur les côtes de France et principalement de Bretagne, dix heures de brume épaisse succèdent à quatorze heures de nuit, temps où l'on se croit être

Nimborum in patriam, loca fœta, furentibus Austris[1],

temps où la plus courte et la plus petite éclaircie ne vous montre que rochers et écueils. Nous eûmes ainsi connaissance des Pierres noires : la confiance avec laquelle nous naviguions était telle que ce fut dans une de ces courtes éclaircies que, les découvrant tout à coup, nous reconnûmes que nous courions directement sur elles ; nous arrivâmes et dans la même soirée nous mouillâmes en rade de Brest par un véritable coup de vent du sud-ouest.

Ah! qu'un bon lit en terre ferme a de douceur! Quelle jouissance que celle d'entendre le vent se briser à grand bruit contre les fenêtres! que ce bruit est préférable à celui des mugissements de la mer, et des sifflements des cordages! Je pus dès le soir même jouir de ce doux délassement.

Mon frère était de retour de la campagne qu'il venait de faire ; il avait précédemment commandé

---

[1] Dans la patrie des nuages, mauvais lieux lorsque les vents se déchaînent en furie.

cette même flûte *l'Adour* sur laquelle j'étais embarqué ; il m'assura que s'il eût été à Brest, il m'eût empêché de me jeter dans une pareille baignoire.

La Peyrouse fit de telles plaintes de la flûte, qu'on lui donna en échange la corvette *la Dorothée*. Nous nous en saisîmes sur-le-champ avec autant de joie que si nous eussions enlevé une frégate à l'abordage. Nous reçûmes l'ordre de retourner à Bayonne y prendre un chargement de canons. Nous partîmes avec la flûte *la Forte,* commandée par M. de Rosneven, lieutenant de vaisseau, officier de la plus grande distinction. Nous naviguâmes ensemble, presque toujours à portée de la voix Nous trouvant très près du cap Machichao, à la côte d'Espagne, nous prîmes à notre bord un pilote biscayen, dans le cas où nous serions forcés d'entrer dans un port d'Espagne afin de nous y piloter.

Nous trouvant un peu à l'avant de la *Forte* dans l'après-midi et courant sur terre, il fut convenu que, devant virer de bord les premiers, nous mettrions un feu à la poupe avant de virer.

Vers les huit heures du soir, la nuit étant très noire, le vent assez frais, mais la mer belle, notre Biscayen placé au bossoir sur le gaillard d'avant s'écria tout d'un coup : « Virar de bordo, virar de bordo » ; il voyait ou croyait voir devant nous des brisants.

L'officier qui commandait le quart, effrayé un instant, oublia de faire allumer le fanal et donna tout de suite vent devant. Au bruit de ce mouvement inattendu, nous montâmes tous sur le pont, et nous vîmes la *Forte* prête à mettre son bout-dehors dans nos grands haubans, n'ayant point viré de bord, faute d'avoir vu le signal convenu. Nous lui criâmes plusieurs fois : « Lof, lof » ; enfin elle vint au vent au moment où elle allait nous aborder de l'avant par le milieu de notre bâtiment.

Cet abordage eut lieu au moment où notre virement de bord étant déjà commencé et étant absolument coiffé, notre bâtiment n'avait plus d'aire ni de mouvement. La *Forte*, en virant de bord, se trouva quelques instants bord à bord avec nous, les deux gaillards d'arrière à côté l'un de l'autre et se joignant après nous avoir si fortement heurtés, que, moins forte qu'elle, notre corvette s'enfonça au milieu de l'eau dont nous reçûmes plusieurs tonneaux à bord par l'effet du froissement entre les deux navires.

Au bruit qui s'était fait sur le pont par le remous de la *Forte*, nous approchant toutes voiles dehors, et au coup de mer se répandant dans la cale, la moitié de notre équipage qui était couché dans le faux pont poussa ce cri lamentable : « Nous coulons bas ! »

Cependant notre bâtiment, qui avait fléchi par le heurt de la *Forte*, se releva tout de suite. La Peyrouse envoya un officier dans la cale s'assurer qu'il n'y avait que l'eau reçue dans l'abordage. Néanmoins à ce cri : « Nous coulons bas », nous avions eu la précaution de travailler à mettre notre canot et la chaloupe à la mer; le rapport de l'officier nous dispensa d'en venir là. Pendant que les gaillards d'arrière se touchaient, une partie de l'équipage se disposa à sauter à bord de la *Forte,* et le Biscayen, cause de tout ce brouhaha, passait déjà près des porte-haubans d'artimon tout à côté de moi; voyant son projet, je lui donnai de revers un tel coup de poing dans la mâchoire, que je le renversai par terre. Pendant ce moment de crise, nous appelions en vain l'officier de quart, bien plus coupable que le Biscayen. Il ne répondait pas. Enfin La-Peyrouse et moi nous le découvrîmes sur une cage à poules dont il avait déjà coupé les cordes avec son couteau, tant il comptait sur un naufrage certain. Nous fûmes justement indignés de cette lâcheté, et nous le traitâmes comme il le méritait; mais ensuite, par générosité, nous convînmes de tenir le cas secret pour ne pas le perdre.

Revenus de cet accident et séparés de la *Forte,* nous examinâmes plus scrupuleusement nos dommages, et, chose bizarre, ils se bornaient à quelques bordages enfoncés, tandis que la grande ancre de la *Forte* avait été transportée du bossoir à l'échelle de la tire-veille et son câble rompu.

Sans aucun doute, la *Forte* n'ayant été avertie par aucun signal n'était pas coupable de n'avoir pas viré de bord. Mais, malgré l'obscurité de la nuit, n'aurait-elle pas dû faire ce mouvement dès qu'elle avait aperçu qu'elle gouvernait sur un bâtiment quelconque?

A minuit je pris le quart. La lune s'était levée, le temps était clair et beau, la *Forte* allait par notre travers sous le vent et à une assez grande distance. Nous courions l'un et l'autre la bordée du large. M. de Rumain [1] commandait le quart sur la *Forte*. Ayant pris le porte-voix, il cria : « Est-il minuit à bord de la *Dorothée?* — Oui, répondis-je. — C'est donc des Cars qui est là? — Oui. — Eh bien, rapproche-toi donc. — Ma foi, repartis-je, vous êtes de trop mauvaise compagnie. » Cependant, vers le milieu du quart, je fis un peu arriver et me remis à notre distance ordinaire pour causer, de Rumain et moi, sur l'événement survenu à huit heures du soir.

Peu de jours après nous entrâmes à Bayonne, où nous prîmes notre chargement de canons pour le port de Brest. Je retrouvai avec plaisir dans cette ville toute la société que j'avais connue lors de mon premier voyage.

Nous étions ressortis de ce port le matin de la veille de Noël, avec onze autres bâtiments marchands, français ou hollandais, par une jolie petite brise de vent d'est, lorsque vers les trois heures

---

[1] Officier très distingué, tué depuis en 1782, sur la frégate qu'il commandait, dans un combat opiniâtre contre une frégate anglaise. (*Note de l'auteur des Mémoires.*)

après midi, les vents sautèrent tout à coup à l'ouest-nord-ouest, et un coup de vent furieux se déclara immédiatement. Nous n'étions encore qu'à huit ou dix lieues de Bayonne; bien nous prit de n'être point sur l'Adour, car le vent portant directement dans l'espèce d'entonnoir que forment la côte de France et celle d'Espagne, et forcés de courir de très petites bordées, nous n'aurions pu nous relever d'aucune de ces deux côtes, et nous aurions infailliblement subi le sort de neuf des bâtiments sortis avec nous, qui périrent le soir même, corps et biens, près d'Arcachon. Pendant vingt jours le temps resta très mauvais. L'arrimage des canons dont nous étions chargés ne put résister, et ils devinrent bientôt le jouet des convulsions du navire : ce ne fut qu'avec des peines infinies et avec quelque danger pour nos jambes et les flancs du bâtiment, que nous parvînmes à les fixer. Impossible d'avoir du feu à la cuisine, car chaque coup de roulis faisait embarquer des tonneaux d'eau. Le faux pont était inhabitable : nous étions réduits au biscuit et à la viande salée.

Un soir, ayant eu le quart de huit heures à minuit, je venais de me coucher dans ma chambre placée sous le gaillard vis-à-vis le cabestan, je commençais à jouir du sommeil et à me sécher de la pluie, lorsque tout d'un coup la mer enfonçant le sabord de ma chambre, me voilà absolument comme un poisson dans l'eau. « Lapierre, Lapierre ! criai-je à mon domestique couché dans un hamac près de moi, venez, je suis à la nage. » Lapierre vient, voit mon pitoyable état, mouillé depuis les pieds jusqu'à la tête, et, du ton d'un vrai Sancho Pança, me dit en larmoyant : « Ah! monsieur, quel chien de métier faites-vous là? Quand on peut habiter ce bon château des Cars, en vérité il faut être fou pour ne chercher qu'à se noyer; je vous suis certainement bien attaché; mais je vous réponds que si nous arrivons jamais à Brest, ou ailleurs, voilà bien la dernière fois que je m'embarque. — Tu parles comme un livre, mon cher Lapierre, lui répondis-je, mais sèche-moi, et quelque jour je te ferai gouverneur de l'île de Barataria en terre ferme. »

Ces divers accidents ne nous empêchèrent pas d'être de la plus grande gaieté.

Un de nos camarades avait eu à Bayonne une petite passion pour une grisette qui avait été pendant toute notre relâche dans cette ville l'objet de nos plaisanteries; nous les continuâmes tellement pendant cette traversée, qu'il en était résulté entre La Peyrouse et moi une romance de soixante à quatre-vingts couplets; à chaque instant, soit ensemble, soit séparément, il en naissait un. La plaisanterie était prise à merveille par l'officier qui en était l'objet. Cependant, à l'approche de Brest, et au moment où nous allions donner dans le fameux passage du Raz, il nous pria de ne pas parler de cette aventure. Sa demande nous inspira une idée assez plaisante.

Les anciennes ordonnances de Louis XIV prescrivant à tout bâtiment de guerre passant le raz, de chanter un *De profundis* lorsqu'on se trouve par le travers de la baie des Trépassés, nous imaginâmes une superbe cérémonie. La romance fut enveloppée dans une boîte bien ficelée, bien plombée, l'on y attacha un boulet de canon, et avec la plus grande pompe, nous jetâmes à la mer ce cercueil de nos folies.

Je retournai encore une fois à Bayonne avec La Peyrouse, et nous revînmes pareillement à Brest. Il n'y eut rien de remarquable dans ces deux navigations. Je me souviens seulement que je partis de Bayonne, dix-huit jours après M. de La Landelle, commandant un bâtiment pareil au nôtre; il n'y arriva que quelques heures après nous.

Au voyage précédent nous avions été dix-neuf jours à venir; cette fois le trajet se fit en trente-six heures. Nous désarmâmes la *Dorothée* dont le commandement passa à M. de La Martellière. Celui-ci fut envoyé au Havre, et en rentrant dans le goulet de Brest, il se perdit sous Saint-Mathieu. Tout son état-major périt, ainsi que la partie de l'équipage qui était sur le gaillard d'arrière. Le bâtiment s'étant fendu par le milieu sur la *Roche percée*, lui et quelques autres gagnèrent le long du mât de beaupré et de son bout-dehors le sommet de cette roche. Quand la marée montait, elle en emportait quelques-uns. Le jeune Dujon[1], garde de la marine, ayant été enlevé par une lame, son frère, enseigne de vaisseau et fort bon nageur, se jeta à la mer pour le sauver, ils périrent tous les deux. Un nommé Pic de La Mirandole, garde de la marine, périt de misère sur la roche, quoiqu'il fût très vigoureusement constitué. Enfin, au bout de trente-six heures, les chaloupes envoyées de la côte et du port de Brest, à qui longtemps la mer n'avait pas laissé la possibilité d'approcher, parvinrent à jeter à ces malheureux une ligne, et se la passant autour du corps et se laissant glisser jusqu'à la mer, on les hala à bord des chaloupes. La Martellière y arriva sans connaissance, mais de prompts secours le ranimèrent. Deux ou trois personnes seulement furent sauvées.

De retour à Brest, je retournai de nouveau aux salles des gardes de la marine pour continuer, au cours de M. Bezout, mes études qu'avaient interrompues les deux campagnes que je venais de faire.

Mais le souvenir de la préférence donnée à Amé de La Laune me revenait sans cesse à la pensée et me mortifiait; les études exigées pour les jeunes gens ne me répugnaient point, et j'étais flatté d'avoir pu dès ma seconde campagne remplir les fonctions ordinaires d'enseigne de vaisseau, aussi bien que des officiers plus anciens que moi; mais je voyais

---

[1] Un troisième frère, le baron du Jon, devint capitaine de vaisseau en **1779**.

par eux et par l'exemple de mon frère combien dans ce corps l'avancement était long. Mon frère avait fait toute la guerre de 1756, avait eu depuis plusieurs commandements de frégates et n'était que lieutenant de vaisseau, quoiqu'il eût gagné deux cents et quelques rangs dans une promotion.

Je ne voyais capitaines de vaisseau que des gens très âgés, des chefs d'escadre presque hors d'état de servir, vivant à l'auberge, peu distingués des lieutenants et enseignes de vaisseau avec qui ils mangeaient au même écot.

Par contre, je voyais le marquis de Boufflers, très jeune maréchal de camp et inspecteur d'infanterie, le comte de Rosen, colonel de Dauphiné, prêt à être maréchal de camp, le comte de Tavannes, depuis duc de Saulx, colonel du régiment de la Reine; chacun d'eux avait un état, une maison, une table nombreuse et recherchée; le contraste me frappait et me séduisait. Mais je sentais que je trouverais toujours dans ma mère un obstacle insurmontable au changement d'un service pour l'autre. Afin de la désarmer je me résignai à une épreuve plus prolongée, et je m'occupai dès lors de faire une campagne de long cours ou aux Antilles ou aux Indes orientales.

L'occasion s'en présenta bientôt. Le commandeur Desnos fut appelé au commandement d'une frégate destinée pour les îles du Vent[1]; il avait de

---

[1] Dans les Petites Antilles.

l'amitié pour moi, il m'offrit d'aller avec lui, et je l'acceptai. Sur ces entrefaites mon frère revint de Paris, nommé au commandement de la *Tampone;* il me réclama du commandant Desnos, et je m'embarquai avec lui, devant faire fonction d'enseigne.

Notre première mission fut de conduire à Rochefort le chevalier de Clavières avec l'état-major d'une frégate dont il devait y prendre le commandement. Le chevalier de Girardin, mort depuis peu vice-amiral et oncle de l'impératrice Joséphine, qui devait être son second, passa également à notre bord, ainsi que le vicomte de Canillac.

Nous étions sortis de Brest depuis quelques jours, et une brume épaisse ne nous avait pas quittés; nous n'avions pas encore pu prendre hauteur, et par notre point qui se trouvait exact nous nous trouvions à peu de distance des Sables-d'Olonne et de l'île Dieu[1], et par le travers d'un écueil qu'on nomme Rochebonne. Les vents soufflaient extrêmement fort de l'ouest et du sud-ouest.

L'on sent qu'à telle proximité de terre, par une nuit obscure, il était important de courir des bordées, sans que celle du large ne nous éloignât pas trop et celle de terre ne nous en rapprochât pas dangereusement. Tel fut l'ordre donné par mon frère pour toute la nuit, avec la recommandation de porter toute la voile possible.

---

[1] L'île Dieu ou d'Yeu, à 19 kilomètres de la côte de la Vendée.

CHAPITRE II.

Je me trouvai commander le quart de minuit à quatre heures. En montant sur le pont je trouvai la nuit très obscure et le vent augmentant considérablement; nous courions sous les quatre corps de voiles, les ris pris dans les huniers, et l'ordre était de virer de bord de deux heures en deux heures; si le vent mollissait, l'on devait augmenter de voile en proportion.

A peine étais-je sur le pont depuis un quart d'heure, et comme l'on dit le plat-bord étant à l'eau, que j'aperçus à l'horizon du vent l'apparence d'un très gros grain. Le maitre d'équipage s'en aperçut comme moi; la moitié du monde était couché, l'autre moitié sur le pont n'aurait pas suffi à la manœuvre si le grain nous eût surpris. Je donnai donc l'ordre de carguer la grand'voile; il était temps, le grain éclata au même instant. Sans cette précaution il est vraisemblable que le bâtiment eût engagé.

Au bruit que fait nécessairement la manœuvre de carguer une grand'voile par un gros temps, le chevalier de Clavières, qui couchait sous la table à manger de la grand'chambre, apparut sur le pont, en chemise. Il avait près de six pieds, je crus voir un spectre : « Comment, me dit-il tout effrayé, comment n'amenez-vous pas plus de voile que cela? amenez vos huniers, carguez aussi votre misaine. » Je lui répondis net que je n'avais d'ordre à recevoir que de mon frère, s'il venait sur le pont. Sur cela il voulut que le maître d'équipage donnât les coups de sifflet qui annoncent ces commandements. « Si tu donnes un seul coup de sifflet sans mon ordre, dis-je au maître, je te fais mettre aux fers. » J'appelai un pilotin, lui ordonnant d'aller appeler mon frère et de le prier de venir.

Il arriva, le grain durait toujours, des gouttes énormes de pluie nous aveuglaient. Je rendis compte de ce que j'avais fait, ce que le temps expliquait suffisamment. Je lui montrai, de plus, que j'avais mis du monde sur les drisses[1] des huniers, prêt au besoin, et je me plaignis d'être harcelé et fort tourmenté dans un moment assez critique pour avoir besoin d'être tout à sa besogne et à son devoir.

Mon frère, qui était un vrai loup de mer et d'un naturel extrêmement sec, dit à M. de Clavières : « Fi donc, monsieur, de venir ainsi troubler mon officier de quart, prétendre lui donner des ordres, et effrayer son équipage ! Prenez-vous mon vaisseau pour la cour du roi Pétaud, où chacun dit son mot ? Allez vous coucher, monsieur, j'ai trop de confiance dans mes officiers de quart pour ne pas dormir tranquillement et je ne serais pas ici si mon frère ne m'avait pas fait prier de venir ; tout ce qu'il a fait est bien fait. » — « Mon ami, ajouta-t-il en s'adressant à moi, je m'en rapporte à toi pour

---

[1] *Drisses*, cordages fixés aux voiles d'un navire servant à les élever ; la voile du mât de hune se nomme *hunier*.

remettre de la voile le plus tôt que tu pourras. » Et il rentra dans sa chambre.

M. de Clavières était à peine descendu dans la grand'chambre que je le saluai de la musique du bruit de la grand'voile que je fis tomber et amurer[1] immédiatement quand le grain finissait.

Il se rencontre dans toutes les marines des officiers extrêmement braves aux coups de canon et auxquels la voile inspire la plus grande timidité. Ce même Clavières a soutenu dans l'Inde les combats les plus glorieux, commandant un vaisseau de ligne dans l'escadre du chevalier de Suffren.

Le lendemain matin ma scène de la veille était connue de tout le bâtiment; matelots et officiers s'en amusaient aux dépens du capitaine passager, surtout lorsqu'ayant reconnu l'île Dieu un peu sous le vent à nous, nous ne la doublâmes qu'à force de voiles et la rangeâmes, comme disent les marins, à l'honneur[2].

Nous mouillâmes dans la journée à l'île d'Aix, où nous débarquâmes nos passagers.

Les mauvais temps nous obligèrent d'y rester longtemps. Nombre de bâtiments marchands s'y trouvaient au mouillage. Dès que les vents nous permirent de partir, nous appareillâmes à trois

---

[1] Tendre l'amure ou cordage de la voile.
[2] *Ranger à l'honneur*, c'est passer le plus près possible d'un objet quelconque.

heures après midi, et nous comptâmes hors des pertuis sept bâtiments du Roi et quarante-cinq bâtiments marchands. A huit heures du soir les vents passant subitement à l'ouest-nord-ouest, il éclata une tempête qui fait encore époque dans la marine et dans le commerce.

Le vicomte de Roquefeuil, ancien gouverneur de M. le prince de Lamballe, fut forcé de relâcher à l'île de Ré. Sa frégate *la Terpsichore* toucha sur l'écueil du *Pen Breton*, et fut de là s'échouer sur la pointe d'Aiguillon.

Le tonnerre, quoique au mois de novembre ou décembre, tomba à bord de la *Perle*, commandée par M. de Riochaye, qui rentra à l'île d'Aix.

Un aviso d'une nouvelle construction, fait d'après le plan d'un nommé Boux, plus charpentier que constructeur, et commandé par le baron d'Arros d'Argelès, manqua de périr; enfin, en trente-six heures que dura ce coup de vent, les quarante-cinq bâtiments marchands sortis avec nous furent perdus corps et biens depuis la tour de Cordouan jusqu'à Bayonne.

Nous allions à Bayonne, en partant de Rochefort : nous avions eu la sage précaution de nous diriger sur la côte d'Espagne et d'y atterrir.

Nous ménageâmes si bien notre voilure, au moment où il fallait se trouver à portée de donner sur la barre, que nous y arrivâmes une heure avant le coup de vent sur la pleine mer. En approchant nous eûmes connaissance d'un bâtiment près de la côte basse d'Arcachon : nous jugeâmes que c'était la *Forte*, commandée par le chevalier de Fraisier; elle était couverte de voiles. Nous la vîmes quelques moments, puis elle disparut, et nous jugeâmes qu'elle avait péri sous voiles, ce qui fut confirmé par la suite; pas un homme n'échappa à ce naufrage.

Le coup de vent durait encore, mais il avait assez diminué. Nous courûmes plusieurs bordées devant la barre en attendant le signal de la balise. La nécessité d'entrer à Bayonne était absolue, car il y allait de la vie. Il était quatre heures et demie à notre bord, à l'instant du coup de pleine mer. Nos yeux étaient fixés sur cette balise, et demandaient en vain d'y voir paraître le pavillon. Dans pareille position, les secondes sont des heures, et les heures s'écoulaient sans que le signal parût. Je commandais le quart, mon frère s'approcha de moi et me dit à l'oreille : « Je ne sais pas pourquoi ce signal tarde tant; nous sommes perdus sans ressource s'il diffère encore. J'ai bien envie de courir le risque de ne pas l'attendre; périr sur la barre ou périr ailleurs, n'est-ce pas égal? En donnant dessus, il y a mille à parier que nous réussirons..... Mais s'il arrive malheur... les ordonnances me condamnent. A ma place que ferais-tu? — Je n'ose le dire à mon capitaine, répondis-je, mais je rappellerai à mon frère que je suis sorti de Bayonne, il y a tant de semaines, que le pilote nous a mis dehors faisant l'ouest-nord-ouest, que par conséquent en faisant l'est-sud-est, nous suivrons la direction qu'il nous indiquait lui-même, qu'ainsi il n'y avait de ressource que dans notre audace. — Eh bien! me répondit-il, arrive.. »

Dans l'instant je fais arriver[1]. Bientôt nous voilà sur le sommet de la première lame, d'où nous apercevons que dans la rivière, nous portons juste sur le pavillon du pilote de la barre, les deux autres lames sont franchies, et nous sommes hors de ce périlleux passage. Le pilote monte à bord. « Monsieur Salnave, lui dit mon frère, vous avez voulu perdre mon bâtiment ! — Livrez-vous à votre première colère, lui répondit Salnave, c'est bien juste; quand elle sera passée, je vous montrerai mon excuse. » Et alors il nous montra que notre flamme qui était fort longue, s'était embarrassée au dernier virement de bord dans les balancines du grand perroquet, et retombait contre la voile du grand hunier. « J'ai craint, dit-il, que le vent ayant molli au large, vous n'eussiez pas assez d'air pour franchir les lames et que vous n'y vinssiez en travers. Voilà mon excuse, je voyais tout votre danger. Vous avez manœuvré comme la circonstance et le danger l'exigeaient, j'ai tressailli de joie en vous voyant prendre votre parti. »

---

[1] C'est-à-dire présenter davantage au vent les voiles du navire.

La colère de mon frère fut calmée et Salnave justifié. A quoi tient la vie des hommes? Quelques pouces de moins de cette flamme, et nous pouvions tous périr corps et biens!

Après avoir fait à Bayonne un chargement de mâts et de canons pour le port de Toulon, nous nous mîmes en route pour Cadix.

Un coup de vent nous retint quatorze jours entre le cap Ortégal et le cap Finistère, sans pouvoir doubler ce dernier. Avant la nuit de Noël, un autre coup de vent du nord nous transporta presque au cap Saint-Vincent.

Par le travers de Saint-Vincent, rasant la côte près de lui au point de voir les moines se promener autour du couvent, nous nous rencontrâmes avec le vaisseau *le Sphinx*, commandé par le comte d'Hector[1], portant à l'île de France le chevalier de Roches en qualité de gouverneur. Il cherchait à relâcher à Cadix pour se refaire des dégâts qu'il avait éprouvés par les coups de vent qui nous avaient retenus si longtemps; après nous être reconnus, hélés, nous gouvernâmes ensemble sur Cadix, et dès le soir nous mouillâmes sur Rota, vu la difficulté d'aller prendre le mouillage dans la baie par l'obscurité de

---

[1] Garde-marine en 1741, sous-aide major de marine en 1752, lieutenant de vaisseau en 1756, capitaine de vaisseau en 1762, brigadier ès armées navales en 1774, devint chef d'escadre en 1779 et lieutenant général des armées navales en 1782.

la nuit, au milieu de la foule de vaisseaux qui y sont habituellement.

A la pointe du jour nous appareillâmes pour la rade de Cadix. Le coup de canon de la diane tiré au pied de mon lit, le virement au cabestan, bruit effroyable par les cris multipliés et les chants des matelots, ne troublèrent point mon sommeil. Lorsque je me réveillai, je montai sur le pont, et ma surprise fut extrême de trouver le bâtiment sous voiles, au milieu de la rade de Cadix.

« Monsieur, me dit mon frère d'un ton très sec, c'est ainsi que vous vous conformez à l'ordonnance précise que tout officier doit assister aux appareillages! Rendez-vous aux arrêts. » Je descendis dans ma chambre sans répliquer, mais appelant sur le champ le caporal de garde, je lui ordonnai de conduire mon domestique à la fosse aux lions pour ne m'avoir pas éveillé, d'autant qu'au moment où on avait viré au cabestan, il avait bien fallu qu'il pliât son hamac placé sous le gaillard.

Mais mon frère, qui connaissait mon zèle et mon exactitude, ne tarda pas de m'envoyer La Voierie, son second, me demander de dire franchement pourquoi je n'avais pas paru à l'appareillage. Je lui répondis que j'étais justement aux arrêts, mais que mon domestique ne m'ayant pas réveillé, je venais de l'envoyer à la fosse aux lions. L'on en rit beaucoup sur le pont; mes arrêts furent levés; je n'y fus pas dix minutes et j'usai sur-le-champ de la même clémence envers mon valet qui était le seul coupable.

Il faut maintenant expliquer quelle était notre mission à Cadix. Je ne me permettrai pas d'applaudir à son objet.

Le roi de France étant parent, allié et ami du roi d'Espagne, était-ce un procédé noble d'envoyer des bâtiments à lui dans les ports de Sa Majesté Catholique, avec l'ordre d'y recevoir toutes les piastres, tous les lingots d'or que les négociants y feraient porter par des contrebandiers? Était-il bien de tellement protéger cette fraude, que si les bateaux de la douane venaient mouiller autour de nous, nous devions envoyer à côté d'eux des cibles et, sous prétexte d'exercer nos équipages au tir, tant du canon que de la mousqueterie, faire tirer en les rasant de si près qu'ils quitteraient promptement leur station?

Mais les négociants ne s'en tenaient pas là : lorsqu'ils rencontraient quelques-uns de nous à terre ou que nous allions chez eux, ils nous offraient de passer nous-mêmes des lingots, en remettant au porteur le bénéfice accordé au contrebandier.

Un ministre de la marine eût-il jamais dû exposer des gentilshommes, des officiers, à l'appât d'un lucre aussi bas? Malheureusement quelques officiers qui y avaient été avant nous y avaient cédé et avaient été surpris par les douaniers qui n'avaient pas osé faire semblant de s'en apercevoir.

Je dois la justice à tous mes camarades de la *Tampone*, qu'aucun de nous n'était capable de céder à de pareilles séductions.

Un jour que je dînais chez un riche commerçant dont j'avais fait la connaissance lors de mon premier voyage à Cadix, un négociant espagnol décoré d'un titre de Castille, s'approchant de moi au café, me fit la proposition de lui rendre le service de me charger de quelques lingots d'or, m'assurant bien qu'il ne manquerait pas à m'en donner le 5 pour 100. Je lui répondis d'abord que je ne l'entendais point, puis, lui demandant la permission d'aller me défaire de ma tasse, je le rejoignis après avoir pris ma canne. « Monsieur le comte, lui dis-je, je ne vous ai point entendu d'abord, voulez-vous bien me répéter votre proposition? » Il la renouvela bonnement; alors je lui répondis que sûrement il méconnaissait en moi un gentilhomme français, un officier de la *Tampone*, et en même temps je remuai beaucoup ma canne. M. le comte de Castille comprit ce dont je le menaçais en cas de récidive. Il n'y revint pas, et comme les sentiments de notre état-major furent bientôt connus, aucun autre négociant ne chercha à nous tenter.

Je me suis depuis retrouvé à dîner à Paris, chez mon beau-père, avec ce comte et un de ses associés; nous fûmes les meilleurs amis du monde.

A quelques jours de là, je me trouvai dans une

position bien plus embarrassante et qui fut au moment d'avoir des suites les plus graves.

Revenant le soir joindre le canot pour retourner en rade, le patron me remit un billet de mon frère qui m'ordonnait de recevoir à bord l'homme qui se présenterait à moi avec une carte pareille à celle qu'il joignait au billet et de me transporter où me conduirait le nommé Hiéronimo Rodriguez.

Rodriguez se fit en effet connaître immédiatement, sauta dans le canot et passa sur-le-champ à l'avant. Dès que j'eus navigué directement sur la *Tampone* jusqu'à avoir dépassé la patache de la douane qui était mouillée assez au large, Hiéronimo me demanda de me diriger à droite vers la porte de terre ; quand nous fûmes à peu de distance des remparts, il désira qu'on levât rame, et prenant un briquet, il en fit feu deux ou trois fois ; voyant qu'on ne lui répondait pas, il me demanda de pousser encore en avant.

N'ayant nulle envie de m'échouer, d'autant qu'il y avait jusant, je fis sonder et trouvant assez d'eau, je continuai ma marche. Une seconde fois Rodriguez fit lever rame et battit son briquet ; on lui répondit du ras de l'eau ; transporté de joie, mon homme me cria : « *Panza pour de l'avante, signor* », et en deux coups de rames nous rencontrâmes quatre ou cinq hommes dans l'eau jusqu'au col, qui nous jetèrent à bord de longues bourses de piastres.

Ayant reçu ce chargement, je fis gouverner sur la

Tampone, ayant toujours Hiéronimo Rodriguez à mon bord.

J'étais outré de cette commission, je me promettais bien de ne plus m'y exposer, dussé-je renoncer à jamais mettre les pieds à Cadix, et je me livrais à toute ma surprise du travestissement d'une marine royale en une marine souteneuse de contrebandiers, lorsque tout d'un coup mon patron m'avertit qu'il s'apercevait que depuis quelque temps nous étions suivis par un canot qui nous gagnait de vitesse. Je me levai, l'observai et portai le même jugement. Mes rameurs et don Rodriguez, tout tremblant, me dirent que c'était sûrement un canot de douaniers qui nous avait observés.

Je changeai alors un peu ma route, pour vérifier s'il me donnait la chasse; ce canot suivit mon mouvement et il se rapprochait beaucoup; alors j'usai de stratagème, je me dirigeai de nouveau sur la *Tampone* et je fis déployer mon grand pavillon. Toujours suivi, toujours gagné, je résolus de l'attendre jusqu'à la portée du porte-voix, et je commandai aux quatre fusiliers dont mon frère avait armé le canot de se préparer à faire feu, si je l'ordonnais.

Ce canot étant enfin à la portée du porte-voix, je lui criai : « Quel est le forban qui a l'insolence de chasser aussi impudemment un bâtiment qui porte le pavillon du roi de France? Qu'il approche encore, et je ferai tirer sur lui! » Il ne se le fit pas dire deux fois, et vira de bord à l'instant.

Quelle fut ma joie d'avoir évité un engagement qui eût bien constaté la protection que nous donnions à la contrebande! Je pensais que, quoique faisant mon devoir, j'aurais été honteux de recevoir un coup de fusil dans un pareil combat. De son côté, Rodriguez se réjouissait d'en être quitte pour la crainte qu'il avait eue d'être pris et envoyé aux mines du Mexique ou du Pérou; enfin je regagnai mon bord avec mes maudites piastres et je jurai à mon frère que je ne recevrais plus une pareille mission.

La station anglaise de Gibraltar, composée du vaisseau de cinquante canons *le Jersey*, commodore Sprey, et de deux belles frégates, était en rade, près de nous, protégeant aussi cette contrebande des piastres; mais les officiers anglais riaient de nos scrupules et ne se piquaient d'aucune délicatesse à cet égard. Ils ne revenaient jamais à leur bord sans en être chargés.

Nous vivions amicalement avec les Anglais. C'est là que je fis ma première connaissance avec leur roastbeef, leur beefsteak, leur pouding et leur porter. Nous dînions souvent chez le commodore, et surtout chez le capitaine Crosby, commandant d'une des frégates. Nous voyions moins le capitaine Willkenen, commandant du *Niger*.

Mon frère leur donnait aussi fréquemment à dîner, et souvent on était obligé de descendre quelques officiers dans leurs canots.

Après avoir reçu à bord toutes les piastres qu'on nous avait apportées, il s'agissait de les transporter partie à Marseille, partie à Gênes, et de déposer à Toulon le chargement que nous avions pour ce port.

Nous traversâmes le détroit de Gibraltar, et malgré la belle navigation de la Méditerranée nous n'arrivâmes à Toulon qu'au bout de trente-deux jours.

Après avoir débarqué nos canons, nous partîmes pour aller au premier endroit où le vent nous porterait, Gênes ou Marseille. Nous fûmes à Marseille.

Nous restâmes en rade quelques jours avant d'entrer dans le port. Ayant été envoyé en ville, une pluie battante me surprit sur un des quais. J'étais à l'abri sous l'auvent d'une boutique lorsqu'un garçon, en tablier vert, ouvrit la porte et m'engagea obligeamment à entrer ; j'acceptai ; le garçon me considérant alors fixement, s'écria : « Si je ne me trompe, c'est M. des Cars ? — Cela est vrai. — Eh bien, monsieur le chevalier, vous avez été au collège de Juilly ? — Oui, c'est encore vrai. — Est-ce que vous ne reconnaissez pas votre ami Fiquet ? »
— Je le reconnus en effet dans ce moment, et m'écriai à mon tour en l'embrassant : « Ah ! mon ami Fiquet, je suis ravi de vous revoir. » Fiquet ouvrit alors précipitamment la porte du fond de la boutique en criant, plein de joie : « Papa, maman,

ma sœur, venez, voilà un de mes anciens amis, M. le chevalier des Cars. » J'embrassai papa, maman et la sœur comme j'avais embrassé mon ami Fiquet. Ces braves gens me montrèrent leur couvert mis et m'engagèrent à manger leur soupe, ce que je ne pus accepter, mes ordres à terre n'étant pas encore exécutés.

A peine fus-je de retour à bord qu'un canot venant de la ville m'apporta de la part de cette bonne famille un caisson rempli de toutes sortes de sirops excellents.

Cette rencontre qui me charma réellement m'a souvent fait réfléchir sur la différence des éducations particulières et des éducations publiques.

L'égalité qui règne dans un collège, quelle que soit la naissance, n'empêche point chacun de prendre en sortant l'état et la carrière convenables à sa position. Le fils d'un bourgeois tel que Fiquet entre à la boutique de son père, tel autre au comptoir d'un banquier ou dans l'étude d'un procureur, d'un avocat ou d'un notaire. Le jeune homme de qualité perd la fatuité dans laquelle on entretient son frère ou son cousin resté sous un gouverneur dans la maison paternelle. Si, au collège, on se souvient de sa naissance, on ressent aussi l'émulation de ne pas se laisser primer dans ses études par tel ou tel de ses condisciples, fils d'un fermier ou d'un distillateur comme Fiquet, et les jeunes bourgeois, de leur côté, éprouvent le désir de rivaliser d'application. Plus tard, l'homme bien né se plaît dans la supériorité de son rang, sans la faire sentir à son ancien camarade ; s'il peut l'obliger, il le fait d'amitié réelle, et ce camarade est flatté de trouver dans un condisciple devenu plus élevé que lui, des manières et un ton d'amitié qui lui sont plus sensibles et plus profitables que ne serait l'égalité. J'ai donc en général donné la préférence à l'éducation publique. Je l'ai conseillée à mes amis pour leurs enfants ; si j'en avais eu, je les aurais mis à Juilly plutôt que de les garder chez moi.

Mes campagnes avec l'*Union*, l'*Adour*, la *Dorothée* et la *Tampone* s'étaient succédé presque sans interruption, j'avais passé à la mer les très mauvais hivers de 1767 à 1768 et de 1768 à 1769, et tout le printemps de 1769. Je tombai malade assez sérieusement. Le marquis de Rochechouart, lieutenant général et commandant en Provence, ami intime, ainsi que sa femme, de ma famille, et le commandeur de Glandevès, eurent la bonté de se disputer à qui des deux m'offrirait un logement ; j'acceptai celui de M. de Glandevès, comme officier de la marine.

Mon frère, me voyant assez malade, me conseilla d'interrompre la campagne pour me reposer de mes fatigues, aller à Paris et sonder ma mère sur mon passage au service de terre, auquel je n'avais pas renoncé. J'espérais que ma maladie ne serait rien ;

je ne voulais manquer ni le voyage de Gênes, ni la fin de la campagne à Brest, et je luttais contre mon frère que j'adorais; je ne voulais pas le quitter ainsi au milieu de son commandement. Mais ma maladie ayant considérablement augmenté, sans m'en rien dire il écrivit à Toulon, au comte de Bompar, commandant la marine, lui demanda pour moi un ordre de débarquement prétexté sur ma santé et le pria de m'obtenir un congé de la cour.

Il fut adressé promptement à mon frère, qui en avait écrit à ma mère, lui glissant assez adroitement qu'il doutait que ma santé me permît jamais de continuer le service de la marine. Comme j'étais toujours malade et toujours récalcitrant à discontinuer la campagne, lorsque tout fut prêt à bord pour quitter Marseille, mon frère en partit à mon insu, m'envoyant l'ordre de mon désarmement et le congé de la cour.

Je fus extrêmement fâché du départ de mon frère, et si j'eusse été convalescent, je crois que je l'aurais rejoint par terre ou par mer.

Je reçus alors de ma mère une lettre, c'était la première depuis que j'étais dans la marine; elle imaginait que je n'étais point malade et que mon frère était mon complice dans le projet de vouloir quitter la marine; au surplus, elle ajoutait la défense absolue de venir à Paris, avec l'ordre positif d'aller en Limosin y remettre ma santé prétendue délabrée, et d'y rester jusqu'à mon retour à Brest, au terme de mon congé.

Tout le temps de ma convalescence se passa très agréablement à Marseille. Les Rochechouart me comblèrent de soins et d'amitiés; leur table pour le dîner et le souper, leur loge au spectacle furent à ma disposition. Je trouvai quelques dames de la ville, jolies, aimables et passablement coquettes; enfin parfaitement rétabli, j'achetai un cabriolet et je me mis en route pour les Cars, conformément aux ordres de ma mère.

J'y trouvai le marquis de Saint-Ibard[1], mon oncle, qui, à la mort de mon père, mes frères étant encore mineurs, avait eu le noble procédé pour ma mère et pour nous de faire le sacrifice du service, afin de se consacrer à l'administration des nombreuses terres de la maison, ma mère ne pouvant s'y livrer à raison de son service de dame du palais de la Reine.

Cet excellent oncle m'avait vu naître et m'aimait comme son propre fils : il me rendit aux Cars la vie aussi douce qu'il put; il y avait un équipage de chasse, bien monté en chiens, chevaux et piqueurs, que mon frère y entretenait. Je chassai beaucoup;

---

[1] Le marquis de Saint-Ibard habitait ordinairement la Rochue, près Baugé, où il avait demandé sa légitime; c'était un démembrement de la terre de Jarzé qui appartenait à sa mère. Il se retira à Baugé en 1789 et y mourut en 1796.

le Périgord, province voisine, habité par une noblesse nombreuse et riche, me fournit plusieurs maisons très agréables. J'y faisais de fréquentes excursions. Je m'amusais surtout à Vaugoubert, chez la comtesse de Saint-Vianne, et à Mayac chez le marquis de Mayac, beau-frère de l'abbé Daidye[1], homme renommé par son extrême amabilité et l'usage du plus grand monde, qu'il avait fréquenté lorsqu'il était aumônier du Roi.

Pendant environ cinq mois passés dans ce pays j'écrivis souvent à ma mère, qui ne répondit jamais.

Mon oncle lui manda, comme mon frère l'avait fait de Marseille, que ma santé était bien délicate, qu'il doutait qu'elle me permît de continuer le service sur mer. Il se cita pour exemple d'y avoir servi, et d'avoir été forcé de passer à celui de terre. Ma mère ne répondit jamais sur ce qui me concernait.

Le terme de mon congé approchait. Ma mère éprouvait alors une crise des plus dangereuses et ressentait les plus vives souffrances.

Je ne l'avais pas vue depuis la scène du rabat. Mon oncle me conseilla de passer par Paris en me rendant à Brest. Il se flattait qu'elle serait sensible à cette marque d'intérêt de ma part; il espérait même que, se trouvant grièvement malade, elle écou-

---

[1] L'abbé était le frère du chevalier Daidye, qui épousa Mlle Aïssé, la célèbre Circassienne dont on a plusieurs fois publié les lettres.

terait plus favorablement mon désir de quitter la marine.

Mon bon oncle se trompait. Je ne pensai pas obtenir ce résultat, toutefois j'adoptai ce parti et j'arrivai chez ma mère. A raison de ses souffrances elle avait pris un logement à l'hôtel de Bullion, pour être plus à portée du chirurgien qui la traitait. Je ne trouvai chez elle que mon frère aîné. Il jugea que ma mère prendrait mal mon arrivée à Paris, et ayant été la voir un instant après mon arrivée, il revint me dire qu'il l'avait trouvée furieuse contre moi d'être venu, très choquée que mon oncle l'eût approuvé, qu'elle ne voulait absolument pas me voir, et qu'elle exigeait que je partisse dès le lendemain pour Brest. Elle me fit en même temps signifier par mon frère qu'elle me défendait d'aller voir ma sœur qui était à Brunoy. Mon frère était désolé d'une commission si fâcheuse, je l'étais d'un traitement si dur. « Rassurez-vous, me dit mon frère, ceci est boutade de surprise, je la reverrai demain et j'espère lui persuader qu'elle ne peut se dispenser de vous voir. » En effet, il triompha et le lendemain au soir il m'avertit que ma mère m'enverrait chercher par son valet de chambre le lendemain matin.

Ce valet de chambre vint effectivement, et nous nous rendîmes ensemble à l'hôtel de Bullion ; il entra avant moi pour m'annoncer. L'antichambre était séparée de la chambre à coucher où était ma mère par une galerie longue qui ressemblait à une salle des gardes; de cette antichambre, j'entendis des cris de colère, avec l'ordre de me faire entrer.

Je me jetai tout de suite dans ses bras, cherchant à l'embrasser; elle me repoussa. Je saisis une de ses mains pour la baiser, mais elle la retira; il n'y eut sorte de reproches dont elle ne m'accablât en repassant ma vie depuis ma sortie du séminaire jusqu'à ce moment.

A l'entendre, je ne sais pas de quel crime je n'étais pas coupable ou au moins capable.

S'étant enfin tue de lassitude, je commençai avec le plus grand sang-froid ma justification entière et irréfutable. J'avais cédé contre mon goût à ses volontés pour être abbé et marin. J'avais été par respect et soumission pour elle près de deux ans au séminaire. Je venais de faire quatre campagnes presque sans interruption, sans avoir obtenu encore le grade d'enseigne. Tous mes chefs, à terre ou à la mer, m'avaient communiqué les notes avantageuses qu'ils n'avaient cessé de donner sur mon compte à la Cour. Plusieurs lui avaient fait à elle-même des éloges de ma conduite; elle n'avait donc rien à me reprocher sur l'article de mon métier et de mon service.

A l'égard de ma conduite particulière, avait-elle ouï dire que j'eusse été querelleur et difficile à vivre avec mes camarades, joueur ou dissipateur?

M'avait-elle jamais donné plus que ma pension? Avait-elle eu des mémoires de dettes à payer pour moi? Loin d'en avoir fait, j'avais eu le bonheur de prêter mille écus à mon frère dans notre campagne. J'avais eu assez d'argent pour passer par Paris uniquement pour la voir au bout de cinq années, et il me restait au delà de ce qu'il me fallait pour retourner à Brest.

Il ne devait y avoir rien à répondre; mais s'étant reposée pendant mon plaidoyer, elle recommença de plus belle. Lui reprochant alors tout le mal qu'elle se faisait, je lui dis que je préférais me retirer, plutôt que de prolonger ses agitations et ses souffrances.

Parvenu à l'antichambre, les jambes me manquèrent; je tombai sur une chaise, dans un tel accès de désespoir, que les gens de ma mère qui m'avaient vu naître fondaient en larmes. J'éprouvai un long évanouissement, et lorsque j'en fus revenu, j'allai retrouver mon frère. Ma sœur venait d'arriver de Brunoy pour me voir. Mon frère et elle cherchèrent à me donner toutes les consolations. Je voulais revenir sur-le-champ à Brest et m'y jeter dans le premier vaisseau prêt à partir, fût-ce pour les Grandes Indes. Tous deux me retinrent. « Nous ferons croire à ma mère, me dirent-ils, que vous êtes reparti. »

Ma sœur, qui la voyait tous les jours, soir et matin, m'écrivit qu'elle avait obtenu la permission que je fusse à neuf heures du soir prendre congé d'elle. J'y fus, j'y trouvai le comte de Grave.

J'entrai comme en visite, attendant longtemps qu'elle me dît un mot. Enfin ce mot vint. « Vous partez demain? — Oui, maman, et je viens prendre congé de vous. » J'obtins de lui baiser la main, pressentant qu'un baiser ne me serait pas accordé; je me retirai, jugeant à son état que je ne la reverrais plus. Je revins à Brest vers la fin d'octobre 1769. Chaque courrier m'annonçait que la maladie de ma mère empirait. Rien ne m'avertissait qu'elle fût moins courroucée contre moi.

Voulant mettre ordre à ses affaires, elle fit venir mon oncle du Limosin. Celui-ci s'adressa à l'abbé Collet, prêtre de Saint-Sulpice, directeur et confesseur de ma mère; il lui fit mon éloge et le convainquit que je n'avais eu d'autre tort vis-à-vis d'elle que de quitter le petit collet, et après un long essai de la marine d'avoir désiré quitter un métier nuisible à ma santé et à mon avancement. L'abbé Collet la mania si heureusement qu'elle me remit sur son testament où elle m'avait entièrement oublié. Elle écrivit également au Roi, à la Reine et à M. le Dauphin, pour leur recommander ses enfants, moi compris; elle fit demander pour moi un congé qui la mit à même de me revoir et de me donner sa bénédiction avant de mourir.

Le congé me fut promptement expédié. Ma famille me prévenait que je devais faire la plus grande diligence. Je partis de Brest une heure après l'avoir reçu. Je courus nuit et jour[1] ; quand j'arrivai, elle n'existait plus. L'on m'assura qu'elle avait demandé sans cesse quel jour je pouvais arriver, témoignant la plus vive impatience de me voir. Convaincu de son retour sur mon compte, je perdis tout ressentiment de ses injustes traitements. J'avais beaucoup pleuré mon père que j'adorais et de qui je n'avais jamais éprouvé que la plus touchante tendresse ; je pleurai également ma mère, quand je sus le désir qu'elle avait montré de me voir.

[1] Cela voulait dire courir la poste. On dirait aujourd'hui courir en poste, on était en voiture ou à franc étrier (à cheval).

CHAPITRE III

Sortie de la marine; entrée au service de terre; présentation à la cour; mariage du Dauphin; exil de M. de Choiseul; mariage de Monsieur; nomination de gentilhomme d'honneur de M. le comte d'Artois; mort de Louis XV.

Ma mère étant morte, rien ne gênait plus ma liberté, je devenais le maître de choisir enfin la carrière qui plaisait le plus à mes goûts et à mon ambition, et dont ma seule soumission à des volontés absolues m'avait écarté.

Il était sans doute fâcheux d'avoir employé au service que je voulais quitter un nombre d'années qui m'eût suffi pour être colonel à l'époque même où je quittais la marine, mais cette considération ne m'arrêta pas.

Je fus trouver le duc de Praslin, alors ministre de la marine, pour lui annoncer mon changement et le prier de l'agréer. Ce ministre parut surpris de ma résolution : en effet, il me montra la liste d'une promotion que le Roi devait signer incessamment, et dans laquelle j'étais proposé pour le grade d'enseigne de vaisseau; par cet avancement j'eusse gagné au moins deux cents rangs. Cette faveur était motivée sur la manière dont j'avais répondu aux différents examens du sieur Bezout, sur les quatre campagnes que j'avais faites presque sans intervalle de l'une à l'autre, et enfin sur les témoignages des différents chefs sous lesquels j'avais servi. Sur une autre liste que me montra le duc de Praslin, j'étais porté pour avoir, avec ma nomination d'enseigne de vaisseau, le commandement d'une flûte du Roi.

Je remerciai infiniment M. de Praslin de ses dispositions à mon égard, et quelque appât qu'eût véritablement pour moi le commandement d'un bâtiment, en me rappelant alors combien j'avais eu à me louer de tous mes camarades, je résistai, et pris définitivement congé du ministre et du corps de la marine.

M. de Poyane, commandant le corps des carabiniers, me nomma à une lieutenance, et en même temps j'eus la promesse d'une compagnie de cavalerie, quand j'aurais passé quatre mois aux carabiniers.

La mort de ma mère me faisait jouir sur-le-champ de la totalité de mes légitimes paternelle et maternelle; sur la pension dont elle jouissait comme fille d'un maréchal de France, deux mille francs furent donnés par le Roi à mon second frère, et deux à moi. Avec la pension que j'avais sur une abbaye, le tout me composait déjà un peu plus de huit mille livres de rente.

Mais ce qui contribua le plus à mon aisance dans ce début d'une nouvelle carrière, à la Cour, au service et dans le monde, ce fut le double avantage d'être à Paris, logé et nourri, moi et mes chevaux, chez ma sœur, et d'être pareillement traité par mon frère[1] à Versailles. Celui-ci me fit non seulement présent de deux jolis chevaux de carrosse pour Paris, mais il m'entretint constamment trois chevaux de selle à la suite des équipages de chasse du Roi.

De plus, mon frère, ma sœur et nombre de mes parents et amis avaient des loges aux différents spectacles, et je les fréquentais tous.

Ma famille, très nombreuse et très unie entre elle, m'offrit de plus une quantité considérable de maisons opulentes, celles de mon frère et de ma sœur étaient particulièrement citées pour l'excellence de la chère; enfin le Roi[2], qui avait toujours traité tous les miens avec des bontés distinguées et qui aimait particulièrement mon frère, me fit dès ma présentation participer aux mêmes bonnes grâces, en m'admettant à ses soupers presque tous les jours de chasse, et à tous les petits voyages de Choisy, de Marly, de Bellevue et de Saint-Hubert.

Telles furent ma position et ma vie dès ma sortie de la marine. Il faut convenir que son parallèle avec celle du département de Brest, et d'un

---

[1] Le comte Louis-François-Marie, premier maître de l'hôtel du Roi, était logé au château.
[2] Le roi Louis XV.

vaisseau, pouvait la rendre enivrante pour un homme de mon âge, si je m'étais entièrement livré à ses séductions et à sa douceur. L'amour de la bonne compagnie me lia principalement avec des gens plus âgés que moi, je les trouvai heureusement plus aimables et plus intéressants que les très jeunes gens; ces dispositions, que j'avais eues déjà dans la marine, m'ont certainement préservé de mille pièges dans lesquels j'aurais pu tomber.

Mon père et plusieurs autres de mes parents et amis étaient des gens fort instruits et adonnés à la culture des belles-lettres; leur exemple excita mon émulation, et, malgré l'extrême dissipation des chasses, des voyages et des spectacles, je trouvais toujours quelques heures à donner à des lectures utiles et agréables.

Tout semblait me prospérer, j'éprouvai pourtant au sein de ce nouveau bonheur une mortification à laquelle je fus extrêmement sensible dans le premier moment, n'imaginant pas alors qu'un jour peut-être je serais heureux de l'avoir éprouvée.

Mon père avait été menin[1] de feu M. le Dauphin,

---

[1] On donnait le nom de menin aux personnes attachées spécialement aux dauphins en qualité de gentilshommes d'honneur. Ainsi les personnes qui pendant le règne de Louis XVIII, par exemple, avaient été gentilshommes d'honneur du duc d'Angoulême, prirent le titre de menins sous le règne de Charles X, lorsque le duc d'Angoulême devint le Dauphin. Ce nom avait été emprunté à l'Espagne, où on appelle *meninos* de jeunes nobles élevés avec les princes.

père de Louis XVI, et infiniment estimé de ce prince. Lorsque mon père mourut, M. le Dauphin écrivit à ma mère qu'il demandait au Roi, son père, pour l'un de ses cadets l'assurance d'une place de menin de son fils lorsqu'il se marierait. La Reine, dont ma mère était dame du palais, lui écrivit la même promesse.

Je fus informé de toutes ces circonstances par mon oncle le duc, depuis maréchal de Fitz-James. Ma mère me les avait toujours laissé ignorer, sans doute de peur que leur connaissance ne nuisit d'abord à la vocation ecclésiastique qu'elle seule avait pour moi, puis à celle de la marine dont elle avait aussi pris sur elle la responsabilité.

Le mariage de M. le Dauphin s'approchait, j'étais encore trop récemment introduit à la cour pour agir par moi-même; personne plus que mon frère aîné ne pouvait servir utilement mon vœu d'être menin; il passait sa vie dans la plus grande intimité du Roi, il ne s'agissait que de rappeler à ce monarque la demande de son fils et de la Reine, et l'accueil qu'il y avait fait. Mais mon frère s'endormait dans la position brillante où il se trouvait, et ne demandait rien pour lui; il suivit cette affaire si mollement que je ne fus pas compris dans la nomination des menins.

Je fus d'autant plus sensible à cette mésaventure, que l'on croyait généralement que j'avais vivement sollicité cette faveur, et qu'il n'y a rien de pis que la honte d'un refus, lorsqu'on s'est borné à un simple vœu. J'ai su depuis que si mon frère se fût plus sérieusement occupé de cet objet, j'eusse été menin sans difficulté. Mon étoile répara bientôt ce qui me parut alors un véritable malheur.

Le deuil de ma mère, que je portais encore, m'empêcha d'assister aux fêtes de Versailles qui eurent lieu à l'occasion du mariage de M. le Dauphin [1]; mais ayant été badauder à l'illumination de la place Louis XV, je faillis être au nombre des victimes de cette fatale soirée. Je n'échappai au danger qu'en gagnant avec beaucoup de peine le centre de la place, après avoir été renversé et foulé aux pieds. M. le duc de Bouillon, resté dans sa voiture contre la statue, me reconnut et me fit enlever de la foule par un de ses heiduques [2]. Je montai sur le marchepied de son vis-à-vis, et j'y restai jusqu'à ce que l'on pût circuler librement. Je vis nombre de charrettes remplies de corps morts que l'on enlevait.

Au mois de juin je fus joindre les carabiniers à Saumur.

J'aurais dû rester à l'École d'équitation d'après les deux états par lesquels j'avais débuté, le sémi-

---

[1] Titre du fils aîné du Roi, qui lui succéda sous le nom de Louis XVI. Ce titre a été adopté à la Cour de France depuis l'annexion du Dauphiné.

[2] Domestique vêtu à la hongroise.

naire et la marine. Mais dans le premier j'avais pris des leçons d'équitation de Razade dans les chantiers de la porte Saint-Bernard, et dans la marine je n'avais pas fait la campagne de Maroc, aide de camp général de M. de Brugnon, et sans cesse à cheval sur toutes sortes de chevaux arabes.

Dès le lendemain de mon arrivée à Saumur MM. de Poyane et de Livron, major général du corps des carabiniers et chef de l'École, me firent monter à cheval au manège. M'ayant trouvé plus fort qu'ils ne s'y attendaient, l'on m'envoya dans la compagnie de Pleurs, brigade de Montaigu, à Angers.

Peu de jours après mon installation dans cette compagnie, M. de Poyane vint à Angers faire l'inspection des deux brigades qui y étaient. Je me trouvai commander le piquet à la parade : « Allons, monsieur le marin, me dit le général en me voyant, appareillez et manœuvrez votre troupe tribord et bâbord. » Je fis en effet exécuter quelques évolutions que je terminai par une charge très vive, ce qui m'attira beaucoup de compliments de M. de Poyane. « Il y a à peine un an, lui dis-je, que je commandais un quart sur un vaisseau du Roi. J'espère être bientôt en état de commander un régiment. »

Je n'étais que sous-lieutenant à la suite, et mon service n'était que de quatre mois. Je revins donc au mois d'octobre reprendre le cours de ma douce vie de Paris, de mes assiduités aux chasses, aux voyages de la Cour, aux soupers des cabinets, et je sollicitai la compagnie de cavalerie qui m'avait été promise.

Je devais être nommé à cette compagnie au travail que le Roi avait accordé pour le 24 décembre, au duc de Choiseul, mais au lieu de ce travail il fut renvoyé et exilé à sa terre de Chanteloup.

Ce fut au moment où le Roi partait pour la chasse, que le duc de la Vrillière fut annoncer à M. de Choiseul, et à son cousin le duc de Praslin, leur renvoi et leur exil. Je suivais le Roi à la chasse, tous tant que nous y étions à sa suite. Nous remarquâmes en lui un air sombre et une mauvaise humeur qui ne lui était pas habituelle; à peine parlait-il à ceux de ses écuyers, de ses piqueurs et courtisans avec lesquels il s'entretenait ordinairement, et personne de nous n'avait l'air de pénétrer le vrai motif de son silence et de son humeur.

Le retour de la chasse nous apprit enfin l'événement.

Je dis bien « l'événement », car c'en fut un et très remarquable que le renvoi d'un ministre, tout-puissant pendant plusieurs années, et surtout d'un ministre qui s'était attaché un nombre prodigieux de créatures, à la Cour, à la ville et dans l'armée, d'un ministre qui avait osé improuver hautement le choix que son maître avait fait de Mme Dubarry, et qui avait autorisé toute sa société intime à manquer de respect au Roi, par des marques éclatantes de mépris et de haine pour la favorite.

Il serait fort peu important aujourd'hui de reprendre le fil de toutes les intrigues que mirent en jeu, et le parti Choiseul contre Mme Dubarry, et celui des Dubarry contre les Choiseul. Je me bornerai à dire, parce que j'en suis certain, que, sans trois ou quatre femmes exerçant une grande influence sur M. de Choiseul, telles surtout que Mme de Gramont, sa sœur, le ministre, au lieu de heurter si hautement pour un sujet comblé de biens et d'honneurs, le goût malheureux de son bienfaiteur, eût imité le sévère et respectueux Sully. De son côté, Mme Dubarry, qui n'était point haineuse, n'eût jamais songé à exiger le renvoi d'un ministre. La hardiesse téméraire de Choiseul fit la plus grande force des partisans de Mme Dubarry, et servit très utilement l'ambition du duc d'Aiguillon, qui avait une bien forte revanche à prendre contre M. de Choiseul, à raison des affaires de Bretagne, car dans un procès intenté contre M. d'Aiguillon, le parti qui était contre lui ne parlait de rien moins que de le faire pendre.

Il y avait déjà plusieurs semaines que Mme Dubarry, poussée par les d'Aiguillon et les ennemis de M. de Choiseul, avait obtenu la promesse de son renvoi qui répugnait infiniment à Louis XV. Que n'avait-il pas fallu pour décider le Roi!

L'on accusait depuis longtemps M. de Choiseul,

non seulement d'avoir cherché, au sujet des îles Falkland, à amener une guerre avec l'Espagne, dans le but de se rendre plus nécessaire, mais même d'avoir caché au Roi plusieurs lettres du roi d'Espagne au sujet de ces îles. Le Roi ne voulant pas croire à une pareille infidélité, on lui persuada de profiter d'un voyage de deux jours, que M. de Choiseul faisait de Fontainebleau à Paris, pour ordonner à l'abbé de La Ville, premier commis des affaires étrangères, de lui apporter en secret toute la correspondance d'Espagne. Cette botte porta au corps du ministre : la soustraction fut prouvée. Le Roi se chargea lui-même de la correspondance directe avec Charles III, par des courriers de M. Deguy, intendant des postes. Mais néanmoins M. de Choiseul restait toujours en place, et il y resta depuis la fin d'octobre jusqu'au 24 décembre.

C'est à l'époque de cet exil qu'on peut fixer la renaissance de deux partis à la Cour, et ce qu'il y eut de plus frappant fut de voir les courtisans les mieux traités par le Roi, se rendre en foule à Chanteloup. Bientôt ce château fut rempli des principaux personnages en hommes et en femmes. L'on affectait de partir du lever ou du coucher du Roi pour y aller. De toutes les personnes qui, à raison de leurs charges, ne pouvaient s'absenter sans la permission du Roi, le seul marquis de Chauvelin ne l'obtint pas. C'était, de la part du Roi, marquer le peu de cas qu'il faisait de ceux à qui il permettait ce voyage. Aussi Chauvelin fut-il très flatté du refus qu'il avait essuyé.

Le marquis de Monteynard, ancien lieutenant général de réputation, remplaça le duc de Choiseul dans la place de secrétaire d'État du département de la guerre, et je ne tardai pas à recevoir une compagnie au régiment du Roi-Cavalerie.

Au mariage de M. le Dauphin devait succéder celui de M. le comte de Provence, et déjà toutes les places de la maison qu'on allait lui former étaient vivement sollicitées. Mes parents et mes amis m'exhortaient fort à en demander une, mais j'avais encore sur le cœur l'oubli que j'avais éprouvé lors de la nomination des menins, et je ne fis aucune démarche.

Cependant je continuais à jouir de la permission que j'avais de fréquenter les jeunes princes aux heures de leur récréation. M. le comte de Provence paraissait même avoir plus d'affection pour moi que le comte d'Artois.

Un soir qu'arrivant de Paris j'y étais monté me chauffer à l'OEil-de-Bœuf, j'y appris que le duc de La Vrillière travaillait avec le Roi pour la nomination de la maison de M. le comte de Provence, et l'on me montra comme prétendants, et fort impatients de l'issue de ce travail, le comte de Saint-Chamans (dit l'Amour) et le vicomte de la Charce.

De l'OEil-de-Bœuf je passai chez les princes.

« Savez-vous quelques nouvelles? me dit M. le comte de Provence. — L'on vient de me dire à l'OEil-de-Bœuf, lui répondis-je, que la nomination de la maison de Monseigneur se faisait ce soir. J'ai même laissé là deux personnes à qui le cœur bat fortement du désir d'apprendre le succès du vœu de lui être attachées. — Quelles sont ces deux personnes? » Je les lui nommai. — « Et vous, me dit-il en plaçant la main sur mon cœur, le cœur vous bat-il aussi? — Si j'avais pu me flatter d'un pareil honneur, je ne céderais à personne en impatience, répondis-je, mais je ne me suis pas cru susceptible de concevoir cette ambition. Voilà pourquoi Monseigneur trouve mon cœur aussi calme. » Le prince alors laissa tomber sa main, me tourna les talons, et de ce jour, jusque bien longtemps après son mariage, il ne me fit plus l'honneur de m'adresser la parole.

Sa maison fut nommée ce jour-là, et ni M. de Saint-Chamans ni M. de La Charce n'y furent placés.

Je joignis bientôt ma compagnie à Lons-le-Saulnier, en Franche-Comté. Le comte Jules de Polignac était alors colonel du régiment du Roi. Il ne fit cet été qu'un très court séjour à son corps, mais nous nous liâmes intimement. De Lons-le-Saulnier, le régiment fut à Douai où je le joignis l'année suivante.

Mon regret de n'avoir pas été menin de M. le Dauphin me fit mieux sentir encore quel avantage j'aurais eu par cette place pour devenir colonel, et colonel avec un régiment. Je reconnus que si j'avais été attaché à M. le comte de Provence, dans la formation de sa maison, c'eût été à ce prince lui-même à se charger de mon avancement militaire, et je commençai à penser que M. le comte d'Artois n'étant pas encore marié, en m'attachant à lui, je pouvais retrouver ce que j'avais perdu en n'appartenant pas aux deux aînés. Ce fut surtout à Douai qu'ayant fait à ce sujet les plus profondes réflexions, je profitai du voisinage de Compiègne où était la Cour pour demander et obtenir un congé de quinze jours.

Je commençais à connaître assez le terrain de la Cour pour pouvoir me passer du seul protecteur que j'avais eu jusqu'alors et qui n'avait pas fait pour moi plus que pour lui. Mon frère restait cet été-là dans ses terres en Limosin. Le Roi me traita à merveille à Compiègne, je me fis inscrire chez M. de La Vrillière sur la liste des aspirants à la maison de M. le comte d'Artois, et Mme Dubarry m'ayant un jour demandé pourquoi je n'y demandais pas une place, je lui répondis que j'étais venu à Compiègne dans ce but, et que M. de La Vrillière venait de m'écrire que j'étais inscrit sur la liste qui serait présentée au Roi. — « Votre frère est absent, me dit-elle, je le remplacerai dans ce soin-là! » Je revins à Douai.

Au mois d'octobre suivant je profitai du semestre que j'avais et me rendis à Fontainebleau.

J'étais bien plus occupé de devenir colonel que d'avoir la place pour laquelle je m'étais fait inscrire à Compiègne. Je voyais souvent le ministre de la guerre qui m'alléguait sans cesse qu'il n'y avait point de régiment vacant, qu'il fallait attendre une promotion; je me désespérais.

Enfin la maison de M. le comte d'Artois fut formée, le jour peut-être où j'étais sorti avec le plus d'humeur de chez le ministre. J'étais enfermé chez moi, me livrant à toute ma bouderie et déjà en robe de chambre, à neuf heures du soir, lorsqu'un de mes amis intimes, le baron de Castelnau, entra chez moi, en me disant : « Que faites-vous ici? vous êtes nommé gentilhomme d'honneur de M. le comte d'Artois, et je viens vous en faire compliment. Habillez-vous, montez au château, vous ne pouvez vous dispenser d'aller immédiatement chez M. le comte d'Artois, et ce soir au coucher du Roi. »

J'avais demandé cette place et elle était obtenue, mais au lieu d'apprendre cette nouvelle avec joie, je n'entrevis que le commencement d'un esclavage insupportable, et le baron fut plus d'une heure sans gagner sur moi de sortir de ma chambre. Nous fûmes enfin au coucher du jeune prince qui me combla de caresses, et des marques de joie les plus franches de me voir attaché à lui. Cette réception calma un peu ma mélancolie, mais... je n'étais pas colonel... et j'ignorais quand je le serais... c'était là ma véritable et unique ambition.

CHAPITRE III.

Le lendemain matin, je reçus très froidement les compliments de parents, d'amis et de gens de connaissance. Tout le monde ignorait que M. de Monteynard avait eu le matin un petit travail avec le Roi. Mon cousin le chevalier de Fitz-James m'ayant prié de le présenter après le dîner à ce ministre : « Monsieur, me dit-il lorsque j'eus fait ma présentation, recevez mon compliment de la place que vous avez obtenue auprès de M. le comte d'Artois, mais le Roi n'a pas voulu borner là ses bontés pour vous. Il vous a nommé, ce matin, colonel du régiment provincial de Laon, en attendant la vacance d'un régiment de ligne. »

La joie excessive d'être colonel chassa dans l'instant toutes les inquiétudes que me donnait la place de Cour, et tous les compliments que je reçus dans la soirée pour mon avancement militaire furent accueillis avec autant de gaieté que ceux de la veille et du matin l'avaient été avec froideur.

Que prouve cette différence de sensation? Qu'en général la Cour était pour moi, comme pour la plus grande partie de la noblesse française, moins un but qu'un moyen facilitant la carrière militaire.

J'avais reçu en moins de vingt-quatre heures deux grâces très marquantes, des milliers de compliments de bonne ou de mauvaise foi; une faveur devait terminer cette heureuse journée. L'on sait qu'à son coucher le Roi prononçait le nom d'un des courtisans présents auquel le premier valet de chambre remettait immédiatement un bougeoir pour le tenir à la main jusqu'au moment où l'on sortait de la chambre.

Le « voyage » de Fontainebleau étant extrêmement nombreux, la chambre du Roi était remplie de courtisans de tous les âges, de toutes les dignités. Confondu dans la foule et me tenant fort en arrière des maréchaux de France, des chevaliers de l'Ordre et autres, pensant n'être point aperçu du Roi, je m'entendis nommer, et le premier valet de chambre eut peine à me trouver dans la foule. Le coucher fini, voilà les compliments de tout ce qui y était qui se renouvellent pour la troisième fois. Peu de journées de courtisans ont été plus remplies et plus satisfaisantes que le fut celle-là! Je me couchai sans doute fort heureux, mais ayant fait bon nombre d'envieux.

Le lendemain je fus en visite chez le duc d'Aiguillon, ministre des affaires étrangères : « Monsieur le chevalier, me dit-il en me voyant, si vous venez me demander une ambassade, je ne sais pas si je pourrais la refuser à un homme qui, en vingt-quatre heures, reçoit du Roi deux grâces et une faveur. — Eh bien! monsieur le duc, lui répondis-je, je vais vous mettre fort à votre aise. Je ne vous demande que l'ambassade de Maroc, si la France se trouve encore dans le cas d'y en envoyer une, ça **ne sera sûrement pas de longtemps!** »

La fortune me souriait tellement à cette heure

que dès le lendemain de ma promotion au grade de colonel, M. le comte d'Artois m'annonça qu'on allait lui donner un régiment d'infanterie, un de cavalerie et un de dragons, et que dès ce jour je devais me regarder comme colonel commandant celui de dragons. C'était précisément ce que je désirais le plus au monde, et je rapporterai à ce sujet une petite anecdote qui entretenait vivement en moi ce désir.

Dans un voyage du Roi à Bellevue, l'année précédente, je me trouvais le premier arrivé et seul dans le salon. Un courtisan que je ne connaissais point entra et me salua; nous nous toisâmes pendant quelques minutes; il rompit le silence le premier : « Monsieur, me dit-il, nous ne nous connaissons pas encore parce que vous êtes jeune, et que je viens de passer douze ans sans paraître ici. Vous et moi nous portons l'habit uniforme des « voyages », nous allons tous deux souper avec le Roi, nous sommes donc faits pour nous connaître. Faites-moi un plaisir, dites-moi comment vous vous appelez. Mon âge me permet cette question; d'ailleurs je le saurai dans un quart d'heure, comme vous pourrez vous-même savoir aussi et mon nom et la réputation que j'ai d'être un original. »

Je ris beaucoup de cette franchise et je me nommai. « Quoi ! poursuivit-il, seriez-vous le frère du grand des Cars, qui a eu un régiment de cavalerie de son nom, que j'aime et connais beaucoup ? —

Précisément. — Êtes-vous colonel? — Non, je ne suis encore que capitaine au régiment du Roi-cavalerie. — Monsieur le chevalier, vous êtes homme de qualité, vous avez cinq pieds six pouces, je veux que vous ayez un régiment de dragons. L'original qui vous parle ainsi est le comte de Scey; c'est parce que j'ai fait la guerre comme colonel du régiment du Roi-dragons que je veux que vous en ayez un. C'est l'arme dans laquelle il y a le plus d'occasions de se distinguer. — J'accepte volontiers un augure aussi agréable, répondis-je, mais la finance de ces régiments est plus forte que celle des autres armes, et je suis cadet. — Celle du régiment du Roi m'a été remboursée quatre-vingt mille francs par M. de Créqui, dit-il, c'est toute ma légitime paternelle; n'importe, vous y mettriez volontiers quarante mille francs, et quant à l'autre moitié, si je suis de retour en Franche-Comté, mandez-moi que vous êtes nommé, et courrier par courrier je vous enverrai une lettre de change de quarante mille francs. »

Cet homme qui dans le début et le cours de cette conversation m'avait effectivement paru aussi original qu'il en convenait lui-même, me parut, à la fin de notre dialogue, être de plus un vrai, loyal et généreux chevalier; bientôt toutes les personnes à qui je racontai cette rencontre m'assurèrent qu'il était homme à faire comme il le disait.

Il ne s'en tint pas là : peu de jours après il entra

chez moi à Versailles. « Je vous apporte, me dit-il, un régiment de dragons, et ce même régiment du Roi avec lequel j'ai souvent sabré les ennemis. Créqui est ennuyé d'être ancien colonel pendant la paix, il vous cédera son régiment pour quatre-vingt mille francs, mais il veut être assuré d'être maréchal de camp à son tour, et, comme il n'est pas moins original que moi, il ne veut faire aucunes démarches. Vous êtes bien en cour, c'est à vous à les faire. — Je suis sûr, monsieur le comte, répondis-je, que vous remplissez effectivement une commission de M. de Créqui, mais ma première démarche, ce me semble, est de me faire autoriser par lui de vive voix. Je vais l'aller voir à Paris et me concerter avec lui. — Allez, allez, ne perdez pas de temps. » Je fus le même jour à Paris et revins le soir à Versailles avec pleins pouvoirs de M. de Créqui de demander son régiment.

Dans peu de jours j'eus l'agrément du ministre et le consentement du Roi. Mais tout d'un coup le bruit se répandit que l'on enverrait seize mille hommes aux ordres de M. de Castries pour soutenir le roi de Suède Gustave III, dans la révolution qu'il projetait, et, sur ce bruit, Créqui vint me redemander sa parole, ne voulant pas quitter son régiment dans un moment où une guerre pouvait survenir. Je la lui rendis, et il ne fut plus question de rien entre lui et moi, quoique le bruit de guerre s'évanouît très incessamment : il m'en resta le vif désir d'avoir un régiment de dragons, et le calcul bien simple qu'au lieu de le payer de toute ma légitime, il valait mieux, si c'était possible, le faire payer par un prince.

Les gentilshommes d'honneur des princes devaient faire leur service par moitié de leur nombre, et chaque moitié pendant une quinzaine. L'amitié particulière dont m'honora M. le comte d'Artois rendit mon service perpétuel. Bientôt même il se borna à ne vivre qu'avec MM. le prince d'Hénin[1], le chevalier de Crussol, capitaines de ses gardes, le marquis de Polignac, son premier écuyer, et moi. Il nous donnait des petits soupers ; ces jours-là, Louis XV faisait faire ces soupers par Duneau, chef de cuisine de ses cabinets, et il envoyait aussi de ses meilleurs vins. Je fus bientôt le seul gentilhomme d'honneur qui au dehors ne quitta pas plus le prince que son capitaine des gardes de quartier.

M. le comte d'Artois ne voulut pas s'en tenir là à mon égard, il désirait que j'eusse une des premières places de sa maison, et à cet effet il proposa au marquis de Polignac de me faire épouser une de ses filles, en me donnant la survivance et l'exercice de la place de premier écuyer. Polignac ayant déjà des engagements pris pour M. de Sainte-Hermine, cet établissement ne put avoir lieu.

---

[1] Charles d'Alsace de Bossu de Chimay d'Hénin était prince du Saint-Empire ; né en 1744, il fut guillotiné en 1794.

M. le comte d'Artois, impatient d'avoir un régiment de dragons, avait prié M. le Dauphin et Mme la Dauphine de traiter avec M. de Belsunce, l'un des menins, du prix de son régiment, afin qu'il me le passât. M. et Mme la Dauphine mirent à mon égard tout l'intérêt et la grâce possible, et lui envoyèrent Belsunce lui-même.

Celui-ci mit un prix considérable à la cession du régiment, et exigea de M. le comte d'Artois d'en rester colonel commandant, jusqu'à ce qu'il fût maréchal de camp. Ce jeune prince, qui au fond ne travaillait que pour moi, ne s'aperçut pas que son consentement ne faisait que l'avantage de Belsunce, et reculait d'une manière indéfinie l'instant de me procurer le commandement d'un de ses trois régiments. M. le Dauphin et Mme la Dauphine le sentirent, le persiflèrent sur un arrangement qui manquait entièrement son but, et se chargèrent de faire rendre la parole de Belsunce. Je fus alors chargé de la recherche d'un autre régiment. Ce fut M. le Dauphin lui-même qui me raconta ce qu'il appelait l'étourderie de son frère.

J'eus bientôt découvert que le comte de Damas d'Anlezy entrerait volontiers en négociation de son régiment; il en demandait cinquante mille écus. Le contrôleur général du prince trouva le prix exorbitant. Je fus en parler à mon ami l'abbé Terray et je l'engageai à proposer au Roi d'en faire le cadeau à son petit-fils. L'abbé me le promit.

Cependant Louis XV touchait au terme de sa vie. Étant au petit Trianon, après avoir chassé et soupé comme à son ordinaire, il faisait sa partie de jeu habituelle, lorsque tout d'un coup il se plaignit avec humeur d'une odeur d'oignon, qu'il disait être insupportable, et il m'ordonna de descendre dans les cuisines faire l'examen le plus scrupuleux de toutes les casseroles, afin de faire emporter celles qui s'y trouveraient. Il ne s'en trouva pas le moindre vestige, mais pour le calmer il fallut lui dire qu'effectivement on avait employé des oignons pour le souper, et que malheureusement l'odeur n'en était pas encore entièrement évaporée.

Ce prince faisait lui-même tous les soirs son café et se faisait un plaisir d'en servir à ses courtisans. Je ne puis oublier que j'ai pris la dernière tasse qu'il a versée. Il continua et acheva sa partie, mais avec l'air de la souffrance. Le lendemain la petite vérole se déclara, et on le ramena à Versailles.

C'est un bien grand spectacle que celui des derniers moments de la vie d'un monarque. La Cour se divise promptement en deux classes bien marquées, celle des courtisans comblés de faveurs, de bienfaits et de dignités qui tremblent d'en voir tarir la source, et celle des mécontents qui espèrent tout d'un nouveau règne.

Il fut donc extrêmement curieux, pendant cette courte maladie, d'observer d'un côté les espérances brillantes que le parti Choiseul, se croyant protégé par Mme la Dauphine, manifestait hautement du retour de son chef pour écraser et pulvériser le parti d'Aiguillon, soutenu par une maîtresse prête à rentrer dans le néant, et d'un autre côté d'observer les alarmes de cette maîtresse et les mouvements de son parti pour se hâter de se faire quelque titre avantageux auprès du jeune héritier du trône.

Une autre scène n'était pas moins intéressante.

L'on voyait Mesdames de France, filles du mourant, l'archevêque de Paris, les ecclésiastiques et toutes les personnes religieuses de la Cour occupées des moyens de faire remplir au Roi les devoirs d'un roi très chrétien, en exigeant d'abord de lui l'éloignement de sa maîtresse ; puis M. d'Aiguillon, le vieux maréchal de Richelieu, et quelques autres peu religieux, soutenir cette maîtresse près du lit du mourant, et tâcher d'éloigner l'archevêque, dans la crainte que l'appareil ecclésiastique ne hâtât la fin qu'ils redoutaient.

Enfin, dès le premier jour de cette affreuse maladie, les uns, suivant leur intérêt du moment et leur ambition de l'avenir, voyaient le Roi déjà mort, les autres se flattaient jusqu'au dernier moment de sa guérison.

La dernière heure de ce monarque sonna à trois heures après midi, le 10 mai 1774. Les hérauts d'armes prononcèrent dans l'Œil-de-Bœuf ces mots caractéristiques de la monarchie française : « *Le*

Roi est mort! Vive le Roi! » Le nouveau Roi, la Reine, leurs frères et belles-sœurs partirent immédiatement pour Choisy, chacun d'eux suivi d'un petit nombre de personnes de sa maison. J'y accompagnai M. le comte d'Artois.

CHAPITRE IV

Louis XVI ; la Reine ; premier travail avec les ministres. — Inoculation du Roi. — Nomination de colonel au régiment de dragons d'Artois ; le régiment à Cambrai et à Épinal.— Réformes de M. de Saint-Germain.

Louis XVI comme Dauphin n'avait jamais témoigné d'attachement pour son aïeul ; il avait même parfois laissé percer quelques marques de censure de sa conduite. Jamais il n'avait soupé dans les cabinets pour ne pas s'y trouver avec Mme Dubarry ; il ne manquait point aux chasses du Roi, soit à Choisy, soit à Marly, mais il arrivait pour déjeuner et, la chasse finie, il retournait à Versailles. A quoi donc attribuer cet air de malheur si profondément imprimé sur tout le visage et dans le maintien de ce prince dès son arrivée à Choisy ? Ah ! sans doute il se sentait déjà écrasé sous l'énormité du fardeau qu'il craignait être au-dessus de ses forces. Le chagrin l'absorbait, quelques efforts que fissent et la Reine et ses frères pour le distraire.

Tous les ministres du feu Roi l'avaient vu jusqu'à son dernier soupir. Les médecins exigèrent, à raison de la maladie contagieuse dont il était mort, que le nouveau Roi n'en vît aucun avant le douzième jour.

Pendant ce laps de temps, à qui s'ouvrir? qui consulter? à qui donner des ordres que le moment rendait si pressants? Cet embarras augmentait encore le chagrin du jeune Roi; enfin il fit venir M. de Sartines avec qui il concerta les ordres à donner pour la ville de Paris, dont ce magistrat était lieutenant général de police. Le premier président du Parlement fut également mandé, et le Roi reçut encore à Choisy quelques grands seigneurs qui n'avaient point vu Louis XV dans sa maladie.

Mesdames l'avaient vu et en avaient pris la petite vérole. Elles firent conseiller au Roi de voir M. de Maurepas. Le Roi céda à cet avis, et le vieillard fut mis sur-le-champ à la tête de toutes les affaires : la Cour, les finances, la guerre, la marine, le clergé, la justice, l'administration intérieure, tout enfin dépendit dès lors de cet homme, qui aurait pour un bon mot, pour une plaisanterie, sacrifié une branche entière du gouvernement.

Que ne s'occupa-t-il essentiellement d'étudier le caractère, le fort et le faible de son jeune pupille, d'adoucir en lui ce qui s'y trouvait alors de trop âpre, d'y développer le germe de toutes les qualités, de toutes les vertus, de l'habituer à s'estimer ce qu'il valait réellement, et à prendre par lui seul des déterminations dont sa probité et la justesse de son raisonnement garantissaient l'équité et la sagesse! Mais non, ce vieux ministre étouffa tous les germes au lieu de chercher à les développer, traita les affaires du gouvernement comme il traitait les affaires de société, faisant des calembours et des plaisanteries sur toutes choses. Pendant les douze jours que la jeune Cour passa à Choisy, le Roi, la Reine, leurs frères et belles-sœurs dînaient et soupaient régulièrement avec nous. Ils passaient réunis le reste des journées, tantôt chez l'un, tantôt chez l'autre.

Le prince d'Hénin, le chevalier de Crussol et moi, nous savions tous les soirs, par M. le comte d'Artois, ce qui s'était passé, dit ou projeté pendant la journée dans l'intérieur de la famille royale. Le prince nous peignait sans cesse le Roi désolé d'avoir été si peu préparé à saisir les rênes d'un grand État, et de ne connaître encore ni les besoins, ni les ressources du royaume en fait de finances, d'être étranger à la politique extérieure, à l'administration de la justice, à celle de la guerre et de la marine, enfin de ne point connaître les hommes capables dans chaque partie.

C'est en effet le malheur habituel de presque tous les héritiers présomptifs d'être tenus à l'écart de tous les détails et même des principes de gouvernement jusqu'à leur avènement au trône. Cette politique devait-elle exister lorsqu'il n'y avait en France aucun sujet de troubles, lorsque l'obéissance au souverain était innée dans tous les cœurs, lorsque rien ne paraissait devoir troubler l'ordre public?

Les douze jours exigés par les médecins étant

écoulés à Choisy, la Cour fut à la Muette[1], et les ministres du feu Roi eurent ordre de s'y rendre. On leur indiqua les heures auxquelles le Roi ferait son premier travail avec chacun d'eux.

Le duc d'Aiguillon, qui réunissait les deux ministères de la guerre et des affaires étrangères, eut avec le Roi dans la matinée son premier travail pour la guerre ; il se borna à nommer M. le comte d'Artois propriétaire du régiment de dragons de Damas, et moi colonel commandant. Mon régiment provincial de Laon fut donné à M. de Boutellier.

L'après-midi, le Roi travailla avec le chancelier et le contrôleur général.

Je m'étais promené dans le parc jusqu'à la nuit tombante, et je rentrais par le salon, qui n'était pas encore éclairé. En le traversant dans une obscurité plus grande pour moi qui venais du dehors que pour celui qui y était depuis quelque temps, je me heurtai presque contre un grand homme que je n'apercevais pas. Cet homme était l'abbé Terray, qui rit de m'avoir reconnu avant que je l'eusse vu. Sur l'excuse que je lui fis, et la surprise que je lui témoignai de le trouver là tout seul : « Le Roi, me dit-il, travaille avec le chancelier, et j'attends mon tour. — C'est une chose bien importante,

---

[1] Maison royale située à la porte de Paris, dans le bois de Boulogne.

lui repartis-je, que le premier travail d'un contrôleur général avec un jeune roi. — Je sais, dit l'abbé, qu'il a des préventions contre moi, mais je réponds que pour peu qu'il sache l'addition et la soustraction, je lui ferai voir sur mon carré de carton, grand comme la main, tout l'état de ses affaires. — Je n'en doute pas, lui dis-je, et je ne doute pas davantage qu'il revienne de ses préventions contre vous. Cependant je prévois qu'il sera embarrassé et timide dans cette première entrevue, il pourra être fort content de ce que vous mettrez sous ses yeux, sans oser vous en témoigner sa satisfaction, mais moi, monsieur l'abbé, dès ce soir je saurai l'effet que vous aurez produit sur lui. Tenez, il y a longtemps que je vous dois de la reconnaissance, il se peut que je sois dès demain à même de vous instruire de tout ce qu'il n'aura pas osé vous dire. Attendez-vous à me voir demain matin au Contrôle général. »

En effet, je fus le soir au coucher de M. le comte d'Artois, et je n'eus pas besoin de lui faire une seule question. Dès qu'il nous vit, le prince d'Hénin et moi, dans son cabinet : « Le Roi, nous dit-il, a travaillé aujourd'hui avec tous ses ministres, mais il y en a un entre autres dont il est d'autant plus enchanté qu'il avait des préventions contre lui, c'est l'abbé Terray. Il m'a fait voir, nous a-t-il dit, l'état des finances, celui de la recette, de la dépense, de la dette et des moyens de l'éteindre en peu de temps, aussi clair qu'un compte de blanchisseuse. Cet homme-là ferait entendre à un enfant de six ans le calcul différentiel et intégral, j'en suis enchanté. »

Fidèle à la parole que j'avais donnée la veille à l'abbé, je vins le lendemain de bonne heure au Contrôle général : « Eh bien ! lui dis-je, vous m'avez échappé hier au soir en sortant de votre travail, et je viens vous demander comment il s'est passé, et si vous avez été content. — Ma foi, me dit-il, j'ai défilé au Roi tout mon chapelet, je lui ai montré, comme je vous le disais hier, ses revenus, ses charges et ses ressources, il m'a souvent dit : *C'est bon, c'est bon;* enfin, il a levé la séance en me disant :..... Le conseil d'État tel jour, à sept heures du soir. — Ah! lui dis-je, vous ne savez que cela ; j'en sais davantage. » Et je lui racontai ce que M. le comte d'Artois nous avait dit la veille. D'assez dégoûté que m'avait d'abord paru l'abbé, il me sembla reprendre confiance et m'accabla de remerciements.

Depuis la mort de Louis XV et la petite vérole de Mesdames, tous les jours la Reine conjurait le Roi de se faire inoculer. Il opposait la plus forte résistance à cette sage précaution. Sortant un matin de son appartement à la Muette, pour aller à la messe, la Reine rencontra le comte de Béranger et moi; nous nous rangeâmes sur son chemin. Elle s'approcha de nous. « Plaignez-moi, dit-elle, je suis la femme du monde la plus malheureuse, j'ai fait jusqu'ici les plus grands efforts pour déterminer le Roi à se faire inoculer, il vient tout à l'heure de me défendre de lui en reparler, en ajoutant qu'il aimerait autant se tirer un coup de pistolet... » La Reine ayant continué son chemin, nous nous désolâmes de cette résistance. Mais quel prompt et subit changement! Le même jour, après avoir dîné avec toute la famille royale, nous nous promenions dans le jardin, mon frère, le duc de La Vauguyon et moi, sans nous éloigner de la maison. A un moment où nous tournions le dos, nous entendîmes une voix qui nous appelait tous les trois; c'était celle de la Reine, appuyée sur la petite balustrade qui séparait son parterre du grand jardin; elle nous dit : « Messieurs, faites-moi votre compliment, je suis la femme du monde la plus heureuse, je viens de déterminer le Roi à se faire inoculer, ainsi que mes frères; tel jour, nous irons à Marly, c'est Jouberton qui les inoculera. » Nous témoignâmes notre joie et nous reprîmes notre promenade.

L'on imagine bien que nous comparâmes tout de suite la détermination prise à l'instant pour aller à Marly et se confier à Jouberton, avec la résistance opposée le matin, et nous nous demandâmes si l'influence de la Reine avait seule décidé le Roi, jusqu'où cette influence s'étendrait, si elle serait durable, enfin si le caractère du Roi, qui s'était annoncé par des apparences de fermeté, serait désormais aussi inflexible. Hélas! le rappel presque subit des parlements, l'admission d'un protestant, M. Necker, dans le ministère, la réforme de la maison militaire, n'ont que trop donné la mesure de l'irrésolution et de la faiblesse de cette âme d'ailleurs si vertueuse.

La Cour se rendit à Marly le jour même que la Reine nous avait indiqué, et les trois frères furent inoculés avec le plus grand succès.

Si quelquefois je relate des anecdotes où je figure, ce n'est pas pour parler de moi, mais je ne puis retrancher des circonstances dont j'ai été témoin et qui peuvent être utiles à l'histoire.

Après l'inoculation, je n'eus rien de plus à cœur que de me rendre au régiment de dragons de M. le comte d'Artois, dont je me trouvais colonel commandant; ce régiment, après avoir été trente ans Harcourt, était devenu successivement Flamarens, Coigny et Damas.

Le marquis (depuis maréchal) de Castries me témoignait intérêt et amitié. Me sachant nommé à ce régiment, il me fit prévenir de passer chez lui un matin. « Je devrais, me dit-il, vous faire compliment de ce que vous avez un régiment, mais auparavant je veux vous éclairer sur ce qu'est ce corps qui se trouve précisément à Cambrai dans mon commandement de Flandre. Ce régiment s'est toujours fait remarquer par son indiscipline et son ignorance. Vous allez y trouver des joueurs, des buveurs, des officiers de cavalerie dont la moitié ne sait pas monter à cheval, et l'autre moitié n'a point de chevaux. Si vous ne remédiez promptement à tous ces abus, si vous ne vous armez de la plus grande fermeté (et je vous préviens que vous trouverez de l'insubordination et des mauvaises têtes), vous n'obtiendrez ni considération, ni réputation; si au contraire vous les pliez à l'exactitude dans le service et à l'obéissance, vous vous ferez richement honneur. » Il me montra ensuite la liste de tous les officiers de ce corps et me dit ce qu'il pensait de chacun d'eux. Je quittai extrêmement triste M. de Castries, me promettant cependant de vaincre tous ces obstacles et de me rendre maître au lieu d'être assujetti.

Depuis ma sortie de la marine, je n'avais pas formé de vœu plus ardent que celui de commander un régiment, et, tant aux carabiniers qu'au régiment du Roi-cavalerie, je m'étais préparé autant que possible à ne pas être embarrassé de ce nouvel état.

J'arrivai donc à Cambrai. Le lendemain, je fus reçu par le lieutenant-colonel à la tête du régiment, et, suivant l'usage, le lieutenant-colonel fit manœuvrer la troupe devant moi.

Dès ce premier jour je reconnus, quant à l'instruction, quant à la manière dont les officiers étaient montés et montaient, tout ce que m'avait annoncé M. de Castries.

Le premier ordre que je donnai fut qu'on me présentât la liste des officiers qui n'avaient pas de chevaux, car plusieurs, sous ce prétexte, ne s'étaient pas trouvés à ma réception, et ne montaient jamais à cheval; quatorze officiers sur trente-deux n'en avaient point. J'ordonnai que dès le jour même MM. les capitaines choisiraient dans leurs compagnies un cheval de troupe qui servirait désormais à chaque officier non monté, jusqu'à ce que j'eusse fait prendre les arrangements convenables pour leur en faire acheter.

Le lendemain j'ordonnai au régiment de monter à cheval, chaque officier marchant avec sa compagnie.

Arrivé sur le terrain où tout le monde s'attendait à manœuvrer ensemble, je fis sortir successivement toutes les compagnies de l'ordre de bataille, ordonnant d'abord aux sous-lieutenants et aux lieutenants de rompre et reformer en tous sens leurs pelotons à toutes les allures, puis aux capitaines de réunir leurs compagnies, de les manœuvrer et d'aller reprendre leur place dans les escadrons.

Quand chaque officier et chaque capitaine eurent subi cet examen, qui était absolument nouveau pour eux, j'ordonnai au major de faire faire quelques mouvements au régiment entier, et enfin le lieutenant-colonel eut son tour.

J'envisageai dès lors tout ce que j'avais à faire pour parer à l'ignorance que je trouvai dans la plus grande partie des officiers, tant en capacité pour monter à cheval qu'en connaissance des principes de manœuvres. Que l'on juge de l'état de ce régiment par ce que je vais raconter d'un capitaine aide-major, homme de qualité ! *ab uno disce omnes.* Malgré l'ordre donné à chaque officier, même à ceux non montés, de venir avec leur compagnie, je n'avais point vu cet officier avec le régiment, et, dans ma bonne foi, je crus qu'il était malade. Mais point du tout. Lorsque je me rendis à la parade, ce fut la première personne que je rencontrai. « Je vous croyais incommodé, lui dis-je, car je ne vous ai point vu ce matin à cheval. — Non, mon colonel, répliqua-t-il, je me porte à merveille, j'ai mangé à mon déjeuner quatre andouillettes et bu deux bouteilles de vin du Rhin. — Ce déjeuner, lui répondis-je, n'eût pas été moins bon en descendant de cheval ; pourquoi n'étiez-vous pas avec le régiment ? — Mon colonel, je n'ai point de cheval. — Je le sais, mais vous avez vu l'ordre donné pour ceux des officiers qui ne sont pas montés. — C'est vrai, mon colonel, mais je n'ai point de bottes ; dans tout le régiment il n'y a que celles de Salomon que je puisse mettre, et Salomon est monté à cheval avec sa compagnie. — Je veux bien croire, monsieur, que vous me dites la vérité, sans vouloir me faire une indécente plaisanterie ; pour moi, je ne conçois pas que M. de D..., ne fût-il qu'homme de qualité et seigneur de terre, ne possède pas ce qu'il n'y a pas un curé dans sa paroisse, un chirurgien dans son village qui n'ait en sa propriété, à plus forte raison un capitaine de dragons, et qu'il vienne s'en vanter à son colonel! Salomon, s'il est dragon, a besoin de ses bottes; tel jour j'ordonnerai au régiment de monter à cheval, et si vous n'avez pas ce jour-là une paire de bottes à vous, et non à Salomon, je serai réduit au chagrin de vous voir l'objet de mon premier acte de sévérité. »

Ce trait peint en même temps l'esprit et l'état de ce régiment, ce que j'avais à corriger d'une part et à créer de l'autre.

A peu de jours de là l'on vint me rendre compte qu'un vieux capitaine du régiment avait chambré au trictrac un jeune sous-lieutenant qui arrivait au corps pour la première fois. Il lui avait gagné deux cents louis, et, comme le jeune homme ne les avait pas, cet officier le maltraitait; j'envoyai chercher ensemble le gagnant et le perdant, je vérifiai le fait et envoyai sur-le-champ M. le capitaine en prison.

Une des premières besognes dont je m'occupai fut de faire remettre, par chaque officier démonté, l'argent nécessaire pour lui acquérir un cheval, et d'envoyer en Normandie l'officier chargé de la remonte du régiment.

La tenue des hommes et des chevaux était bonne, bien entendue, et bien suivie par l'état-major, mais un grand nombre de chambrées étaient confiées à de vieux brigadiers ivrognes et voleurs de l'argent de la gamelle, par conséquent objet du mépris des dragons, au lieu d'être celui de leur respect; je les cassai au fur et à mesure que je les trouvai en faute et les remplaçai par des jeunes gens sages et intelligents. Je fis de même pour un assez grand nombre de bas officiers; je parvins par ce moyen à obtenir une discipline exacte et une excellente instruction.

Le corps des bas officiers et brigadiers de ce régiment, au moment où j'en ai quitté le commandement, était, j'ose le dire, aussi distingué dans tous les points essentiels du service, qu'il serait à désirer que le fût celui de MM. les officiers.

Dès ce même été, M. le comte d'Artois eut le désir de venir voir son régiment à Cambrai et me le manda. Je combattis d'abord ce désir du prince, tant je trouvais ce régiment hors d'état d'être montré avec avantage; l'on ne pouvait m'imputer à la vérité des vices plus anciens que moi; mais comme il ne m'eût pas convenu d'en être moi-même le délateur, je craignais ou qu'on me crût capable de ne pas les reconnaître, ou trop peu occupé de les corriger.

Telle était l'appréhension qui me portait à solliciter le prince de remettre son voyage à l'année suivante; mais lorsque je vis qu'il persistait à venir, je ne pensai plus qu'au parti avantageux que je pourrais tirer de ce voyage pour le bien et les réformes que je me proposais, en faisant tout approuver par le jeune propriétaire, et me servant de lui pour exciter l'émulation.

M. le comte d'Artois arriva en effet, je pourrais dire autant amené par la vive amitié qu'il avait pour moi que par désir de voir son régiment. J'eus l'attention de lui faire prononcer quelques phrases faites pour bien convaincre le corps qu'il me soutiendrait dans ce que j'entreprendrais, afin de donner au régiment une distinction vraiment marquée dans son arme. Le prince assura qu'il protégerait tous les sujets que je lui recommanderais, il se prêta à témoigner une faveur particulière à trois ou quatre que je lui désignai comme pleins de zèle, il promit à quelques vieux, dont il n'y avait aucun parti à espérer, que lorsqu'ils penseraient à se retirer, il s'occuperait de leur faire obtenir de bonnes retraites.

Je ne tardai pas à m'apercevoir de l'heureux changement qu'opéra cette apparition du comte d'Artois. M. de Castries, commandant de la province, venu pour recevoir le prince, me donna aussi vis-à-vis de mon régiment les plus grandes marques de considération.

En partant de Cambrai, M. le comte d'Artois m'emmena avec lui dans la tournée qu'il fit avec M. de Castries dans toute la Flandre, pour visiter les places fortes et les lieux célèbres par d'anciennes batailles.

Je ne retournai point à Paris sans avoir pris les mesures qui pouvaient le mieux assurer que pendant l'hiver l'instruction serait suivie avec zèle, et la discipline prescrite observée ponctuellement; pour m'en assurer encore davantage, je vins deux ou trois fois passer quinze jours à Cambrai.

Le plus grand obstacle que j'éprouvais venait des trois ou quatre plus anciens capitaines, trop vieux pour en tirer le moindre parti à cheval, et qui, quoique sans zèle et sans goût pour le service, y restaient pour obtenir des retraites un peu plus fortes, à raison de quelques années de service de plus.

L'été suivant, le roi Louis XVI fut couronné à Reims, et après le sacre, M. le comte d'Artois revint encore à Cambrai.

Au mois d'octobre 1775, le régiment étant en marche pour se rendre en Lorraine, à Épinal, le maréchal de Muy, alors ministre de la guerre, me fit mander chez lui à Paris. « La famille de M. de M..., me dit-il, m'écrit pour que vous me demandiez un congé pour lui, ainsi donnez-moi un mémoire pour que je lui en fasse expédier un. » Je m'excusai d'abord sur la règle des semestres et sur ce que ce n'était point le tour de M. de M... d'en avoir cette année. Le maréchal ne se paya point de cette raison ; il était fort lié avec une société de vieilles femmes, Mme de Beringhem, Mme de Layde, dont un vieux chevalier de Mandelot faisait partie, et il leur avait promis le congé. D'un caractère naturellement emporté, il se mit dans la plus grande colère de mon refus de lui adresser cette demande. Plus il s'échauffait, plus je tenais bon. « Eh bien! puisque vous m'y forcez, monsieur le maréchal, lui dis-je, je vous dirai que M. de M... marche comme prisonnier à la tête du régiment, et cela pour avoir été d'une partie d'environ quarante mille francs de la perte au gain; puis-je autoriser un pareil jeu dans mon régiment? et puis-je vous demander ce congé pour un des coupables, précisément quand vous venez de m'en refuser un pour M. de Thesac dont la femme est près d'accoucher, et à qui je n'ai aucun reproche à faire? » Redoublement de colère de la part du maréchal, et redoublement si violent que, quelqu'un entrant en ce moment dans son cabinet, j'en profitai pour m'esquiver. Le lendemain il se fit faire l'opération de la pierre et mourut pendant l'opération. Le pauvre M... acheva la route comme prisonnier jusqu'à Épinal, c'est-à-dire marchant avec les trompettes du régiment.

M. de Monteynard avait succédé au duc de Choiseul, dans le ministère de la guerre, et avait en peu de temps changé tous les établissements de son prédécesseur. MM. d'Aiguillon et de Muy ne durèrent qu'un moment, il fallut remplacer M. de Muy. L'armée était fatiguée de ces promptes successions de ministres qui, tous, apportaient des changements. Le vieux Maurepas crut remédier à tout en proposant au Roi un vieux militaire d'une réputation distinguée à la guerre, mais inconnu à la Cour. Selon l'octogénaire, cette réputation en imposerait à l'armée entière, et son ignorance le rendrait de la Cour inaccessible aux intrigues, si reprochées à tous les ministres courtisans.

Le jeune Roi, ne découvrant dans les pronostics et dans les jugements du vieux Mentor que ce qu'ils avaient de spécieux, nomma à ce ministère le comte de Saint-Germain, sans se douter que M. de Maurepas, dans le choix d'un homme aussi inconnu de la Cour, n'avait d'autre but que de le maîtriser plus sûrement, et de l'opposer aux Broglie, dont M. de Saint-Germain craignait l'influence.

Au moment où ce choix tomba sur M. de Saint-Germain, celui-ci vivait obscurément dans une petite propriété qu'il avait en Alsace. La banqueroute d'un banquier de Hambourg, sur lequel il avait placé tous les fonds qu'il avait économisés pendant qu'il avait été ministre de la guerre en Danemark, l'avait réduit à une pension que lui faisaient les régiments allemands au service de France. Un de ses amis fut chargé par le Roi d'aller lui proposer le ministère de la guerre, avec la restitution du grade de lieutenant général et du cordon rouge, dont il avait donné sa démission lorsqu'il passa au service étranger.

Sa surprise fut extrême, et, flatté que sa réputation eût ainsi frappé le jeune Roi et son premier ministre, il accepta sans hésiter la marque de confiance qu'il recevait.

L'arrivée du comte de Saint-Germain à Fontainebleau fit un effet prodigieux ; au premier moment, l'on ne vit en lui qu'un stoïcien exempt de toute prévention, le plus capable, le plus grand des ministres. Son maintien froid et tudesque en imposait à la jeunesse : les intrigants perdaient l'espoir de l'influencer. Les militaires qui avaient servi sous ses ordres se pressaient en foule autour de lui, le Roi et son ministre lui témoignaient autant de considération que de confiance. Quant à lui, ne pouvant se rendre compte d'un accueil aussi flatteur, ni aussi universel, il fut quelque temps dans cet état qu'on appelle « être étourdi du bateau ». Mais, cet éblouissement passé, il ne se rappela plus que les idées puisées dans sa jeunesse au service allemand, ses opérations en Danemark, comme ministre de la guerre, et il ne s'occupa que de donner une constitution allemande à l'armée française.

Dans les services allemands il y avait des corps de gendarmes, de gardes du corps, et de carabiniers formant des espèces de maisons royales, mais bien différentes de ce qu'on appelait en France la maison du Roi.

En Allemagne, à la dénomination près, ces corps étaient de simples régiments de ligne, composés comme tous les autres en officiers et en cavaliers; tandis qu'en France les simples gardes du corps, les chevau-légers, les gendarmes, les mousquetaires, étaient de fait ou au moins censés gentilshommes, leurs officiers, c'est-à-dire leurs sous-lieutenants, lieutenants ou capitaines, avaient des grades supérieurs, et même quelques-uns étaient officiers généraux. Cette maison du Roi en France était l'objet constant de la jalousie du reste de l'armée. Un ministre, homme d'esprit, disait d'elle que c'était un état intermédiaire entre la robe et l'épée.

Le comte de Saint-Germain crut qu'il s'attacherait l'armée en réformant la maison du Roi, mais il ne calcula pas assez qu'il se mettrait toute la Cour à dos, parce que les chefs des divers corps de cette maison étaient des courtisans puissants. Ayant annoncé indiscrètement la destruction de cette maison, et une formation égale pour tous les corps de chaque arme de l'armée française, les chefs des quatre compagnies des gardes du corps, ceux des gendarmes, des chevau-légers et des deux compagnies de mousquetaires, s'adressèrent à M. de Maurepas, et implorèrent la protection de la Reine. Les mousquetaires furent seuls entièrement réformés; les autres corps subirent seulement quelques changements.

Si, au lieu de se laisser pénétrer sur son projet de réforme, M. de Saint-Germain l'eût rédigé en secret, et, une fois le travail fait, l'eût fait subitement approuver par M. de Maurepas et signer au Roi, c'en était peut-être fait de cette fameuse maison du Roi, que Louis XIV avait formée avec tant de magnificence, on pourrait peut-être dire avec tant d'orgueil. L'indiscrétion fit avorter tout le plan. Les Noailles, les Beauvau défendirent les gardes du corps, le maréchal de Soubise les gendarmes, le duc d'Aiguillon, cousin de Maurepas, les chevau-légers, et ils conservèrent chacun cinquante hommes de leur compagnie. M. de Castries défendit la gendarmerie, et, au lieu d'être supprimés, les gendarmes obtinrent le grade d'officier; les mousquetaires furent sacrifiés au peu de crédit de leurs chefs, MM. de Montboisier et de La Chaise.

Cette réforme de la maison du Roi, moins absolue que le ministre ne l'avait proposée, montra deux choses : l'une, que le crédit du comte de Saint-Germain n'était pas ce que l'on avait cru; l'autre, que M. de Maurepas, n'ayant pas osé s'opposer à la totalité du plan, était bien aise, en l'étranglant, de jeter de l'inconsidération sur le ministre.

Le comte de Saint-Germain obtint un peu plus de liberté dans les opérations sur l'armée de ligne, dans laquelle il fit de nombreux changements dans sa formation, son administration, sa discipline et son instruction. Son ordonnance de discipline excita de nombreux murmures dans l'armée, comme elle en avait excité dans les sociétés de Paris. Les femmes montèrent la tête des jeunes gens et de beaucoup de colonels contre la punition des coups de plat de sabre prescrite par cette ordonnance; il en résulta de nombreux actes d'insubordination et deux disciplines au lieu d'une.

J'étais à Épinal à mon régiment, et le même courrier qui me porta l'ordonnance en question m'apporta aussi une lettre de Mgr le comte d'Artois. Cette lettre, quoique de la main du prince, n'était point de son style d'amitié ordinaire. Elle m'avertissait que je recevrais incessamment une ordonnance qui prescrivait aux soldats des coups de plat de sabre pour certaines fautes légères, et elle me défendait, sous peine de perdre sa confiance et son amitié, de la mettre en exécution dans son régiment.

A la lecture de cette lettre, je reconnus tout de suite la société qui l'avait conseillée à un jeune prince vif et n'ayant encore aucune idée de la subordination militaire.

Je lui répondis dès le lendemain, non par la poste ordinaire, comme sa lettre m'était parvenue, mais par un courrier particulier, que j'avais reçu sa lettre en même temps que l'ordonnance qu'il nommait « ordonnance de M. de Saint-Germain », sûrement avant d'avoir vu qu'elle était signée « Louis ». Un des plus grands malheurs de ma vie, disais-je, serait sans doute de perdre sa confiance et son amitié, mais celui de perdre son estime serait le pire de tous; or je la perdrais infailliblement si j'étais capable d'éluder une ordonnance du Roi; un moment de vivacité lui avait dicté cette lettre, un moment de réflexion lui donnerait des regrets de l'avoir écrite; ma réponse devant lui parvenir dans trente-six heures, j'attendrais encore à peu près le même temps une autre lettre de lui et ne différerais que jusque-là l'exécution de l'ordonnance; j'ajoutais enfin que, si mon obéissance dans ce cas lui déplaisait, je m'en rapportais à sa justice pour me procurer le commandement d'un autre régiment.

La réponse m'arriva dans les termes que j'avais demandés : « Obéissons donc, mon cher chevalier, puisqu'il le faut, etc., etc. » Je n'ai jamais oublié ces premiers mots de la réponse du prince.

Mais le comte d'Artois ne s'était pas borné à m'écrire une lettre si peu réfléchie, il s'en était vanté aux femmes de sa société, en présence du marquis de Conflans, et lui avait annoncé qu'il connaissait un régiment dans lequel il ne se donnerait pas un coup de plat de sabre, qu'il l'avait expressément défendu à son régiment de dragons. « Monseigneur ignore sans doute, lui avait répondu M. de Conflans, que je suis commandant en second de la division de Lorraine dont son régiment fait partie, et que si le chevalier des Cars se soumet à cette défense, il se compromettra beaucoup. »

Peu après M. de Conflans arriva effectivement à Nancy, et raconta au comte de Stainville, commandant la division, tout ce que M. le comte d'Artois lui avait dit.

MM. de Stainville, Conflans et Vioménil, officiers généraux de cette division, vinrent voir mon régiment à Épinal; ils en étaient tous les trois à ce qu'ils savaient par M. de Conflans, tous trois croyaient que l'ordonnance des coups de plat de sabre n'était pas exécutée, et le comte de Stainville, par bienveillance pour moi, n'osait aborder cette question.

Cependant, après plusieurs détours et circonlocutions, il en vint à me demander où j'en étais à cet égard, et je lui dis que cette punition était en pleine exécution. Sa surprise fut si marquée qu'elle eut presque l'air du doute; je m'en aperçus, et alors je lui nommai ceux qui avaient reçu la punition : « Mais Conflans m'avait dit que M. le comte d'Artois vous avait défendu d'en faire donner? — Cela est vrai, répliquai-je; mais sur ma réponse et mes observations, voilà, lui dis-je en lui montrant la seconde lettre du prince, l'expression de son retour à l'obéissance due aux ordonnances du Roi. »

Ces trois officiers généraux me comblèrent de témoignages d'approbation; tous trois étaient amis du comte de Saint-Germain, à qui ils ne manquèrent pas de faire connaître ma conduite.

Je ne me permettrai ni d'approuver ni d'improuver l'ordonnance de cette discipline, qui a eu plus de censeurs que d'approbateurs, mais je rapporterai fidèlement quels en ont été les résultats dans le régiment que j'ai commandé quinze ans. Les censeurs de cette institution annonçaient qu'on ne trouverait point de caporaux ou brigadiers qui voulussent donner les coups de plat de sabre, et selon eux, ceux qui en auraient reçu déserteraient. Or lorsque, pour la première fois, j'ordonnai de donner à la parade vingt-cinq coups de plat de sabre, le sort désigna, pour les appliquer, le brigadier du régiment dont le caractère était le plus doux. Le dragon qui devait les recevoir était à tous égards ce qui s'appelle un détestable sujet. Le brigadier comptait les coups; les premiers ne furent donnés qu'en apparence, et je n'eus pas l'air de m'en apercevoir; mais à partir du septième ou huitième, le brigadier allongeait progressivement le bras, l'allongeait encore plus, et le sabre retombait à chaque coup plus fortement que le précédent; si bien que, quoique j'en eusse ordonné vingt-cinq, je fis cesser au quinzième.

A l'égard de l'influence de cette punition pour la désertion, je suis obligé de dire que si elle a pu exister dans les premiers moments, cet effet doit être moins attribué à cette ordonnance qu'à sa non-exécution dans les régiments voisins; lorsqu'elle a exclusivement succédé à toutes les petites vexations de la chambre de discipline, de pansement de quelques chevaux de plus, ou même de prison et de cachot, punitions qui frappaient également et le délinquant et ses camarades obligés de faire le service pour lui, alors les sujets vraiment bons et susceptibles d'honneur ne s'y exposaient pas, les mauvais sujets seuls l'encouraient; elle frappait sur les mêmes dans chaque compagnie, et de ce qui paraissait devoir être une discipline extrêmement sévère, il était résulté une discipline extrêmement douce, parce que l'exactitude était devenue parfaite dans tous les points du service.

Je n'avais jamais vu M. de Saint-Germain. De retour de mon régiment à Fontainebleau, je ne sais pour quel objet j'eus à lui parler. Je me fis annoncer chez lui, et quand je fus entré dans son cabinet, il me combla d'éloges au sujet d'un mémoire sur les fourrages qui avait été demandé à chaque colonel et sur ma manière de servir, dont il était instruit par les généraux de la division. En me parlant de la discipline, je m'aperçus qu'il savait toute mon affaire avec M. le comte d'Artois; enfin il me fit toutes les offres de service possibles.

C'est sans doute à cette circonstance, à cet accueil honorable du ministre que j'ai dû les éloges que le baron de Wimpfen a faits de moi dans ses commentaires sur M. de Saint-Germain; je ne devais alors les prendre que pour encouragements, et je dois avouer de bonne foi que si j'en ai mérité quelques-uns comme officier de cavalerie, ce n'a été que longtemps après, par suite d'une plus longue étude du métier, soit en France, soit dans les pays étrangers.

CHAPITRE V

Voyage avec M. le comte d'Artois, en Normandie, en Bretagne, à Bordeaux ; séjour aux Ormes, à Chanteloup. — La société à Plombières. — Nomination de capitaine des gardes de M. le comte d'Artois en survivance, 1777. — Le comte François des Cars. — Études au Dépôt de la guerre. — L'abbé Terray et Turgot. — M. de Nassau et la marine.

J'avais eu à Épinal une petite vérole affreuse, et pendant cette maladie M. le comte d'Artois avait envoyé courriers sur courriers pour savoir de mes nouvelles, mais sans m'écrire depuis la fameuse lettre commençant par ces mots : « Obéissons, etc. » J'arrivai donc à Fontainebleau au commencement d'octobre, incertain de la manière dont il me recevrait, après lui avoir fait des remontrances aussi vives sur les devoirs d'obéissance passive à une ordonnance signée *Louis*. Je fus reçu avec toutes les grâces de la plus tendre amitié. Le prince m'avoua, sans déguisement et sans peine, sa faute d'avoir cédé à une impulsion de société, et surtout de société de femmes ; il alla jusqu'à me remercier de la fermeté avec laquelle je lui avais tracé son devoir en lui faisant connaître le mien. Je repris donc ma vie habituelle de la Cour et de Paris, c'est-à-dire d'être de toutes les courses du prince, de toutes ses chasses et pour ainsi dire de ne pas le quitter.

L'année suivante, il eut la curiosité de parcourir une partie des côtes de France, depuis le Havre, en passant par Saint-Malo, Brest, Rochefort, la Rochelle et Bordeaux.

Le voyage fut composé du prince d'Hénin, du chevalier de Crussol, ses deux capitaines des gardes, du comte de Bourbon-Busset, son premier gentilhomme de chambre, de moi, seul gentilhomme d'honneur, du prince de Nassau, du comte d'Esterhazy et du chevalier de Coigny.

De Versailles, nous fûmes d'abord au Havre du Roi en Normandie, chez le marquis de Briges, puis nous fûmes à Harcourt.

Ce fut là que M. le comte d'Artois, petit-fils de France, n'étant jamais sorti pour ainsi dire du château de Versailles, n'ayant vu les plus grands seigneurs du royaume que dans les appartements du Roi et de la famille royale, faisant tous leur cour et paraissant tous à peu près égaux à leurs yeux, ce fut, dis-je, à Harcourt qu'il vit pour la première fois ce qu'était un grand seigneur chez lui, surtout lorsqu'il réunissait, comme le maréchal d'Harcourt, les dignités éminentes de maréchal de France, de duc et pair, de gouverneur et de commandant de province à la possession de grandes terres et d'un château très considérable. La maison du comte d'Harcourt était nombreuse et de la plus grande magnificence; une compagnie de gardes vêtus en rouge et galonnés comme ceux du Roi, en bleu ; nombre d'officiers attachés à cette compagnie portant le bâton, des écuyers, des pages et quatre-vingts gentilshommes ou dames de qualité tous logés au château, une musique nombreuse, un équipage de chasse, telle était la représentation du maréchal d'Harcourt. Il réunissait dans son château et dans cette province toutes les dignités à une immense fortune, et joignait à cette magnifique représentation la plus parfaite simplicité, la modestie la plus touchante.

D'Hénin, Crussol et moi, nous étions extrêmement curieux de savoir le soir ce que notre jeune prince penserait de tout ce qu'il avait vu et observé dès cette première après-midi. Nous le trouvâmes extrêmement surpris d'un pareil spectacle, et nous saisîmes avec empressement une occasion aussi favorable de lui faire remarquer que sans doute les faveurs des rois et les grandes dignités de l'État pouvaient ajouter un grand lustre à celui d'une haute naissance et à la possession de grands fiefs, mais que c'était à peu près ainsi que vivait anciennement la haute noblesse du royaume, enfin que tel qui paraît à Versailles un simple courtisan peut encore vivre dans ses terres avec un grand éclat. Depuis, ce jeune prince a toujours montré et plus de connaissance de l'ancienne noblesse du royaume et plus de considération pour elle.

Avant d'arriver à Brest, je dis à M. le comte d'Artois que je lui demandais la permission de le quitter pendant le séjour qu'il ferait dans ce port, parce que je désirais y consacrer tout le temps à mes anciens chefs et camarades. Lorsqu'il eut reçu chez le comte d'Orvilliers, commandant de la marine, la présentation de tous les membres du corps : « Messieurs, leur dit-il, voilà quelqu'un qui m'a bien déclaré que tant que je serais ici, il ne voulait voir que vous. Je vous l'abandonne jusqu'à ce que je reparte. » Anciens et camarades parurent me savoir un gré infini de l'annonce que j'avais faite au prince, je les revis tous avec le plus vif plaisir.

Lorsque l'on eut montré au prince tous les détails du port, qu'on l'eut promené en rade sur l'escadre commandée par le comte du Chaffault et qu'on lui eut fait observer tous les travaux d'un camp retranché auquel l'on travaillait en avant des hauteurs de Recouvrance pour couvrir le port de ce côté-là, nous partîmes pour Lorient et Nantes. Partout où nous passions, bourgs, villes ou villages, on aurait cru voir un souverain puissant, chéri, adoré des peuples qu'il visitait... Hélas!... douze années à peine écoulées... Mais n'anticipons point sur des époques qu'il faudrait pouvoir arracher de la mémoire!

Avant d'arriver à la Rochelle, nous couchâmes à Niort, où le prince fut reçu par le marquis de La Roche-Aymon, colonel du régiment de Royal-Navarre qui y était en quartier. Son oncle, le cardinal de La Roche-Aymon, grand aumônier de France, lui avait envoyé un nombreux détachement de sa maison.

L'après-souper, lorsque nous étions rentrés dans le salon de compagnie, M. le comte d'Artois, voulant badiner avec moi, me donna des quatre doigts allongés de la main un coup dans le creux de l'estomac dont je faillis me trouver mal. « Monseigneur, dis-je peut-être avec une humeur trop peu proportionnée à un simple badinage, Monseigneur m'a fait grand mal. Il devrait bien se souvenir de ce que nous lui avons objecté mille fois contre les jeux de main. » Mon ton d'humeur le piqua sans doute, il devint rouge de colère, et agita vivement une badine qu'il avait dans la main. Ce mouvement m'offensa, je fixai froidement le prince quelques instants et je sortis.

Rendu au logement qui m'était destiné, je me hâtai d'écrire la démission de ma place de gentilhomme d'honneur et celle d'une pension que le prince me faisait sur ses finances; enfin sur un troisième papier j'écrivis que j'étais colonel avant d'être de la maison de Monseigneur, que le prince était trop juste pour vouloir nuire à ma carrière militaire, et qu'ainsi la démission de la place de commandant de son régiment suivrait les deux autres démissions, lorsqu'il m'aurait fait pourvoir d'un autre régiment. Je fis un paquet à l'adresse du prince, sous l'enveloppe du prince d'Hénin, à qui je marquais par un billet qu'ayant été malade toute la nuit, je ne suivrais pas M. le comte d'Artois à la Rochelle.

Dès le grand matin, j'envoyai mon paquet à d'Hénin et celui-ci au prince; il était encore au lit quand il le reçut.

Aussitôt, m'a-t-on dit, il sonna, il appela, se leva, et ordonna à son coureur de se rendre sur-le-champ chez moi, et de m'amener. « Monseigneur vous demande tout de suite », me dit Blondain. Je répondis à ce coureur que j'étais trop incommodé pour me lever, et je me renfonçai dans mon lit; un instant après un valet de pied entra et fit le même message. Je lui fis même réponse et je me couchai sur le côté opposé. Enfin Blondain revint une seconde fois et me pressa de nouveau par ordre du prince; je réfléchis un peu, puis je lui dis : « Je vais me lever, m'habiller, je serai bientôt chez le prince. »

J'arrivai en effet; je voulais d'abord savoir de d'Hénin ce qui avait pu se passer; j'atteignais sa porte lorsque celle du prince s'ouvrit, son valet de chambre m'appela, et j'aperçus M. le comte d'Artois m'attendant debout au milieu de sa chambre.

« Voilà, me dit-il, l'usage que j'ai fait de vos démissions (elles étaient toutes déchirées et par terre autour de lui). Mais si vous croyez que je vous ai offensé, je sais ce qu'en ce cas je dois à un homme de votre naissance. Je suis tout prêt. » Et, mettant la main sur son épée, il me montra une porte vitrée qui donnait de sa chambre dans un petit jardin fermé de murs.

Je n'ai jamais craint de l'avouer, je fus si touché de voir par terre les lambeaux de mes démissions et la douleur qu'il montrait de m'avoir offensé, je me trouvai si honoré de le voir l'épée à la main m'offrir une satisfaction, que, jetant respectueusement mon épée à ses pieds, et embrassant ses genoux : « Prince, lui dis-je, ce que vous avez déjà fait, ainsi que ce que j'ai déjà fait moi-même, met suffisamment mon honneur à l'abri ; en vous remettant tous vos bienfaits, en m'éloignant de vous, je ne craignais les reproches de personne. Mais, Monseigneur, dans quel accès de désespoir ne me jetiez-vous pas, si je n'avais rien eu à vous rendre, si j'eusse été forcé d'accepter cette réparation qui ne vaudrait pas celle partie de votre loyauté et de votre excellent cœur ! Ah ! que cette circonstance vous guérisse à jamais de tout jeu de main. Ma seule vengeance sera, Monseigneur, d'apprendre à vos compagnons de voyage l'honneur infini que vous venez de me faire. Vous y gagnerez autant que moi. » Cette scène se termina par les plus tendres embrassements ; je le suivis à la Rochelle, et je lui dois cette justice que je n'ai plus revu de « jeux de main ».

Je dirai sur la Rochelle que je n'ai vu nulle part une fête plus magnifique, ni mieux ordonnée que celle offerte par le commerce à Monseigneur le comte d'Artois.

A Rochefort comme à Brest, je me livrai beaucoup aux officiers de la marine que j'avais connus. L'on avait donné au prince, pour garde particulière, la compagnie des gardes du pavillon amiral. Je remarquai un jeune brigadier de cette compagnie faisant faire le service de la manière la plus militaire ; il conservait sur ses camarades un ton d'autorité très remarquable de la part d'un très jeune homme. Je m'aperçus aussi qu'il devait être d'une santé très délicate, je le questionnai : il m'avoua que le service sur les vaisseaux était bien pénible pour son faible tempérament, et qu'il souffrait sans cesse du mal de mer. « Changeriez-vous volontiers, lui dis-je, votre place de garde de pavillon pour une sous-lieutenance de dragons dans le régiment de M. le comte d'Artois? » Cette question, qui était en même temps une proposition, le charma. J'avais des sous-lieutenances vacantes, je fis sentir au prince que cette faible grâce serait agréable au corps de la marine, il signa le mémoire que je lui présentai, et M. de Gombault passa dans mon régiment. Il tarda peu à obtenir par mes soins le brevet de capitaine, et sans la Révolution survenue en 1789, il était appelé à de l'avancement.

Le plan de notre voyage nous appelait encore à Bordeaux. Quel spectacle que celui de notre arrivée au bord de la Garonne, et celui de notre entrée dans cette ville, un jour où le soleil était ardent, le ciel sans nuages, où douze à quinze cents bâtiments, mouillés dans la rivière et pavoisés de pavillons de toutes les nations, saluaient de toute leur artillerie ; où, sur des quais immenses, une innombrable population répétait sans cesse les cris de : Vive le Roi ! Vive le comte d'Artois ! L'artillerie du château Trompette et de la ville répondait à celle de la rivière et se confondait avec elle. C'est ainsi que nous traversâmes ce superbe fleuve dans un magnifique canot royal, et que nous fûmes accompagnés, depuis le débarquement sur le quai jusqu'à l'hôtel du gouvernement, où tous les corps de la ville furent successivement présentés.

Le maréchal de Mouchy, commandant de la province, avait obtenu du Roi un brevet particulier, qui autorisait son fils cadet, le vicomte de Noailles, à le remplacer pour la réception de M. le comte d'Artois. Après un dîner splendide, où figuraient tous les poissons les plus recherchés de l'Océan, toutes les productions les plus exquises des trois ou quatre provinces adjacentes, et dans lequel les vins de Laffitte, de Margaux, de Haut-Brion, de Langon, de Sauterne, se versaient à grands flots avec les vins de Bourgogne et de Champagne, nous fûmes à l'Opéra, dont la salle est une des plus belles de l'Europe. La magnificence des décorations, le jeu des machines, la richesse des costumes ne le cédaient point à l'Opéra de Paris ; les rôles d'Agamemnon, d'Achille et d'Iphigénie furent bien remplis dans l'opéra de Gluck, et nous eûmes la satisfaction infinie de retrouver, dans les danses de ce théâtre, deux sujets que Paris ne remplacera jamais, d'Auberval et Mlle Théodore, devenue sa femme.

Le lendemain fut occupé à visiter le château Trompette, la Banque et toutes les curiosités de la ville. Après le spectacle, le commerce donna un bal et une très belle fête, mais dans un local moins grand qu'à la Rochelle. Le bal dura jusqu'à sept heures du matin, heure où nous quittâmes cette ville si active, si florissante et si opulente. Il fallait d'ailleurs faire place à Monsieur, qui devait nous remplacer sous peu de jours.

De Bordeaux nous fûmes coucher à Ruffec, où nous étions attendus par le comte de Broglie. La vie de Bordeaux nous avait fatigués, nous arrivâmes tombant de sommeil, et, s'il faut l'avouer, nous fûmes tous assez mauvaise compagnie pour le comte et la comtesse de Broglie.

De Ruffec nous fûmes coucher à Poitiers, chez l'évêque [1], et le lendemain nous arrivâmes de très bonne heure aux Ormes, chez le marquis Voyer d'Argenson. Celui-ci, fils de l'ancien ministre de la guerre, avait infiniment sollicité M. le comte d'Artois de lui accorder trente-six heures, pour lui

---

[1] Monseigneur Beaupoil de Saint-Aulaire.

montrer son haras. La première journée fut employée à cet examen ; nous fûmes voir la ville et le château de Richelieu, et revînmes coucher aux Ormes.

M. de Voyer était sans doute extrêmement flatté de recevoir chez lui un petit-fils de France ; mais il profita de ce voyage pour ne pas oublier ses intérêts. Depuis longtemps il s'était fait le maître de poste et l'aubergiste des Ormes. La poste était montée de ses vieux chevaux, l'auberge était desservie par un de ses vieux cuisiniers ; les voyageurs se plaignaient que les chevaux ne valaient rien, et trouvaient l'auberge mauvaise.

Un peu avant l'arrivée de M. le comte d'Artois aux Ormes, M. de Voyer fit répandre dans le Poitou, la Touraine et autres provinces adjacentes, des circulaires qui annonçaient l'arrivée de ce prince et des fêtes données aux Ormes pendant plusieurs jours consécutifs. L'empressement de toute la noblesse des environs fut excité ; aussi les chevaux de poste allèrent-ils chercher les voisins dans leurs châteaux, et l'on paya double et triple, vu la circonstance. L'auberge se remplissait.

Pendant le séjour aux Ormes de M. le comte d'Artois, voici quel fut l'état tenu par M. de Voyer. La compagnie du prince était de sept personnes ; il y avait ensuite une seconde table composée de l'officier des gardes, d'un page, d'un écuyer, d'un pharmacien et du premier valet de chambre. Tout ce monde-là fut fort bien traité. Pour satisfaire à cette représentation, M. de Voyer avait emprunté au duc de Choiseul, à Chanteloup, des officiers de cuisine et d'office, même toutes sortes de vins, sous le prétexte que les siens étaient à Paris.

Il y avait une pagode chinoise assez élevée sur le milieu du toit du château des Ormes. Le second jour que nous y fûmes, la pagode fut illuminée, c'était la fête, qui avait été annoncée et avait attiré tant de personnes venues de vingt lieues à la ronde.

M. de Voyer était métaphysicien inintelligible, esprit fort, athée en fait de gouvernement et de politique, il était absolument tout Anglais.

Nous avions été un jour à Maisons voir un haras de M. le comte d'Artois. Son surintendant, Sainte-Foix, nous y donnait à dîner. Pendant le repas, l'affaire des finances de la France occupa le tapis. Voyer étala toutes ses vues, mais avouant bientôt que nos ministres seraient trop sots pour les adopter. « Je vois bien, dit-il, qu'il ne reste plus qu'un seul moyen : *c'est que la France soit débourbonisée.* »

Il ne manquait que la présence de M. le comte d'Artois pour compléter l'insolente absurdité d'un tel propos ; jamais homme ne fut plus dangereux que M. de Voyer. C'est à lui qu'a été due l'éducation des ducs de Chartres, des Conflans, des Lauzun et de leurs imitateurs ; il avait entrepris de détruire tout principe religieux dans le cœur de M. le comte d'Artois. Mais un jour, comme il se vantait devant lui de conduire insensiblement milady Barry Moore à l'athéisme, le prince le reprit si vivement, et si fièrement, que l'exposition de la théologie de ce docteur en resta là ; depuis il ne s'avisa plus de la professer devant M. le comte d'Artois.

Des Ormes nous fûmes à Chanteloup ; le Roi, à l'instigation de la Reine, avait permis à son frère d'y aller, quoique M. de Choiseul n'eût pas encore la permission de paraître à la Cour.

A Chanteloup comme à Harcourt, nous trouvâmes un grand seigneur, un grand château, une compagnie nombreuse, un très grand luxe, avec cette différence d'une grande et noble représentation unie à une grande naissance à Harcourt, à un luxe trop galant et trop financier à Chanteloup. Harcourt rappelait l'idée de la brillante, mais sévère chevalerie. A Chanteloup, si on ne voyait pas le maître de la maison, l'on pouvait se croire chez un très riche financier, mais dès que Choiseul paraissait, il avait encore l'air du maître de la France.

M. le comte d'Artois avait absolument exigé d'être reçu comme un simple particulier, et il le fut suivant son désir, c'est-à-dire que l'on admit à table sur ses représentations plusieurs personnes qui, suivant l'étiquette ordinaire, n'auraient pas dû y manger. M. de Choiseul avait fait, en ne les y appelant pas, ce qu'il devait à un fils de France ; le fils de France fit ce qu'il devait à l'homme chez qui il avait voulu n'être que particulier.

Au bout de trente-deux jours nous revînmes à Versailles, d'où je fus immédiatement rejoindre mon régiment qui était à Épinal.

Épinal est situé sur la Moselle à l'entrée des Vosges, à sept lieues de Plombières ; dès l'année précédente, en sortant de ma petite vérole, j'allais souvent à ces eaux où il y avait la meilleure compagnie de la Cour et de la ville. Mme la princesse de Lamballe y vint ces deux années. Elle n'avait point amené de chevaux de selle, elle me pria de lui en prêter, je choisis parmi les miens celui qui pouvait le mieux lui convenir ; j'en prêtai un aussi à une de ses dames d'honneur ; de plus, tous les dimanches j'envoyai dans une calèche toute la musique de mon régiment à Plombières, pour le bal de la Redoute. Ces manières, jointes à de petites guerres que je donnais avec mon régiment à moitié chemin de Plombières, me donnaient une haute considération aux Eaux. Je traitais magnifiquement à Épinal tout ce qui passait [1] de Paris à Plombières, ou qui revenait de ces eaux à Paris. Vu la proximité et les relais de chevaux, sans cesse établis à moitié chemin, j'étais toutes les matinées à mon service de colonel, toutes mes soirées dans la société la plus agréable ; mes gens calculèrent que, depuis mon retour jusqu'à mon départ pour Fontainebleau, j'avais fait trois

---

[1] Locution d'alors, pour dire toutes les personnes qui passaient.

cent soixante-quatre lieues entre Épinal et Plombières.

Arrivé à Fontainebleau, je trouvai que l'affection et les bontés de M. le comte d'Artois allaient sans cesse en augmentant; il m'en donna une bien grande preuve à la fin de l'année.

Le chevalier de Crussol, l'un de ses capitaines des gardes, était devenu par sa mauvaise santé presque hors d'état de faire son service à cheval auprès du prince : souvent dans les chasses extrêmement vives, qui étaient fréquentes, il se trouvait forcé ou de rester au rendez-vous ou d'y revenir. Il était mon ami et savait que M. le comte d'Artois avait désiré me faire épouser une fille du marquis de Polignac, son premier écuyer, afin de me donner la survivance de cette place. D'après ces diverses considérations, le chevalier de Crussol proposa à M. le comte d'Artois de me nommer son survivancier. Le prince en fut charmé, et je fus reçu à la fin de décembre 1777. J'obtins seulement la condition que mon service de colonel n'en souffrirait point, et que le mois de septembre, qui était l'un des mois de quartier de capitaine, je retournerais toujours à mon régiment pour le temps des manœuvres et des revues d'inspection. M. le comte d'Artois, reconnaissant que ce double service sans appointements particuliers me coûterait fort cher, imagina lui-même de laisser vacante ma place de gentilhomme d'honneur et de m'en laisser les appointements de quatre mille francs.

A peine sut-on que j'étais nommé capitaine des gardes en conservant les appointements de gentilhomme d'honneur, que je vis entrer chez moi, un matin, une personne qui me dit avoir vainement sollicité jusque-là une place de gentilhomme d'honneur. Elle savait, ajouta-t-elle, l'arrangement fait pour moi; ce prince n'avait jamais rien à me refuser; elle me priait donc d'obtenir pour elle l'exercice de la place vacante; étant riche, elle ne prétendait à aucun appointement; puis, m'alléguant que j'étais cadet, que la Cour et un régiment étaient bien chers pour moi, elle déposa sur mon bureau une grosse liasse de billets de la caisse d'escompte, en me priant de les accepter.

Je pris cette liasse et comptai froidement cent billets de cent pistoles : « Monsieur, lui dis-je en la lui remettant, quand Louis XV m'a honoré de cette place, il ne m'en a coûté que des révérences à chaque personne de la famille royale. Si jamais quelque autre l'obtient par ma démission, il ne lui en coûtera pas davantage. » Mon homme se retira.

Le jour même j'accompagnai en tête-à-tête M. le comte d'Artois de Versailles à la Comédie française, puis aux Tuileries, et de Paris à Versailles après le spectacle.

La scène du matin me revenait sans cesse à l'esprit et si souvent, que l'idée me vint de faire passer ma place à quelqu'un de ma famille. En retournant à Versailles, je dis à M. le comte d'Artois que je ne pouvais pas être plus heureux de ses bienfaits que je l'étais, mais qu'il m'en manquait pourtant un qui me flatterait infiniment. « Vous avez tant fait pour moi, Monseigneur. Je voudrais bien aussi faire quelque chose pour quelqu'un des miens. J'ai un cousin germain de mon nom, le comte François, sujet excellent, il est à son aise ; qu'il exerce la place de gentilhomme d'honneur dont vous me laissez les appointements. C'est des Cars, pour des Cars, il ne vous en coûtera pas un sol de plus. — C'est fait, me répondit le prince. — Puis-je, Monseigneur, vous le présenter à votre lever? — Volontiers. »

Arrivé à Versailles, j'envoyai un courrier au comte François, en lui mandant que, toute affaire cessante, son père et lui devaient être à neuf heures du matin chez moi à Versailles, je n'avais pas le temps de lui en dire davantage. Ils arrivèrent effectivement chez moi, père et fils. Sans leur rien dire et remettant à leur parler après la messe, je les engageai à venir au lever de M. le comte d'Artois; ils m'y suivirent, j'entrai avant eux. « Mon cousin et son père sont dans l'autre pièce, dis-je au prince. — Eh bien... François est-il content? — Je ne leur ai encore rien dit, Monseigneur, vous seul nommez les places dans votre maison. » L'on appela la chambre. M. le comte d'Artois vint droit au comte

François. « Est-ce que votre cousin ne vous a rien dit, ni à vous, monsieur de Pérusse[1]? — Non, Monseigneur, il nous a seulement mandé de venir à Versailles au lever de Monseigneur. — Eh bien, puisqu'il ne vous a rien dit, sachez que vous êtes mon gentilhomme d'honneur à sa place et en conséquence marchez à la messe devant moi. »

Au retour de la messe, dans le cabinet, je dis à M. le comte d'Artois : « Monseigneur ne sait pas tout ce qu'il vient de faire pour le comte François, car voilà M. de Sainte-Hermine, mon colonel en second, qui va avoir un régiment, il me faudra un colonel en second, et cela va droit à celui qui prend ma place de gentilhomme d'honneur. »

C'est ainsi que le comte François, qui la veille était à mille lieues de pareilles espérances, se trouva le lendemain avec une place agréable à la Cour et la certitude d'être colonel à la première occasion.

Je bénis l'idée que m'avait donnée M. de ...; sans regretter les cent mille francs qu'il me proposait.

Ma vie se trouvait naturellement divisée chaque année en deux époques, celle de mon service de Cour, où je trouvais moyen, à force de chevaux et de relais, de passer à Paris tout le temps que je

---

[1] Le père du comte François des Cars s'appelait le marquis de Pérusse; il habitait le château de Monthoiron en Poitou.

n'étais pas forcé d'être auprès du prince; l'autre était celle de mon séjour à mon régiment.

A Versailles, pour remplir mes nombreux loisirs, j'imaginai d'obtenir du Roi la permission de pouvoir travailler au dépôt général de la guerre, dont M. de Vaux était directeur.

M. de Vaux était extrêmement jaloux de ces permissions, et il se plaisait à ne faire donner aux personnes qui en obtenaient que les papiers les plus anciens de la création du dépôt. Il m'aurait volontiers tenu deux ans sur la première campagne de Louis XIV en Hollande. J'étais plus avide que cela et je trouvai le moyen de pénétrer jusqu'à la guerre de Sept ans, sans que M. de Vaux s'en doutât.

Cette guerre était la plus récente et la plus instructive de toutes celles qu'on pouvait étudier. Les Frédéric II, les Henri de Prusse, le prince Ferdinand de Brunswick, les maréchaux comte Daun, Landon, Lascy, en Autriche; les maréchaux de Schwerin, de Reith, Zieten et tant d'autres, en Prusse, passeront longtemps pour des maîtres habiles, dignes d'être observés, dès qu'on a quelque émulation militaire. Je puis certifier que j'avais tellement étudié et saisi l'histoire de cette guerre d'après les mémoires et les correspondances, ainsi que d'après les cartes et plans réunis au dépôt, que nombre de Français et d'Allemands ont cru de bonne foi, d'après mes connaissances des lieux, que j'étais au service au temps de cette guerre; je me préparais ainsi aux voyages que je fis quelques années plus tard sur le théâtre même de ces combats.

Lorsque j'étais à mon régiment, je m'occupais à prendre des connaissances militaires du pays. Ainsi, d'Épinal je suivis la fameuse et savante marche de M. de Turenne à travers les Vosges lorsqu'il surprit l'ennemi en Alsace.

Pendant mes séjours à Paris, je me faisais un devoir d'aller de temps en temps voir l'abbé Terray, qui avait été renvoyé du contrôle général dès le mois d'août 1775, en même temps que le chancelier Maupeou.

L'abbé ne recevait qu'un très petit nombre d'amis dans sa maison de Notre-Dame des Champs, où il avait un très beau jardin. J'y allais assez fréquemment. Sa conversation était pleine de simplicité et d'intérêt. L'on y reconnaissait sans cesse l'homme d'esprit et l'homme d'État.

Je lui rappelai un jour son premier travail à la Muette avec le jeune Roi, et comment le lendemain matin j'avais pu lui apprendre, au contrôle général, l'enthousiasme du Roi à son début ; je fus alors curieux de lui demander à qui il avait attribué sa disgrâce. Voici ce qu'il me répondit : « Depuis quatre mois le Roi semblait me voir avec plaisir, et même me traiter avec bonne grâce. Mais un jour de travail, au moment où je refermais mon portefeuille : « Vous vous rappelez, me dit le Roi, à quel point M. de Boynes (ministre de la marine) a déraisonné au dernier conseil sur les affaires de l'ile de France ; je m'en défais, et je puis dire que, lui de moins, j'ai un long bail avec les autres. » Sans vouloir charger moi-même M. de Boynes, continua l'abbé, je répondis au Roi que la première qualité pour un ministre était de posséder sa confiance ; je plaignais donc M. de Boynes de l'avoir perdue, j'ajoutai que devant par ma place travailler avec tous les ministres, et bien qu'intéressé à connaître celui que le Roi se proposait de nommer, je ne me permettrais cependant pas de le sonder. — « Pourquoi pas? me dit le Roi. C'est à M. Turgot que je donne la marine. » A ce nom de Turgot, ajouta l'abbé, je ne pus dissimuler un mouvement de surprise, le Roi en fut frappé. — « Est-ce que vous n'approuveriez pas ce choix? parlez-moi avec confiance, il n'y a encore rien de fait. — Sire, je ne me permettrai jamais de blâmer un choix de Votre Majesté, car elle ne cherche et ne désire que le bien. — Mais dites, que pensez-vous de M. Turgot? Je vous ordonne de me parler à cœur ouvert. — Eh bien, Sire, j'obéis, je n'ai que les plus grands éloges à faire de l'intégrité, de la probité, de la pureté des vues de M. Turgot, et si Votre Majesté a remarqué en moi un moment de surprise lorsqu'elle me l'a nommé, elle ne doit l'attribuer qu'à ma connaissance de l'esprit de M. Turgot ; il est extrêmement systématique ; des trente-deux intendants des généralités de France, il est le seul qui m'ait véritablement donné de la peine. Mais n'importe, je travail-

lerai avec lui ministre, comme avec lui intendant.
— Je vous remercie, répondit le Roi. J'y penserai encore. »

« En sortant du cabinet du Roi, poursuivit l'abbé Terray, je sentis que je venais de faire une lourde sottise, je pensai que M. Turgot était le choix de M. de Maurepas et non du Roi, que le jeune prince rapporterait ma conversation, et que cette confiance n'obtiendrait aucun pardon. Je montai sur-le-champ chez M. de Maurepas, je lui racontai tout avec naïveté et franchise, lui protestant que si M. Turgot était de son choix, je m'en arrangerais comme de tout autre. M. de Maurepas eut l'air satisfait de ma bonne foi, il goguenarda comme de coutume, mais je reconnus néanmoins qu'il ne me pardonnerait jamais d'avoir osé contrôler un instant auprès du Roi un choix fait par lui; petit à petit il me battit froid, et enfin Maupeou et moi, nous ne tardâmes pas à être renvoyés. »

L'entrée de M. Turgot au ministère de la marine ne convenait aux encyclopédistes et aux économistes que comme un premier pas nécessaire pour arriver à l'administration des finances, dont il fut bientôt chargé.

Bientôt aussi, par suite de ses systèmes, nous eûmes « la guerre des farines ». Son protecteur, Maurepas, devint son juge et le renvoya. L'on vit se succéder rapidement les Cluny, les Taboureau, et enfin l'idole de la philosophie, le trop célèbre Necker.

Il semblait devenu impossible d'être un an de suite contrôleur général. Le public de Paris en cherchait partout; les uns voulaient rappeler l'abbé Terray, toute la secte philosophique désignait M. Necker, devenu banquier, de simple commis dans la maison Thélusson.

Un jour que j'avais dîné chez l'abbé Terray, l'on annonça M. Necker. Ils parlèrent ensemble quelques minutes, et l'abbé vint nous joindre dans son jardin. Nous lui citâmes les propos du public sur ce Génevois et surtout l'opinion qu'on le rappellerait aux finances : « Soyez sûrs, nous dit-il, que, pensât-on ou non à M. Necker, on ne pense pas à moi. » Une personne fut jusqu'à lui dire qu'on y pensait. — « Eh bien! répliqua-t-il, je vais vous prouver que je n'y pense pas. » Sur ce, il tira de son gousset un papier qu'il me pria de lire tout haut. C'était un billet de la main du Roi, écrit de la Muette, où Louis XVI reconnaissait les services essentiels rendus par l'abbé au Roi son aïeul, qui affermissaient la couronne sur sa tête, etc., etc. — « Eh bien, dit-il quand je lui remis la lettre, Maupeou a la pareille. Et vous croiriez, messieurs, qu'ayant été insulté par le peuple, comme je l'ai été, n'ayant pu compter sur le secours des archers, je reviendrai encore là..... Non, non, je vis content dans mon obscurité, j'ai dit à la Cour un éternel adieu. »

Bientôt, grâce à M. de Maurepas et à la trop grande confiance dont le Roi l'avait investi, nous vîmes le

Génevois à la tête de l'administration des finances. A peine y fut-il que le vieux ministre l'accabla de sarcasmes de tout genre : « Avez-vous lu le *conte bleu ?* » disait-il lui-même du fameux « compte rendu », parce que la couverture était bleue.

Pendant que le ministre abandonnait l'administration la plus importante de l'État aux spéculations du banquier Necker, il engageait la France dans la guerre la plus indécente, en soutenant les insurgés américains contre la métropole. Hélas ! je crains bien que ce ne soit le cas de s'écrier : *Inde mali labes*[1]. Si, comme l'Angleterre en est soupçonnée, elle a suscité et aidé les révolutionnaires français, ce ne serait au fait que représailles de sa part. Je le répète encore, *inde mali labes*.

Déjà l'on fournissait presque ouvertement aux insurgés américains des habits et des armes, déjà on leur envoyait des officiers d'artillerie et de génie; déjà tous les chantiers de Brest, de Rochefort et de Toulon étaient chargés de vaisseaux en construction, et les bassins de vaisseaux en radoub. Le Roi annonçait un grand zèle pour le rétablissement de la marine, et l'on doit convenir que son ministre, Sartines, le secondait par une activité qui se répandait dans tous les arsenaux.

Le corps de la marine avait acquis un degré prodigieux d'instruction; il voyait avec plaisir et impa-

---

[1] De là provient le mal.

tience s'ouvrir pour lui la carrière de l'ambition et de la gloire. L'enthousiasme de prendre une glorieuse revanche de la malheureuse guerre de 1756 régnait dans tout le corps depuis le dernier garde jusqu'aux plus vieux officiers généraux, lorsqu'une ambition particulière, très indiscrète, protégée par la Reine et par M. le comte d'Artois, soutenue follement aussi par le vieux Maurepas, risqua de faire commencer la campagne sans le concours des Lamothe-Piquet, des Guichen, des Albert de Riom et de nombre d'autres capitaines ou lieutenants de vaisseau qui se sont couverts de gloire et dont beaucoup ont péri avec héroïsme.

Cette ambition particulière fut celle du prince de Nassau-Siegen, plus connu par la bizarrerie de sa vie que par un véritable talent[1]. M. de Nassau, véritable chevalier errant de ce siècle, n'était encore que colonel et brigadier au service de terre; son régiment de cavalerie Royal-Allemand ne paraissait pas devoir être employé dans une guerre en Amérique ou aux Antilles, mais l'inaction convenait peu à un caractère aussi avide d'aventures que le sien.

Lié avec M. le comte d'Artois, protégé par la

---

[1] Célèbre par sa vie aventureuse. Né en 1745, il fit un voyage autour du monde, prit ensuite du service en France et fut employé, comme nous le verrons, au siège de Gibraltar. Il servit ensuite en Russie et combattit contre les Suédois. Il mourut sous le premier Empire, à Paris, en 1805.

Reine, il eut la prétention d'entrer au service de la marine et d'y prendre rang parmi les capitaines de vaisseau à la date de son brevet de colonel sur terre, ce qui l'eût placé avant tous les marins destinés à commander des escadres et les vaisseaux du plus haut rang

Cette intrigue fut conduite par M. de Maurepas, à l'insu du ministre de la marine et de celui de la guerre.

Accompagnant un jour M. le comte d'Artois à son retour des vêpres : « Je vais, me dit-il, te confier une chose qui te fera grand plaisir. Tu aimes Nassau, M. de Maurepas vient de me faire dire qu'il entre dans la marine avec son grade sur terre. — Oui, Monseigneur, répondis-je, j'aime beaucoup Nassau; mais j'aime encore mieux mon frère, qui n'a jamais fait d'autre métier que d'aller à la mer, et qui certes va quitter, ainsi que nombre d'autres à qui M. de Nassau passerait sur le corps. »

Je n'engageai point une plus longue discussion avec M. le comte d'Artois et je courus sur-le-champ chez M. de Sartines. « Je viens, dis-je à ce ministre, vous porter la démission de mon frère le baron des Cars, et je pense, monsieur, qu'elle sera suivie de beaucoup d'autres. — Qu'est-ce que cela veut dire? — Vous n'en serez plus étonné, monsieur, lorsque je vous dirai que certes mon frère n'est pas fait pour être, dans un métier qu'il professe depuis longtemps et avec distinction, le marchepied d'un homme qui débute dans le corps de la marine, en y portant la date de 1770, où il fut nommé colonel, ce qui le place au-dessus de nombre de vos chefs d'escadre. »

Le ministre essaya encore de me faire croire qu'il ne m'entendait pas; je lui rapportai alors ce que M. le comte d'Artois venait de me dire.

Enflammé du plus vif intérêt pour mon frère, je l'étais aussi pour un corps aussi respectable que celui de la marine; je peignis à M. de Sartines le dégoût de toute la tête de son département, suivi de démissions à l'infini, lorsque l'on verrait une armée navale commandée par un homme dont le seul noviciat avait été d'être passager à bord d'une frégate. « Pourquoi, ajoutai-je, MM. de Juigné, d'Andlau, plusieurs autres et moi-même, qui avons servi dans la marine, pourquoi, puisqu'il n'y a point de guerre sur terre, ne demanderions-nous pas à rentrer avec les grades que nous avons sur terre? N'en aurions-nous pas plus de droit qu'un étranger qui n'a jamais eu un quart à commander? »

A la manière dont M. de Sartines m'écoutait, je voyais clairement qu'il m'approuvait, qu'il avait eu la main forcée et qu'il était bien aise de voir se former une forte opposition. « Je vous ai démontré, ajoutai-je, tous les dangers que court le corps de la marine; je vais prouver tout à l'heure à M. de Montbarey, ministre de la guerre, que son département en souffrirait comme le vôtre, car le rang sur terre de M. de Nassau lui valant dans la marine le grade de chef d'escadre, il se trouvera par là maréchal de camp. »

Je fus donc de là chez le prince de Montbarey, je lui parlai avec autant de force qu'à M. de Sartines et enfin je me rendis chez M. de Maurepas lui-même qui finit par me dire d'un ton très ébranlé : « Mais c'est votre prince, c'est la Reine qui l'ont voulu. »

Je ne revenais pas du bonheur que j'avais eu de trouver à point ces trois ministres dans un moment aussi pressant, mais le vieux M. de Maurepas de qui la chose dépendait, sans me paraître soutenir vivement M. de Nassau, ne m'ayant rien répondu qui pût me donner espoir de succès, je passai une nuit très agitée; je tremblais pour mon frère, pour nombre de mes amis dans la marine. Je tremblais comme Français de voir la gloire de la marine en de pareilles mains.

Il y avait le lendemain un bal au Palais-Royal, auquel la Reine et toute la Cour hormis le Roi se rendirent, j'y fus.

Le vieux comte de Roquefeuil, lieutenant général de la marine, et ancien commandant à Brest. m'apercevant, me dit en me prenant la main : « Vous êtes un bon et digne ami de vos camarades de la marine, ils vous auront une éternelle obligation d'avoir empêché M. de Nassau d'entrer dans le corps. — Quoi! lui dis-je, général, il n'entre pas comme capitaine de vaisseau? — Non, me dit-il.

vous avez si bien mené hier M. de Sartines et M. de Montbarey, vous avez fait une telle peur à M. de Maurepas du mécontentement de la marine, que tout est rompu; j'ai su tout ce détail par Mesdames; le Roi leur a tout conté. »

De ma vie je n'ai peut-être éprouvé une plus grande joie. Il restait à me tirer d'affaire vis-à-vis de M. le comte d'Artois et du prince de Nassau. L'intérêt de mon frère arrangea tout.

CHAPITRE VI

Combat d'Ouessant. — Aventure avec M. de R... — Séjour du régiment à Nancy. — Marche en Bretagne. — M. de La Fayette; le maréchal de Vaux. — Inspection du duc de Coigny. — Pension sur l'abbaye de Méobecq. — Séjour au régiment et à la Cour. — Réception qui est faite par Louis XVI au baron des Cars. — Sa mort dans un combat naval.

La guerre avec l'Angleterre s'engagea, et commença dans la Manche par le combat de la frégate *la Belle-Poule,* commandée par M. de La Clocheterie, contre une frégate anglaise; peu après le comte d'Orvilliers [1] à la tête de trente-deux vaisseaux de ligne sortit de Brest et combattit l'amiral Keppel avec des forces égales près de l'île d'Ouessant, dont ce combat a conservé le nom. La nouvelle en arriva à la Cour presque en même temps que M. le duc de Chartres qui y commandait l'escadre Bleue, monté sur le vaisseau *le Saint-Esprit* [2]. Les applaudissements que ce prince recueillit du public de Paris, en se montrant à l'Opéra, furent de peu de durée.

[1] Guillouet d'Orvilliers, né en 1713, nommé chef d'escadre en 1764. Il commandait le vaisseau *la Bretagne,* dans le combat d'Ouessant livré le 27 juillet 1778.

[2] Une armée navale était composée de trois escadres, chacune désignée par la couleur du pavillon. L'escadre *blanche* formait le corps de bataille sous les ordres de l'amiral, l'escadre *bleue* formait l'avant-garde, et l'escadre *blanche et bleue* l'arrière-garde.

Lorsque le courrier du comte d'Orvilliers arriva, il ne fut question pendant tout le souper du Roi dans les cabinets que de cette journée d'Ouessant. Le Roi m'interpella sur quelques capitaines, et je témoignai que si j'étais libre je partirais immédiatement pour Brest.

Le souper fini, le Roi me dit : « Vous seriez donc bien aise d'aller à Brest? — Oui, Sire, je serais curieux de connaître tous les détails de la journée d'Ouessant, d'ailleurs mon frère y commandait une frégate destinée à Saint-Domingue. — Eh bien! pourquoi n'iriez-vous pas? — Je suis de quartier! — Je vais dire à mon frère que je veux que vous y alliez, qu'il vous fasse remplacer par le prince d'Hénin. » M. le comte d'Artois y ayant consenti, j'envoyai chercher des chevaux de poste et je partis.

Pendant que je me rendais à Brest, les applaudissements avec lesquels M. le duc de Chartres avait été accueilli à Paris, se changèrent en satires amères et en chansons les plus injurieuses. S'il n'avait pas manqué de courage, disaient les uns, si l'on n'avait pas voulu l'exposer, disaient les autres, la victoire aurait été bien plus complète. Ceux-ci l'accusaient de n'avoir pas obéi à un signal de M. d'Orvilliers, et ceux-là allaient jusqu'à lui imputer d'en avoir donné un pour faire retirer l'escadre Bleue qu'il commandait.

Tous les juges, tous les arbitres de ce prince n'avaient la plupart ni idée de la mer, ni d'une armée navale, c'étaient les échos de la haine des uns, et de la jalousie des autres.

Il est vrai de dire qu'en général les ministres et la Cour ne voyaient pas sans quelque inquiétude un prince du sang acquérir une grande considération et un grand ascendant dans l'armée navale, car il pouvait, par son éminente qualité, bien plus qu'un général ordinaire, contrarier et peut-être annuler l'influence du ministre.

J'arrivai à Brest parfaitement ignorant de ce changement dans l'opinion de Paris; en peu de moments je vis presque tout le corps de la marine, particulièrement les officiers qui avaient composé l'armée de M. d'Orvilliers, car il y avait bien peu de capitaines de vaisseau et d'états-majors que je ne connusse.

Mon frère armait à Brest la frégate *la Prudente*, et certes sans avoir été au combat d'Ouessant, il en connaissait parfaitement les détails; je puis certifier que je me fis expliquer cette journée, par les trente-deux états-majors de l'armée, et que tous rendaient unanimement hommage, non seulement à la bonne conduite de M. le duc de Chartres, mais même à la capacité dont il avait fait preuve.

En effet, il est constant que, lorsque le vaisseau de tête des Anglais, leur ligne sous le vent à nous, approcha de la nôtre à bord opposé, à peu près dans la direction et à la hauteur du *Saint-Esprit*, et que de là il prolongea notre ligne vers le centre et l'arrière-garde, plus cette bordée se prolongeait, moins l'escadre Bleue pouvait avoir part au combat, et plus elle s'en éloignait.

Mais cinq vaisseaux des ennemis étaient restés fort éloignés de l'arrière-garde de leur ligne. Ce fut alors que M. le duc de Chartres fit signal à son escadre d'arriver [1] par un mouvement successif, afin de séparer les cinq vaisseaux ennemis du reste de leur armée. D'après ce signal, c'était au vaisseau de tête, commandé par M. de La Cardonnie [2], à commencer le mouvement que chacun devait suivre. Ce vaisseau n'arrivant pas, le second n'arriva pas non plus (parce que le signal indiquait un mouvement successif). M. le duc de Chartres, voulant alors décider absolument ce mouvement de son escadre, arriva lui-même de quatre aires de vent. Cette sortie de la ligne fut aperçue aussitôt à bord de M. d'Orvilliers, qui, ne saisissant pas l'idée et l'intention de M. le duc de Chartres, lui fit sur-le-champ signal de rester en ligne.

Voilà le fait dans sa plus scrupuleuse exactitude.

Une question reste à résoudre, c'est de savoir quelle pouvait être la plus avantageuse de l'idée de M. le duc de Chartres, ou de celle qui porta le général à le faire rentrer en ligne ; mais certes, lors même

---

[1] Terme de marine : *arriver*, c'est faire une *arrivée*, et l'*arrivée* est le mouvement de rotation d'un bâtiment sous voile pour recevoir le vent plus de l'arrière.

[2] M. de Boutier de La Cardonnie, capitaine de vaisseau en 1772, fut brigadier ès armées navales en 1776. Il commandait à Ouessant le vaisseau *le Diadème*.

que ce prince eût dû prendre sur lui de l'exécuter, peut-on lui reprocher de l'avoir conçue, peut-on par la manière dont ce combat s'engagea lui faire un tort de n'avoir pu échanger que fort peu de boulets avec l'ennemi?

L'escadre devant repartir, M. le duc de Chartres était promptement revenu à Brest où sans doute les bruits injurieux de la Cour et de Paris n'étaient pas parvenus, car le corps de la marine lui faisait toujours le plus grand accueil. Ces bruits m'étaient absolument inconnus, lorsque je retrouvai la Cour sur la terrasse de l'eau à Choisy. Le Roi et la Reine s'y promenaient avant le souper lorsque je parus. « Voilà des Cars qui arrive de Brest », dit le Roi, et sur-le-champ il m'accabla de questions sur le combat. Afin d'y répondre avec plus de facilité et de clarté, je me rappelle que je tirai mon épée du fourreau, pour tracer sur le sable le point d'où venait le vent, l'escadre française et l'escadre anglaise, je dessinai ainsi tous les mouvements de la journée d'Ouessant.

Lorsqu'on passa pour le souper, plusieurs personnes me dirent que je venais de bien mal faire ma cour, que par ma relation, M le duc de Chartres n'avait aucun tort, et qu'il n'y avait plus qu'un cri unanime contre lui. — « Ma foi, répondis-je, que la Cour et la ville réforment l'opinion de toute l'armée navale, de tout le corps de la marine, je n'ai été que l'écho de l'une et de l'autre. » Le même soir je fus coucher à Paris.

Le lendemain de grand matin l'on m'annonça un page de Mme la duchesse de Chartres, qui me faisait prier de passer dans la journée au Palais-Royal. Plusieurs personnes de cette Cour étaient la veille à Choisy, et avaient instruit la princesse de ma narration. Elle voulut m'en faire des remerciements. « Faites-en au corps de la marine, lui dis-je, je n'ai parlé que d'après lui, je n'ai rendu au Roi que son propre jugement. »

La présence de ce prince du sang dans la marine était gênante pour un ministre et pour un chef d'escadre, elle n'était pas moins ennuyeuse pour la gouvernante de ses enfants Mme de Genlis, qui exerçait un empire absolu sur ce prince, devenu par la suite un affreux débauché et le plus affreux monstre dont l'histoire fasse mention.

Au lieu de porter le duc à combattre les fausses calomnies dont il était noirci, Mme de Genlis lui persuada de quitter le service. Il demanda qu'on créât pour lui la place de colonel général des hussards, et la Cour fut charmée de le tirer à ce prix d'un corps où on le craignait.

J'étais à l'Opéra le jour où il obtint cette nomination ; tout ce qui était au spectacle alla le soir lui en faire compliment ; j'allai comme tout le monde au Palais-Royal, mais vers la fin de la soirée n'ayant reçu de moi aucune félicitation, il me demanda la raison de mon silence. « Vous n'aurez nul compliment de moi, lui dis-je ; Monseigneur vient de signer lui-même toutes les calomnies répandues contre lui sur le combat d'Ouessant, calomnies que j'ai assez combattues pour ne pas être au désespoir de voir qu'elles vont prévaloir. — Bah! me répondit-il, le sot public m'apprend journellement à me moquer de son opinion. » C'est de ce mépris d'une opinion d'abord injuste, que successivement ce prince a été conduit au surnom de l'Égalité, et enfin à l'échafaud.

La guerre une fois commencée, la Cour ne voulut pas s'en tenir à une guerre maritime, elle se résolut à envoyer un corps de troupes au secours des Américains sous les ordres du comte de Rochambeau, ayant en second le baron de Vioménil. Intimement lié avec ce dernier, je lui témoignai le plus grand désir de faire cette campagne et l'engageai à me proposer à M. de Rochambeau.

Il fut convenu entre eux que je commanderais le détachement de cinq à six cents dragons pris dans plusieurs régiments qui seraient embarqués avec leurs selles et montés aux États-Unis. Cette distinction me fut également confirmée par M. de Montbarey, M. de Sartines et M. de Maurepas, mais dès qu'elle fut connue, nombre de concurrents arguèrent qu'ils étaient mes anciens, et le duc de Luynes prétendit comme colonel général avoir le droit de commander les dragons partout où il y en avait. Voilà la Cour embarrassée de tant de prétentions diverses. M. de Maurepas arrangea tout suivant sa coutume par une plaisanterie : « Pourquoi enverrions-nous des dragons? dit-il, nous avons des hussards de la marine. » C'étaient deux cents malheureux hussards, restes infortunés d'une légion formée par le prince de Nassau, destinée d'abord au ridicule royaume de Juda, décimée ensuite dans la folle entreprise du prince contre Jersey, et dont il avait fini par faire une affaire d'argent avec le duc de Lauzun. Ces deux cents hussards furent donc embarqués; Lauzun les commanda avec éclat et je restai.

A la fin de 1778 mon régiment quitta Épinal : le comte (depuis maréchal de Stainville) qui commandait en Lorraine et résidait à Nancy avait demandé que j'y vinsse en quartier; j'étais très lié avec lui.

Il m'arriva dans l'hiver de 1779 une aventure dont je dois dire un mot : Un capitaine de mon régiment, M. de R..., marié l'année précédente, était revenu à Épinal après avoir passé chez lui son semestre. Ses camarades lui firent toutes les plaisanteries si communes entre militaires sur le mariage et ses chances. Il les soutint d'abord avec assez bonne grâce. Mais peut-être se répétèrent-elles trop. D'un caractère sombre, naturellement soupçonneux, cet officier en vint à se persuader comme une vérité ce qui n'avait peut-être de fondement que dans les plaisanteries de ses camarades, qu'il était trompé par sa femme. Dès lors sa tête ne fut plus à lui. Il montait à cheval avec sa compagnie, mais il n'était jamais à sa besogne.

Touché de son état, je le fis venir chez moi, je lui

parlai avec amitié, lui disant que s'il avait besoin d'un congé pour ses affaires particulières je lui en obtiendrais un. Il resta insensible à tout ce que je lui dis. « Punissez-moi, si je suis en faute », voilà tout ce qu'il me répondait. Pendant les manœuvres du régiment, étant dans ses distractions habituelles, il mit son escadron sens dessus dessous ; je rétablis l'ordre, et après être descendu de cheval, je le repris avec une grande douceur, mais il me répondit si mal que je l'envoyai aux arrêts, où je ne le laissai que jusqu'au lendemain matin.

Quelques jours après l'on me rendit compte qu'il venait de se battre avec un de ses camarades, M. de M..., que l'épée de celui-ci étant tombée M. de R..., sans lui laisser le temps de la ramasser, allait le tuer, si d'autres officiers ne fussent accourus, que de là il avait été chez le major du régiment, armé d'un pistolet en le menaçant de lui brûler la cervelle.

Sur-le-champ j'envoyai l'arrêter et le fis garder dans sa chambre. Je demandai pour lui un congé afin qu'il pût aller se soigner, espérant ainsi qu'il aurait l'idée de prendre sa retraite. Le congé arriva et il partit.

J'étais revenu à Paris depuis plusieurs mois, je n'entendais plus parler de cet officier, lorsqu'un matin je le vis arriver chez moi, et aussitôt il me chercha querelle en me demandant satisfaction parce que je l'avais regardé comme trompé par sa femme et que je l'avais mis aux arrêts. Comme j'étais instruit de tout, je cherchai à le calmer, puis j'ajoutai : « Croyez-moi, vous êtes chevalier de Saint-Louis, nous sommes en temps de paix, l'avancement peut être long; à votre place je songerais à me retirer tranquillement dans le sein de ma famille. — C'est mon idée, me répondit-il, mais auparavant il faut que vous me rendiez raison au bois de Boulogne. »

La moutarde me monta au nez : « Que vous soyez trompé ou non, je m'en bats l'œil, lui dis-je, mais j'exige que vous m'ameniez demain un témoin que je puisse agréer. »

A peine fus-je levé le lendemain que je vis entrer chez moi M. le comte de Brienne. « Êtes-vous donc aussi fou que mon cousin? me dit-il en riant, je vous croyais plus sage. Il m'a raconté hier toutes ses histoires avec vous, la tête lui a entièrement tourné. L'idée d'être trompé par sa femme le rend fou. Je l'ai déterminé à quitter le service, il va arriver chez vous dans le moment et vous demandera excuse de toutes ses folies. »

Il arriva, ainsi que M. de Brienne me l'avait annoncé, me demanda mille excuses de ce qui s'était passé, et me pria de présenter un mémoire pour sa retraite; il sortit ensuite avec M. de Brienne, et tous deux m'assurèrent qu'il retournait immédiatement dans ses terres.

Je l'avouerai, je fus dans l'enchantement, quand je crus cette ridicule affaire terminée. Vingt-quatre heures après, de grand matin et avant que mes gens fussent entrés chez moi, je vis ma porte s'ouvrir et M. de R... entrer les yeux hors de la tête. « J'ai réfléchi, me dit-il, à tout ce qui s'est passé hier, et définitivement, monsieur, il faut, si c'est de votre propre mouvement que vous m'avez mis aux arrêts, que vous me rendiez la satisfaction que je vous ai demandée : mais comme il se pourrait qu'en m'y mettant vous n'eussiez fait qu'obéir aux ordres de M. le comte d'Artois, ce serait alors avec lui que je me battrais. Je lui ai par une lettre donné rendez-vous au bois de Boulogne. — Quoi! sérieusement, monsieur, lui répliquai-je, vous avez envoyé un cartel à M. le comte d'Artois ! Avant-hier vous vouliez appeler en duel votre colonel, aujourd'hui vous oubliez sans doute que je suis de plus capitaine des gardes du corps de ce prince, et que mon devoir m'impose de faire arrêter sur-le-champ l'homme assez fou pour venir me confier le projet qu'il a de se battre avec un fils de France. — Eh bien, reprit mon fou, si je ne me bats pas avec M. le comte d'Artois, ce sera avec vous et tout à l'heure. — Non, monsieur, vous êtes trop fou, d'ailleurs j'ai fait hier une chute de cheval, je suis blessé et forcé de rester au lit. — Je vous y forcerai bien », dit-il en tirant un pistolet de sa poche; il vint à mon lit pour le mettre à ma gorge, je détournai son bras, et sonnai si vivement que mes gens entrèrent au moins trois ensemble; j'ordonnai qu'on conduisît M. de

R... à la porte de la rue, et qu'on défendit expressément au suisse de le laisser rentrer.

Ma place de capitaine des gardes me prescrivait de faire observer la conduite d'un pareil fou. En conséquence j'écrivis à M. Lenoir, lieutenant de police, et le priai de faire surveiller toutes les démarches de M. de R...

J'envoyai un exprès à Versailles, priant M. le comte d'Artois, si M. de R... lui avait effectivement écrit, de vouloir bien m'envoyer sa lettre. Il me l'adressa sur-le-champ, ce n'était qu'un tissu de folles paroles pour demander un rendez-vous au Prince au bois de Boulogne.

Quelle folie! M. de R... n'avait été vu de M. le comte d'Artois que deux fois lorsque venu à son régiment ce Prince avait comblé de politesses et de grâces tous les officiers indistinctement. M. de R... n'était pas encore marié. J'envoyai sur-le-champ une copie de la lettre au ministre de la guerre en l'informant de tous les accessoires; il envoya ses ordres au lieutenant de police et M. de R... fut envoyé au château de Saumur.

J'ai parlé d'une chute de cheval; en effet, passant au galop sur la place du Palais-Bourbon, mon cheval s'était abattu près du corps de garde, en face de la rue de l'Université, ma jambe resta engagée, l'on ne me retira qu'avec peine de cette position, je souffris beaucoup, et je me trouvai mal.

Mon palefrenier m'amena un fiacre, il fut chercher mon chirurgien, j'avais une foulure, l'on me pansa et l'on m'ordonna le lit pour plusieurs jours. Je gardai la chambre trois semaines ou un mois. Ce fut peut-être le temps le plus agréable de ma vie, car mon appartement ne désemplissait pas de la plus agréable compagnie. M. le duc de Chartres qui n'était alors qu'un très aimable libertin, nombre d'hommes distingués par leur amabilité, les femmes les plus à la mode, comme Mme de Lamballe, Mmes de Matignon, de Fitz-James, la vicomtesse de Laval passaient chez moi une partie des journées. Tout ce qui était ami ou société de ma sœur, chez qui je logeais, se réunissait chez moi.

Une fois en état de marcher je repris mon service de capitaine des gardes. L'aventure de M. de R... était connue de tout le monde, et quand je reparus elle fut le sujet de tout ce que me dirent le Roi, la Reine et la famille royale.

Au 1er avril 1779, je fus joindre mon régiment à Nancy.

Je doute qu'après Paris il existât à cette époque une ville plus agréable que l'était Nancy, surtout pour moi. J'y rencontrai le comte de Stainville, commandant en chef, le marquis de Choiseul La Beaume, commandant en second en Lorraine, l'abbé de La Tour du Pin-Montauban, évêque de Nancy, mon ancien ami et camarade sur les bancs de la

Sorbonne, depuis archevêque d'Auch, homme de mœurs les plus douces comme les plus exemplaires, dont la sœur, la marquise de Clermont-Gallerande, femme d'un de mes intimes amis, tenait la maison. Le premier président du Parlement, M. de Cœur de Roi, était aussi distingué par ses lumières comme magistrat que par l'agrément de son esprit comme homme du monde : le matin, grave et austère au Palais, personne le soir n'était plus enjoué dans une société d'amis, et sa femme, qui l'était infiniment par sa figure et sa tournure très agréable, ne brillait pas moins par les grâces de son esprit. Le président et la présidente de Sivry contribuaient aussi infiniment au charme de la société de Nancy; je ne dois pas oublier deux autres femmes singulièrement remarquables par l'attrait qu'inspirait leur société : Mme la marquise de Lenoncourt, sœur du comte d'Haussonville, et la comtesse Dessales, sœur du comte de Rochambeau. L'intendant, M. de La Galaisière, tenait un grand état, et je vivais très intimement avec lui. La marquise de Boufflers si connue, si citée pour ses reparties heureuses, pour l'éclat qu'elle avait eu à la Cour de Lunéville, réunissait encore chez elle une compagnie excellente, à laquelle l'Académie de Nancy fournissait ce qu'elle avait de membres les plus distingués. Enfin cette ville offrait encore la ressource de trente à quarante très bonnes familles anglaises qui y étaient établies; il y avait un spectacle assez soutenable.

En consacrant entièrement les matinées aux détails du service militaire, l'on pouvait se procurer des soirées charmantes.

Un jour que je rentrais chez moi, revenant de manœuvrer avec mon régiment, je reçus un billet de M. de Silly, major de la place, qui remplaçait dans ce moment le lieutenant du Roi et M. de Choiseul. Nous eussions été en temps de guerre et l'ennemi aux portes de la ville que ce billet n'aurait pas été plus alarmant. Il m'ordonnait d'envoyer sur-le-champ un piquet de cinquante chevaux au faubourg Saint-Pierre, avec ordre de faire sabrer un rassemblement de quatre mille personnes qui avaient arrêté et dételé des charrettes chargées de blé allant en Franche-Comté, et de tenir le reste de mon régiment prêt à s'y porter.

J'envoyai sur-le-champ l'ordre au quartier et je courus au galop chez M. le major, que je trouvai goutteux et dans le plus grand effroi. « Vos ordres généraux sont exécutés, lui dis-je, en avez-vous de plus particuliers à me donner? Je vais joindre ma troupe. »

Mon homme se répandit en lamentations, et ne spécifiait aucun ordre particulier. Frappé de son embarras : « Si je vous comprends bien, lui dis-je, il me semble que votre intention est que le peuple soit dissipé et que les charrettes suivent leur route; vous allez être obéi. »

Je volai au quartier, le détachement de cinquante

chevaux en partait. J'ordonnai au reste du régiment de rester prêt à monter à cheval et au piquet de se mettre en bataille sous les fenêtres de Mme de Boufflers, faisant face à la porte Saint-Nicolas, d'attendre là mes ordres et de ne pas laisser paraître un dragon hors de la porte. Je fus ensuite, suivi de mon piqueur, d'un palefrenier et d'une ordonnance de mon régiment (l'on me voyait souvent ainsi), jusqu'au lieu du rassemblement, où j'arrivai comme en me promenant. Je jouai l'étonnement, je demandai au peuple même de m'expliquer ce que c'était; les femmes, qui étaient en plus grand nombre que les hommes, s'empressèrent de me dire en style de plaintes que depuis plusieurs jours il passait des convois de blé allant en Franche-Comté, que bientôt on n'en aurait plus en Lorraine et que l'on avait arrêté les charrettes que je voyais. « Le pain a-t-il été renchéri aujourd'hui ? leur demandai-je. — Non. — Les boulangers en ont-ils refusé ? — Non. — Eh bien, mes enfants, de quoi vous plaignez-vous ? Si vous en refusez cette fois à la Franche-Comté qui en a besoin, une autre fois vos voisins vous en refuseront ; tenez, ce que vous venez de faire est illicite ; si j'avais reçu des ordres, vous savez que j'ai près d'ici des dragons et des chevaux qui vous monteraient sur les pieds. Croyez-moi, rentrez chez vous paisiblement, il pourrait m'arriver l'ordre de vous dissiper de force ; si l'on augmente le pain, si les boulangers vous en refusent, venez me trouver, je donnerai de l'argent à ceux qui manqueront de pain, mais allez-vous-en ! » Je leur jetai quelques petites pièces blanches, tout se dissipa très promptement. Je retins quelques jeunes gens à qui je fis aider à réatteler les chevaux aux charrettes. Je les accompagnai jusque un peu au delà de la Malgrange, et voyant que je n'étais pas suivi, je rentrai en ville, trouvant le faubourg Saint-Pierre rendu à sa première tranquillité.

Quand j'arrivai à la porte Saint-Nicolas, je trouvai mon major Silly en grande discussion avec le capitaine des cinquante chevaux sur ce qu'il ne bougeait pas. « Monsieur le major, lui dis-je, vos ordres sont exécutés, vos intentions parfaitement remplies, le rassemblement est dissipé, le convoi est en paisible route pour Flavigny. Mais puisque, malgré votre goutte, vous vous êtes donné la peine de venir jusqu'ici, faites-moi l'honneur de venir dîner et vous reposer chez moi. »

Quelques femmes ayant fait plus de bruit et de vociférations que les autres, le parlement en condamna trois ou quatre au pilori.

C'est ainsi que s'apaisait en 1779 une émeute de trois ou quatre mille personnes. Que n'en a-t-il été de même de celles qui se formèrent dix ans après!

En rentrant en ville avec le détachement, les dragons me grondaient de ne les avoir pas appelés. « Comme nous aurions sabré ces gredins-là! » criaient-ils. Ils l'auraient fait comme ils le disaient si je les en eus requis, les troupes l'eussent fait en 89 si le Roi l'avait permis ; mais elles se rangeront toujours du côté du peuple, tant qu'au lieu de les employer à le réprimer, on les laissera témoins ou victimes de sa révolte.

Suivant mon usage, je revins de mon régiment à Versailles pour servir mon quartier de juillet auprès de M. le comte d'Artois. A mon arrivée j'appris qu'il était sérieusement question d'une expédition contre l'Angleterre, et qu'on allait faire marcher en Bretagne huit régiments de dragons destinés à y être embarqués.

Sur cette nouvelle, et même avant d'avoir vu M. le comte d'Artois, je fus demander avec instance à M. de Montbarey que mon régiment fût du nombre des huit. « Votre régiment est bien éloigné, me dit-il, mais faites-m'en dire un mot par M. le comte d'Artois. » Une demi-heure après je revins chez lui de la part du prince lui en faire la demande, et les ordres furent presque aussitôt expédiés. Les ordres portaient qu'avant de partir de Nancy le régiment se pourvoirait de tentes et de tous les ustensiles de guerre.

Cette considération exigeait que je revinsse à Nancy. Je ne restai donc que vingt-quatre heures à Versailles et je repartis.

Ainsi, avant cent heures révolues depuis que j'avais quitté Nancy, le 25 au soir, j'y rentrai le 29, à quatre heures du matin, et je fis arrêter ma voiture sur la place du quartier Saint-Jean. Le régiment ignorait encore sa nouvelle destination. Les dragons commençaient à descendre de leurs chambrées aux écuries. J'en vis un groupe à la porte du quartier; de ma voiture j'en appelai quelques-uns par leur nom, ils me frappèrent par leur immobilité et des marques singulières d'étonnement. « Qu'on m'appelle l'adjudant! » leur criai-je. L'adjudant approcha de ma voiture, entièrement stupéfait. Je descendis et lui ordonnai d'aller m'appeler le lieutenant-colonel et le major. Dans l'instant même un officier de fortune qui logeait sur la place ouvrit sa fenêtre qui était au rez-de-chaussée et, me voyant, sortit par sa fenêtre, vint à moi en courant et s'écriant : « Ah! mon colonel, nous vous avons tous cru mort. — Eh bien, lui dis-je, je suis un revenant, mais qu'est-ce que cela veut dire? — Mon colonel, on a répandu le bruit que M. de R... s'était évadé de Saumur, qu'il vous avait rencontré en chemin et vous avait tué d'un coup de pistolet. » Je ris beaucoup d'un conte aussi ridicule, et cela m'expliqua l'étonnement que j'avais remarqué dans le quartier.

Bientôt le lieutenant-colonel et le major arrivèrent. Ils avaient été stupéfaits lorsque l'adjudant leur avait dit que je les attendais sur la place du quartier; ils me confirmèrent que le bruit de ma mort courait toute la ville; après les avoir prévenus de la nouvelle destination du régiment dont j'apportais l'ordre, je courus chez le comte de Stainville, qui crut voir un revenant.

Dès le lendemain M. de Stainville reçut avis que M. de R... s'était évadé du château de Saumur dans la nuit du 24 au 25 juin, avec ordre de le faire arrêter s'il passait à Nancy.

Quelque recherche que l'on ait faite alors, il n'a jamais été possible de concevoir comment l'évasion de la nuit du 24 au 25 à Saumur avait pu être connue du 26 au 27 à Nancy, avec la circonstance fausse de ma mort.

Pendant que tous les ustensiles de guerre s'achetaient ou se confectionnaient, je faisais tous les jours des promenades militaires pour mettre les chevaux et les hommes en haleine.

Un jour que le major marchait à côté de moi à la tête de la colonne, il me pria de vouloir bien me porter quelques pas en avant, ayant quelque chose de particulier à me dire. « J'ai une grâce à vous demander, me dit-il, vous sortez quelquefois à pied et tout seul le soir, je vous conjure d'être toujours accompagné. » Je lui demandai l'explication de ce conseil : « C'est, me dit-il, que ce fou de R.. est ici, il a vu M. de Thézac et lui a dit que partout où il vous trouverait, vous, M. d'Estaucheau et moi, il nous brûlerait la cervelle. Thézac lui a représenté les risques qu'il courait d'être arrêté de nouveau, s'étant échappé d'une prison d'État. Il l'a engagé à se sauver promptement en Suisse. Sur ces représentations il est parti du faubourg où il loge. » On fut informé, quelque temps après, qu'il s'était retiré à Francfort-sur-le-Mein.

Je mis moi-même le régiment en marche, et le suivis quelques jours pour bien établir l'ordre et la discipline convenable à la route, puis je revins à Versailles. La route passait à Claye, près de Paris : M. le comte d'Artois fut bien aise d'en faire la revue; nous manœuvrâmes devant lui, les hommes et les chevaux aussi bien tenus et en aussi bon état que si nous eussions été en quartier dans ce bourg.

Le régiment suivit sa route par Caen et Bayeux, où il resta quinze jours avant de se rendre à Lannion et Tréguier en basse Bretagne. Je fus le rejoindre à Caen où il avait séjourné; je trouvai dans cette ville un ordre du maréchal de Vaux, commandant l'armée, d'aller de ma personne le joindre au Havre, où était son quartier général.

Quoique j'eusse avec moi tout mon équipage, je préférai me rendre à cheval à Honfleur, d'où l'on est bientôt au Havre en passant la Seine. Il faisait un temps affreux, une pluie à verse. Avant d'arriver à Honfleur, il faut passer à gué la petite rivière de la Vire. Je me trouvais derrière un cabriolet en poste. En le dépassant, je vis que l'on me saluait et je reconnus M. de Lafayette. Il allait au Havre, où il était employé dans l'état-major de l'armée.

La petite ville d'Honfleur était tellement encombrée de troupes, du régiment d'infanterie du Roi et d'officiers généraux, que ce fut avec des peines extrêmes que nous trouvâmes, M. de Lafayette et moi, une auberge pour nous recevoir; encore dans cette auberge fallut-il partager la même chambre. Le temps était si mauvais que le paquebot ne voulut jamais passer au Havre à la marée de l'après-midi. Nous voilà donc enfermés dans une même chambre, « le héros de l'Amérique » et moi, pour un long après-midi et pour toute la nuit.

Après avoir mille fois répété alternativement : « Quel diable de temps! qu'il est piquant de ne pouvoir coucher au Havre! arrive-t-il souvent aux paquebots de ne pas passer? si nous étions encore retenus demain matin! » je m'avisai de jeter la conversation sur l'Amérique, et de faire quelques questions sur cette guerre qui ne me valurent que des « oui » et des « non » très concis. Je fis à M. de Lafayette les plus grands éloges de son idole, le général Washington; je lui demandai quelles étaient l'organisation, la tenue, l'instruction, la discipline de ses troupes, etc., etc. Mon homme ne quitta point un balbutiage insignifiant; je m'en lassai et pris le plus sage de tous les partis, celui de me coucher avant les poules, à six ou sept heures du soir.

Le lendemain, le temps étant meilleur, nous nous jetâmes dans le paquebot, et « le *héros*, l'appui du monde à vingt ans » (selon Cerutti) fut horriblement travaillé du mal de mer durant cette courte traversée.

M. le maréchal de Vaux m'avait mandé à cause de ce qu'il savait de mes précédents services dans la marine; il me parut désirer que je restasse auprès de lui en cas d'embarquement. Je lui représentai qu'il ne manquerait point d'officiers plus utiles que moi, et que je préférais servir à la tête de mon régiment. Il me donna quelques instructions verbales, et je rejoignis ma troupe avant son arrivée à Bayeux.

Nous demeurâmes quinze jours à Bayeux et nous partîmes pour Lannion et Tréguier. Dès que nous eûmes passé Saint-Lô, quoique en plein mois d'août, nous nous trouvâmes dans le Bocage avec des chemins creux où nos chevaux avaient de la boue jusqu'aux sangles; dans cette marche et dans ces cantonnements qui occupaient quelquefois une étendue de plusieurs lieues, j'eus l'extrême satisfaction de voir que pas un dragon ne manquât à son devoir, qu'aucun ne méritât une punition.

Le feu ayant pris la nuit dans un quartier de la ville de Vire, l'incendie était encore dans sa force lorsque nous y arrivâmes. L'intendant, M. Esmangard, et l'Hôtel de ville ayant requis mes secours, nous reçûmes mille bénédictions d'avoir concouru à arrêter les progrès du feu et à maintenir l'ordre.

Il est vraisemblable que Tréguier et surtout Lannion n'avaient jamais eu de troupes à cheval avant notre arrivée, car à Lannion, où l'état-major devait être, les chevaux ne trouvèrent pas leur longueur dans un grand nombre d'écuries; et de plus les râteliers étaient si serrés que des souris auraient eu de la peine à en tirer du foin! Je fus donc obligé de faire bivaquer un assez grand nombre de chevaux, jusqu'à ce qu'on eût paré à ces inconvénients.

Mon billet de logement me plaça chez un épicier, où je ne trouvai qu'une seule chambre, point de cuisine, pas un logement de domestique, et il n'y avait pas une maison à louer dans toute la ville, une seule pouvait me convenir, mais le propriétaire, le baron de Tonquedec, était à Versailles : je parvins pourtant à la louer pour m'y établir.

Je fus alors curieux d'aller à Brest visiter les bâtiments de transport destinés à embarquer mon régiment.

Je revis, avec un charme extrême, mon ancien corps, où je trouvai nombre de mes anciens amis qui s'étaient distingués depuis le commencement de la guerre, les La Clocheterie [1], les du Rumain [2], les La Peyrouse [3], les Mengaud, les Mari-

---

[1] Garde-marine en 1762, enseigne de vaisseau en 1778, major en 1786.

[2] De Troplong du Rumain, garde-marine en 1757, lieutenant de vaisseau en 1777. Il fut tué dans un combat naval, le 3 septembre 1782.

[3] La Pérouse du Galaup, garde-marine en 1756, lieutenant de vaisseau en 1777, capitaine de vaisseau en 1780, mort dans son voyage autour du monde.

gny [1], le jeune Guichen [2], Montluc de la Bourdonnaye [3] et bien d'autres, qui, soit avant, soit depuis, se sont couverts de gloire.

Mon frère n'était plus à Brest; il commandait alors la station des frégates à Saint-Domingue, et purgeait les côtes de cette colonie des corsaires ennemis. Il finit cette campagne par le combat de sa frégate contre un vaisseau de cinquante canons, une frégate du même rang que la sienne et un cutter. Se trouvant à portée de pistolet du vaisseau *le Rubis,* une bordée de sa frégate tua le capitaine anglais, rasa presque tous ses gaillards [4]; le peu d'équipage qui ne fût pas tué ou blessé descendit en bas. Mon frère allait prendre le vaisseau à l'abordage, lorsqu'une volée de la frégate anglaise jeta ses trois mâts à bas, et remplit sa cale de six à sept pieds d'eau; dans cette position il fut forcé de se rendre; toutes ses hardes et bijoux furent pris, et il fut conduit à la Jamaïque. Le capitaine de la frégate qui l'amarina [5] lui dit : « Que prétendiez-vous donc, monsieur le vicomte, de combattre si longtemps contre trois bâtiments ? — Vous

[1] Bernard de Marigny, garde-marine en 1754, capitaine de vaisseau en 1779, devint vice-amiral en 1814.
[2] Voir la note, p. 45.
[3] Il avait été garde-marine avec le chevalier des Cars.
[4] Gaillard, portion du pont supérieur d'un grand bâtiment à chacune de ses deux extrémités.
[5] Amariner un bâtiment ennemi, c'est en prendre possession et faire flotter sur sa poupe le pavillon vainqueur.

mener à Saint-Domingue », répondit mon frère [1].

A la Jamaïque, l'amiral Parker et tous les officiers de la marine le reçurent avec la plus grande distinction. L'amiral voulait lui faire rendre ce qu'on lui avait pris, mon frère n'exigea que la restitution d'une excellente lunette anglaise.

Lorsque le Roi apprit les détails de ce combat, il ne cessa de parler de cette action avec tous les éloges qu'elle méritait.

Mon frère était donc prisonnier à la Jamaïque, lorsque la nouvelle du combat de la Grenade entre l'escadre du comte d'Estaing et celle des Anglais y fut portée par leurs vaisseaux démâtés et fort maltraités. Depuis l'amiral Parker jusqu'au dernier colon, tous s'attendaient à voir arriver l'escadre victorieuse de d'Estaing, et le dénuement des moyens de défense dans lequel se trouvait cette importante colonie augmentait infiniment l'alarme générale; l'amiral Parker envoya chercher mon frère et lui demanda ce que, d'après lui, ferait M. d'Estaing. « Il viendra ici, répondit-il, et s'emparera de la Jamaïque. » L'amiral le crut, et sur-le-champ il fit transporter à Spanishtown, dans l'intérieur de l'île, mon frère et les autres prisonniers qui étaient à Kingston.

[1] Le baron des Cars fut garde-marine en 1754, enseigne de vaisseau en 1757, lieutenant de vaisseau en 1765, capitaine de vaisseau en 1777. Dans le combat dont il est parlé ici, livré le 2 juin 1774, il commandait la frégate *la Prudente*.

En effet, pendant plusieurs jours la moindre barque que l'on apercevait de loin était prise par tous les colons pour l'avant-garde de d'Estaing, et l'on se disposait à lui rendre les clefs de l'ile, mais d'Estaing ne parut pas, et, au lieu de profiter de l'occasion d'enlever aux Anglais la plus riche colonie de toutes les Antilles, ce qui eût sans doute terminé la guerre, il courut vers l'Amérique septentrionale et finit cette campagne par la ridicule affaire de Savanah; il n'y remporta qu'une blessure, et elle aurait peut-être mieux convenu à un sous-lieutenant d'infanterie qu'à un général en chef.

Je ne sais si l'occasion de s'emparer d'une si belle conquête a été manquée par le général, ou par les ordres qu'il avait reçus. Nos ministres n'ont que trop souvent la prétention de diriger nos généraux à de grandes distances, il ne faudrait en choisir que de dignes d'avoir carte blanche. Le bailli de Suffren, partant pour les Indes orientales, n'avait pas l'ordre d'attaquer les Anglais dans la rade neutre de la Praia, car l'on ne pouvait savoir qu'ils y seraient mouillés, mais le bailli n'hésita pas; il les attaqua, les battit et les précéda dans l'Inde, où il arriva ayant acquis par cette audace une grande supériorité.

Les huit régiments de dragons destinés en Bretagne pour la descente formaient une division aux ordres du duc de Coigny [1], lieutenant général, et du

---

[1] Marie-François de Franquetot, duc de Coigny, était mestre de

baron de Vioménil, maréchal de camp. Ils n'arrivèrent à leur quartier général à Guingamp qu'au mois de novembre. Sur-le-champ le baron de Vioménil vint me trouver à Lannion, d'où nous partîmes le lendemain pour aller nous joindre à Brest au duc de Coigny. Il avait voulu m'avoir avec lui dans son inspection de toute la division.

Nous trouvâmes l'armée combinée du comte d'Orvilliers et de Don Luis de Cordova rentrée à Brest, après avoir poursuivi l'armée anglaise dans la Manche, vis-à-vis de Plymouth, mais sans autre avantage que de canonner un peu son arrière-garde. Tout projet de descente fut abandonné pour cette année. Aussi à peine fûmes-nous partis pour la tournée du duc de Coigny, que la Cour envoya les ordres de laisser partir les semestriers.

Le duc de Coigny, indépendamment de sa qualité de lieutenant général de la division, était mestre de camp général des dragons, et il s'était annoncé à chacun des régiments. MM. les colonels auraient bien pu retarder de trois, de quatre ou de huit jours le départ des semestriers, suivant la date où le duc devait les voir, mais eux-mêmes s'ennuyaient sans doute d'être si longtemps en basse Bretagne, et plusieurs déjà partis avaient expédié les officiers et dragons semestriers.

camp général des dragons depuis 1754; il fut lieutenant général en 1780. Il avait été fait cordon bleu en 1777. Il devint maréchal de France en 1816 et mourut en 1817.

CHAPITRE VI.

A Guingamp, quartier général du duc de Coigny, le colonel et le colonel en second du régiment d'Orléans étaient bien loin lorsque le duc y revint. Le lieutenant-colonel lui proposa néanmoins de voir son régiment à cheval. Le duc le lui refusa d'abord, alléguant que les régiments de dragons, si faibles par eux-mêmes, et diminués par l'absence des semestriers, ne pouvaient plus être inspectés par un lieutenant général. Le lieutenant-colonel insista, et, pour ne pas le mortifier, le duc consentit à en faire la revue. Ce régiment tint tout entier en bataille sur la très petite place de Guingamp. Il n'avait dans le rang que trente-six hommes par escadron! Le duc était vivement affecté que l'on n'eût pas attendu son retour, au moins son agrément.

Après cette revue : « Je pars demain pour Paris, me dit-il; préparez les commissions que vous avez à me donner avant d'y revenir vous-même. » Je lui témoignai combien je serais sensible de le voir repartir, ayant vu sept régiments de sa division, et n'ayant pas vu le huitième qui était le mien. « C'est celui, me répondit-il, que j'aurais vu avec le plus de plaisir, tant par rapport à M. le comte d'Artois, que par rapport à vous, mon cher chevalier, mais mettez-vous à ma place : est-il agréable pour un lieutenant général et un mestre de camp général des dragons, d'aller voir des escadrons de trente-six hommes? — J'en conviens, répliquai-je, mais, monsieur le duc, vous vous êtes annoncé à mon régiment. Depuis quinze jours je vous accompagne et n'ai eu aucune relation avec lui; cependant je vous l'avoue, j'ai la confiance de croire que personne n'y aura pris congé sans mon ordre et sans votre agrément. — Si je le croyais, me dit-il, j'irais demain. — Eh bien, à demain, monsieur le duc, je vais m'y rendre tout de suite, j'arriverai peut-être un peu tard pour vous faire préparer un bon dîner, mais je me donne au diable si nous ne trouvons tout le monde. »

J'avais laissé des chevaux à Guingamp; en peu d'heures je fus à Lannion, où j'arrivai à onze heures du soir. « Je me suis bien avancé », me disais-je, et de temps en temps je craignais de m'être fait trop fort de ma confiance. En descendant de voiture à ma porte, qui était à l'entrée de la ville : « Qu'y a-t-il de nouveau ici? dis-je à la sentinelle des guidons. — Rien, mon colonel. — L'ordre pour les semestres est-il arrivé? » Il n'en savait rien; c'était me dire que personne n'était parti. J'entrai chez moi, mes gens me confirmèrent que tout le monde y était. J'envoyai chercher le lieutenant-colonel et mon adjudant, en faisant dire à celui-ci de m'amener une ordonnance à cheval. J'expédiai à Tréguier, qui est à quatre grandes lieues de Lannion, l'ordre aux deux escadrons d'être rendus ici le matin à dix heures, en grande tenue, et je donnai le même ordre pour les deux escadrons de Lannion.

L'avis pour les semestres était arrivé comme partout ailleurs, mais le lieutenant-colonel m'assura qu'attendant mon retour et l'arrivée du duc de Coigny, il n'avait pas songé un instant à les faire partir sans ma permission. J'éprouvai une bien vive satisfaction.

Le lendemain matin à dix heures, mes quatre escadrons, dans la plus belle tenue d'hommes et de chevaux, étaient en bataille hors de Lannion, sur le chemin du duc de Coigny. J'avais envoyé à un quart de lieue au-devant de lui un détachement et six chevaux de selle pour lui, le baron de Vioménil, un de leurs aides de camp et quelques autres venus de Guingamp par curiosité, tels que le vieux général de Roquefeuil [1], lieutenant général de la marine; n'ayant jamais vu manœuvrer de cavalerie, il était curieux de voir un ancien garde de la marine lui en donner le spectacle.

Pendant que j'accompagnais le duc de Coigny devant le front du régiment, le baron de Vioménil, qui par véritable amitié pour moi écumait réellement de joie, lui disait : « C'est en vérité un abus qu'un lieutenant général voie des régiments quand les semestres ont été donnés. — Monsieur de La Galissonnière, dit-il à son aide de camp, à combien étaient les files du régiment d'Orléans? — A dix-huit, mon

---

[1] Il fut garde-marine en 1733, capitaine de vaisseau en 1754, chef d'escadre en 1771. Il mourut à Brest le 1er juillet 1780.

général. — Et combien y en a-t-il ici? dit-il en s'adressant à moi. — Général, voici l'état de situation. Il y a quatre-vingt-deux hommes montés par escadron, les recrues et les remontes sont formées en troisième rang derrière le régiment. » Dans le fait trois hommes étaient à l'hôpital, et j'en avais quatre au-dessus du complet total du régiment.

Les terrains étendus ne se trouvant pas en basse Bretagne, le seul qui pouvait contenir mon régiment était fort circonscrit par des haies, et de plus il était fermé par des espèces de terrasses les unes sur les autres, la terre était molle et glissante. Néanmoins, soit dans les conversions rapides, soit dans la charge, il n'y eut pas une seule chute.

Après la manœuvre à cheval, je fis mettre pied à terre et manœuvrer. Les escadrons de Tréguier avaient apporté leurs piquets, leur pain, leur viande, leur foin et leur avoine; je les fis bivouaquer comme dans un camp. Ce fut un spectacle agréable pour les habitants de Lannion et pour les dames qui n'avaient jamais vu pareille chose.

L'on vint ensuite dîner chez moi. Les turbots de la grève Saint-Michel, les huîtres, les sardines furent parfaitement accueillis, ainsi que les moutons de Plouzec et les perdrix de Carhaix; le vin de Bordeaux, de Champagne, de Bourgogne fut bu en abondance à la santé du général des dragons et du général Vioménil, puis l'on chanta en chœur la chanson de Roland. Nos généraux comblèrent d'éloges et le régiment et ses chefs.

J'avoue que ce fut une des journées de colonel qui m'a le plus flatté. Le soir même les généraux étant repartis, je fis tirer les semestres et peu de jours après je retournai à Paris.

Pendant l'hiver de 1780 ma fortune s'augmenta beaucoup. J'avais quelquefois rencontré chez le chevalier de Durfort, premier gentilhomme de la chambre de M. le duc d'Orléans, un Théatin défroqué, qui lui avait déterré quelques bons prieurés. Cet homme entra un matin chez moi, et me dit : « Je vous apporte quinze bonnes mille livres de rente au moins. — Comment donc, monsieur l'abbé, répliquai-je, je n'ai pas besoin de cela pour vous recevoir avec plaisir, mais qu'est-ce que cela veut dire? — Une petite explication, me répondit-il, est en effet nécessaire, et la voici. Avant la guerre de 1756 la France possédait le Canada. L'on avait établi à Québec un évêché et un chapitre. Il fallut les doter avec des biens ecclésiastiques de France. L'abbaye de Miobec, en Berry, dont on supprima le titre, devint la dotation particulière de l'évêque. L'évêque étant mort depuis la paix de 1763, où l'on rendit le Canada aux Anglais, cette abbaye fut donnée aux chanoines qui en jouirent par portions au marc la livre du revenu; petit à petit la part des uns s'augmenta de celle de ceux qui mouraient; enfin, l'abbé de La Corne, doyen du chapitre, les ayant tous enterrés, a joui plusieurs années à lui seul de la totalité des revenus de l'abbaye. Il vient de mourir. Seul dans tout Paris, j'en ai la nouvelle, vous êtes chevalier de Malte, vous avez du crédit; allez tout de suite à Versailles, demandez-la avant qu'on sache dans le clergé qu'elle est vacante, et vous l'obtiendrez. — Bah! l'abbé, lui répondis-je, le Roi ne donne plus ni prieurés, ni abbayes, à moins qu'on ne soit dans les ordres sacrés. — C'est vrai, me dit-il, mais le cas est ici différent, le titre est supprimé, or *non est beneficium sine titulo*. — Oh! le grand théologien! m'écriai-je; attelez mes chevaux à ma chaise, et dans cinq quarts d'heure je suis chez M. de Maurepas. » Je fis part au vieux ministre de la mort de l'abbé de La Corne que le Théatin venait de m'apprendre, et lui expliquai l'affaire de l'abbaye de Miobec. « Eh bien, me dit-il, pour qui désirez-vous la succession de l'abbé de La Corne? — Je crois que monsieur le comte le devine facilement, répondis-je. — Oh! dit-il, voilà un bon tour à jouer à l'évêque d'Autun [1] (il avait la feuille des bénéfices) et à votre abbé Gaston (il avait celle de M. le comte d'Artois, et Miobec était situé en Berry, dans son apanage). Ils feront tous les deux de fiers haut-le-corps, c'est très bien, c'est à merveille. Vous êtes cadet, vous n'avez point d'appointements comme

---

[1] **Mgr de Marbeuf.**

survivancier du chevalier de Crussol, vous faites de la dépense à votre régiment, c'est fort bien. Allez tout de suite de ma part chez Amelot lui dire de m'envoyer le titre en vertu duquel jouissait l'abbé de La Corne, ou plutôt demandez-le à Sylvestre, chez qui il sera, et apportez-le-moi. »

Je courus au bureau de M. Sylvestre, premier commis; il me remit l'arrêt du conseil sur le titre du doyen de Québec, et je le rapportai à M. de Maurepas.

En le lisant, il riait de tout son cœur et répétait souvent : L'évêque d'Autun! l'abbé Gaston! Puis, prenant lui-même une plume, il écrivit une petite note qu'il joignit avec une épingle à l'arrêt du conseil. « J'ai fait, me dit-il, un petit changement que Sylvestre insérera dans l'arrêt qui sera expédié pour vous, car je me moque tous les jours de ce que votre belle-sœur n'a point d'enfants; votre frère n'en ayant pas, il faut bien que vous vous mariiez, et d'après le mot que j'ai changé, vous pourrez conserver l'abbaye. »

Je rapportai la pièce et la note de M. de Maurepas à Sylvestre, qui m'ajourna au lendemain pour avoir en poche mon arrêt du conseil, car, vu l'apanage de M. le comte d'Artois, il fallait que son commis copiât l'arrêt du conseil du Roi.

La jouissance de cette abbaye devint pour moi une augmentation considérable le fortune [1]. Je

---

[1] Pendant plusieurs siècles les seigneurs ou autres possesseurs

devins réellement riche, car j'avais au delà de 48,000 livres de rente, j'étais logé, nourri, chauffé et éclairé à Paris chez ma sœur, à Versailles chez mon frère, et tous mes chevaux étaient entretenus à Paris par M. le comte d'Artois. Je devins donc à même de vivre à mon régiment encore plus splendidement que je ne l'avais fait jusque-là.

Il est vraisemblable que, dès cette époque, le Cabinet ne songeait plus à la descente en Angleterre, si même il s'était proposé cette expédition. Néanmoins, il était bon de continuer de la faire craindre aux Anglais. En conséquence, on laissa une armée considérable sur les côtes de Normandie

---

du sol avaient fait des libéralités aux diverses Églises, dans le but de se donner des mérites près de Dieu en contribuant à l'entretien des clercs et au soulagement des pauvres. Ces biens devinrent considérables, et les Rois, invoquant leur droit féodal sur les terres du Royaume, prétendirent disposer d'une partie en faveur des personnes, plus ou moins engagées dans les ordres, qu'ils voulaient récompenser. Les Papes, par un indult ou exception au droit commun, accordèrent ce privilège qui peu à peu fut étendu beaucoup trop. Il est certain que les donateurs des biens ainsi employés n'avaient pas eu l'intention de les donner à d'autres qu'aux Églises dont le premier soin était de nourrir les malheureux. Ils ne prévoyaient pas l'extension qui fut donnée au mot « gens d'Église ». Il y avait lieu à des réformes. La Révolution vint, et ici comme partout, au lieu de réformer, elle détruisit. Elle s'empara de tous les biens ecclésiastiques, mais cette violation du droit de propriété se fit sans aucun profit pour les finances du pays et fut au détriment des pauvres. On stipula une rente pour l'entretien du clergé. Le Concordat confirma cet engagement que des politiciens violent aujourd'hui chaque jour en attendant de s'y soustraire.

et de Bretagne, et l'on se proposa de réunir à Brest les flottes combinées de France et d'Espagne. Il est certain que si une armée navale de cette force eût remporté dans la Manche une grande victoire devant Plymouth, alors dénué de moyens de défense, c'était le moment de tenter l'expédition; mais si tel était le but du ministère, il commit dans l'exécution de son plan toutes les fautes qui devaient le faire échouer.

Puisque l'on voulait renforcer l'escadre de Brest par celle de Cadix, pour entrer dans la Manche, ne fallait-il pas, avant de sortir de Brest, s'assurer de la sortie de Cadix, surtout le point de réunion pour les deux escadres étant indiqué à Sisarga, près du cap Ortégal [1]? Au lieu de cela, l'escadre de Brest sortit pour aller au-devant de l'autre, lorsque l'on savait celle-ci encore en rade de Cadix. Or, qu'on veuille bien remarquer que, par les beaux temps de cette saison, M. d'Orvilliers pouvait être en quatre, en six ou en huit jours sur Sisarga, tandis que pour venir de Cadix l'escadre espagnole pouvait, à cause du vent, mettre trois semaines et même trente jours à s'y rendre. Que devait-il, dans ce cas, arriver de l'escadre française? Ce qui arriva; car, en attendant les Espagnols, les équipages se fatiguèrent à manœuvrer sans cesse, les vivres et l'eau surtout se consommèrent; la saison étant très chaude, les

---

[1] Au nord-ouest de l'Espagne.

maladies attaquèrent un grand nombre de matelots. Enfin, lorsque les flottes se joignirent, M. d'Orvilliers, au lieu de se porter immédiatement dans la Manche, dut rentrer à Brest pour y déposer ses malades, refaire des vivres et de l'eau, et par conséquent perdre un temps précieux.

Pendant que les maladies faisaient des ravages considérables sur l'escadre, au point que les hôpitaux ordinaires, l'immense maison des Capucins de Recouvrance, le bâtiment entier de la Corderie et des tentes dressées hors de la ville étaient remplis de malades, l'armée des côtes était attaquée par des dysenteries qui enlevèrent beaucoup de monde. L'objet de la campagne de mer et de celle de terre fut donc manqué, avant même que les forces se fussent portées sur le théâtre de l'expédition.

M. de Rochambeau et les quatre mille hommes qu'il devait conduire en Amérique partirent de Brest, et leur départ, dont je fus témoin, renouvela mes regrets d'avoir perdu le commandement de la cavalerie embarquée, car je n'avais plus aucun espoir de la descente en Angleterre. Déjà quand on en parlait devant M. de Maurepas, lorsque Mme de Buzançois, qui pouvait lui dire tout ce qu'elle voulait parce qu'elle était née Mailly et que le vieux se croyait Mailly lui-même, lui demandait : « A quand la descente, monsieur le comte? — La descente? répondait-il, je ne connais que celle du maréchal de Vaux! »

Le marquis de Jaucourt, lieutenant général, vint cette année à Lannion faire l'inspection de mon régiment. Comme j'avais des tentes, je fis camper pendant trois jours les escadrons de Tréguier sur le même terrain où j'avais reçu le duc de Coigny l'année précédente.

M. de Jaucourt n'était point de ces inspecteurs paperassiers, buralistes et tatillons comme tant d'autres. Son coup d'œil était vraiment militaire; il ne négligeait point les détails, mais il ne s'y appesantissait pas, la guerre et non la paix avait fait sa réputation. Très jeune il avait commandé, avec succès et éclat, dans la guerre de Sept ans, des corps de troupes légères. Sa réputation n'était pas moins distinguée chez les ennemis que dans notre propre armée.

Je le suppliai de vouloir bien faire l'inspection de toutes les parties de l'instruction, de la discipline, de l'administration et de la tenue de mon régiment. Quand sa revue fut faite, il écrivit au ministre de la guerre qu'en l'envoyant en Bretagne, où mon seul régiment était de son inspection, il lui avait fait faire inutilement beaucoup de chemin; qu'un régiment en mes mains n'avait pas besoin d'inspecteur, et qu'il n'y avait sorte de distinctions que je ne méritasse de la part du Roi et du ministre.

De retour à Versailles, et me trouvant chez le prince de Montbarey, le ministre me demanda si j'avais reçu l'ordonnance d'une gratification annuelle de 6,000 francs qu'on avait fait signer au Roi. Je lui dis que non et je le priai de vouloir bien en retirer l'expédition, n'en ayant nul besoin; une telle grâce en temps de paix, disais-je, m'humilierait; il me suffisait qu'on reconnût mon zèle. Je priai au contraire le ministre de ne pas refuser celles que je demanderais pour mon régiment. J'en obtins quelques-unes, et il ne fut plus question de la mienne.

Je jouissais déjà de Miobec, mais je n'en avais pas encore renouvelé les baux. C'était une opération dont je ne me sentais point capable, n'ayant pas encore eu de propriétés territoriales.

Aussi, en partant de Lannion, j'emmenai avec moi un chanoine de Tréguier qui m'avait paru fort entendu à la gestion des bénéfices, et je fus avec lui prendre possession de mon abbaye; nous portâmes le bail à 15,000 francs, et je vendis une coupe de bois de 30,000

Vers la fin de cette année, l'armée rassemblée sur les côtes de Bretagne et de Normandie fut renvoyée dans l'intérieur de la France ou à d'autres frontières. Le prince de Montbarey crut me faire plaisir d'envoyer mon régiment à Limoges; il pensait également être agréable à mon frère dont les possessions occupaient un bon tiers du haut et une partie du bas Limousin, où il était lieutenant général et commandant dans cette province et en Auvergne.

Pendant qu'à Miobec je m'occupais avec mes fermiers, le régiment marchait et s'approchait de Limoges. Je voulus témoigner à la province dans laquelle j'étais né ma haute considération pour elle, et le plaisir que j'avais d'y amener mon régiment. Je fus donc au-devant de lui à Saint-Junien [1], et le lendemain j'entrai à sa tête à Limoges; je fis son établissement fort disséminé dans cette grande villasse. Cet établissement terminé, je revins encore à Miobec, d'où j'allai visiter le prieuré d'Ève-le-Moutier, près de Loches, qui en dépendait, et puis je revins à Paris par Chanteloup. Je m'arrêtai une huitaine de jours chez M. de Choiseul avec la meilleure compagnie de France en hommes et en femmes.

Suivant mon habitude pour mon service militaire, que je préférais à tout, je fus, au 1ᵉʳ avril, joindre mon régiment à Limoges.

Dès le mois de mai, mon frère vint dans ses terres; elles commencent à une demi-lieue de Limoges, sur la route de Bordeaux, et celle qu'il habitait de préférence [2] n'était qu'à trois lieues de Limoges. Il venait de temps en temps me voir; j'allais y dîner une ou deux fois par semaine, et le dimanche j'amenais quelques officiers du régiment.

[1] Chef-lieu de canton dans la Haute-Vienne.
[2] Solignac.

Je retournai à Versailles pendant les mois de juillet et d'août faire mon service auprès de M. le comte d'Artois, et le 1ᵉʳ septembre j'étais de retour à Limoges pour l'époque de l'inspection que le marquis de Jaucourt devait faire.

Au moment où je l'attendais, je reçus une lettre du ministre qui, rappelant les comptes avantageux que cet inspecteur avait rendus l'année précédente, m'annonçait que le Roi, afin de me donner une distinction particulière, me confiait l'inspection pour cette année, j'en ferais ensuite le travail avec le ministre.

Je préférai infiniment cette décision à la gratification annuelle dont il avait été question à la précédente revue. Elle augmenta beaucoup ma considération dans le corps et cimenta d'autant plus avantageusement mon autorité, qu'à cette époque deux officiers, à tête exaltée par la lecture des ouvrages de Jean-Jacques Rousseau, avaient donné des exemples d'insubordination que j'avais eu à réprimer.

Miobec étant sur le chemin de Limoges, je faisais d'une pierre deux coups, pour voir l'un et l'autre quand je vins de Paris, au mois d'octobre : je retournai par Chanteloup.

J'ai déjà dit que le maréchal de Stainville avait beaucoup d'amitié pour moi ; j'étais fort lié avec sa sœur, la duchesse de Grammont, et avec M. de

Choiseul. Ils conçurent tous trois l'idée de me faire épouser la fille cadette du maréchal, qui était ma cousine par sa mère, Mlle de Clermont d'Amboise. Toute ma famille goûtait infiniment ce mariage; sous le rapport de la naissance, rien n'était au-dessus; il n'en était pas de même de la fortune : elle était médiocre, à peine 15,000 livres de rente; or, presque tout ce que j'avais était viager; je combattis donc les deux familles. Cette affaire s'était traitée à l'insu de la duchesse de Choiseul, qui aimait beaucoup cette nièce qu'elle avait élevée; aussi, lorsqu'on lui en parla, elle se trouva avoir donné sa parole au prince de Monaco pour son second fils, le prince Joseph. A ma grande satisfaction, je restai donc encore garçon.

A peu près dans ce temps, mon frère le marin fut compris dans un échange de prisonniers et revint en France. Son arrivée me fut apprise par le Roi, qui renouvela encore ses éloges sur la glorieuse défense de la frégate *la Prudente*. Quinze jours environ s'écoulèrent entre son débarquement à Rochefort et son arrivée à Paris. Tous les jours le Roi me demandait s'il était de retour, tous les jours il reparlait de lui devant tout le monde de manière à croire qu'il le recevrait avec la plus grande distinction.

Enfin il arriva; le comte des Cars et moi nous le menâmes au coucher du Roi.

Le bon Roi Louis XVI était d'une incroyable

timidité avec les personnes qu'il ne voyait pas habituellement.

Ayant placé notre marin entre nous deux, le Roi vint droit à nous et en face de lui; il se balança assez longtemps d'un pied sur l'autre, mais sans dire un mot; puis, se plaçant vis-à-vis de moi : « N'avez-vous pas fait campagne avec lui quand vous étiez M. le garde de la marine? — Oui, Sire. — Vous a-t-il mis aux arrêts? — J'ai plusieurs fois raconté à Votre Majesté qu'il m'y avait mis une fois pendant dix minutes, et quel en avait été le motif » Puis nouveau balancement en face du marin, suivi d'une longue conversation sur la chasse du jour avec mon frère aîné!

Telle fut la réception d'un homme au sujet duquel son souverain, qui le citait sans cesse comme un des meilleurs officiers de la marine, ne tarissait pas d'éloges! Quel malheur pour les rois de ne savoir parler qu'avec les gens qu'ils voient tous les jours! Certes j'aimais beaucoup Louis XVI, mais je ne lui ai jamais pardonné de n'avoir pas vaincu dans ce moment une timidité si désobligeante. Qu'on juge ce qu'elle produisit sur mon frère, au lieu de l'accueil que tant d'éloges précédents, tant d'impatience de son retour, nous avaient autorisés à lui annoncer! Ce brave marin ne remit point les pieds à Versailles pendant tout le séjour qu'il fit à Paris, et lorsqu'il partit pour aller prendre le commandement du vaisseau *le Glorieux*, dans l'escadre du comte de Grasse, nous eûmes bien de la peine pour le déterminer à prendre congé du Roi [1].

Avant de partir pour Brest, mon frère, en sortant de chez le maréchal de Castries, ministre de la marine, m'apporta la liste des officiers de l'armée de M. de Grasse. Nous fîmes nos commentaires sur chacun, et nous imaginâmes d'en faire trois classes : l'une, des meilleurs capitaines de vaisseau (il ne voulait pas s'y comprendre, et je l'y inscrivis); la seconde, de bons officiers sans doute, mais de moindre réputation, et enfin nous composâmes la troisième de gens inconnus ou mal connus. J'ai conservé longtemps cette liste, j'y reviendrai lorsque je parlerai tout à l'heure de l'issue du combat du 12 avril 1782.

J'étais à Limoges lorsque la nouvelle en arriva et se répandit dans toute la France. Je fus plusieurs jours dans la plus cruelle incertitude. Enfin l'on me manda de Paris la perte que j'avais faite dans cette journée du meilleur ami que j'eusse au monde et du frère le plus chéri.

Si, dans un pareil moment, la gloire suffisait pour consoler, je ne l'aurais pas autant pleuré! La marine entière applaudit au talent qu'il avait déployé pen-

---

[1] Il est plus difficile aux rois qu'à tous autres de refaire leurs caractères. Le vicomte des Cars aurait peut-être dû excuser le Roi qu'il devait savoir être bien disposé pour lui et l'eût sans doute mieux reçu une autre fois. C'était un monde renversé, le Roi était intimidé devant son sujet; ce n'était pas une disgrâce. Il n'en est pas moins vrai que cette disposition est bien fâcheuse.

dant toute la campagne, combattant toujours en ligne dans chaque occasion, chassant en avant de l'armée le reste du temps et enlevant des frégates aux ennemis, tant par l'art avec lequel il savait leur donner la chasse que par la marche qu'il avait su imprimer à son vaisseau qui, sous les capitaines précédents, avait la réputation d'être mauvais marcheur.

Mon frère avait été emporté par un coup de canon, lorsque son vaisseau, luttant contre quatre vaisseaux à trois ponts commandés par l'amiral Rodney, était déjà démâté de tous mâts. J'ai su par des Anglais prisonniers que Rodney avait témoigné un vrai désespoir en apprenant que le coup de canon qui avait tué mon frère était parti de son bord.

En effet, après la prise de Louisbourg, en 1756 ou 1757[1], Rodney, commandant le vaisseau sur lequel mon frère, encore garde de la marine, était prisonnier, l'avait pris en grande amitié et lui avait procuré des agréments en Angleterre. Quelques années après la paix de 1762, mon frère, commandant quelques frégates, retrouva plusieurs fois Rodney à Kingston où il commandait la station de la Jamaïque, et leur amitié se renouvela. Enfin, avant la guerre de l'Amérique, Rodney et mon frère se trouvèrent à Paris, ils y vécurent beaucoup ensemble, et j'ai plusieurs fois soupé avec eux.

[1] En 1756 les Anglais échouèrent dans leur attaque contre Louisbourg; mais en 1758, ils firent capituler cette ville.

Ainsi arrive-t-il en Europe depuis qu'elle est civilisée! Est-elle en paix? toutes les nations qui la composent forment une même société : l'Anglais, le Russe arrivent à Paris, parcourent la France, et forment des liaisons avec les Français, les Danois, les Suédois, les Prussiens et les Allemands qu'ils y rencontrent. Une guerre survient-elle? voilà une foule d'amis les armes à la main les uns contre les autres.

CHAPITRE VII

Départ pour l'Espagne avec M. le comte d'Artois. — Séjour à Saint-Ildefonse. — Le roi Charles III, don Gabriel. — Séjour à Madrid. — Le vainqueur du taureau. — L'école de cavalerie d'Ocana. — Revue des carabiniers à Manzanarès. — La route aux flambeaux après Ecija.

J'étais encore tout à mon chagrin de la perte de mon frère, car je l'aimais comme mon père, mon frère et mon ami, et certes il me le rendait bien, lorsque je reçus un courrier de M. le comte d'Artois. Ce prince m'informait que le Roi venait de consentir à ce qu'il allât servir au siège de Gibraltar en qualité de volontaire, et que le Roi ayant également permis que je l'y accompagnasse, il me donnait l'ordre de me rendre sur-le-champ à Versailles.

J'y fus immédiatement; le comte et la comtesse du Nord[1] étaient alors en France, et je soupai plusieurs fois avec eux, soit à Trianon chez la Reine, soit dans les cabinets du Roi à Versailles. En voyant ensemble Louis XVI et le comte du Nord, qui de ceux admis à souper avec eux aurait prévu que

[1] C'était le nom sous lequel voyageaient le Roi et la Reine de Suède.

tous deux périraient par la main de leurs sujets, l'un avec un appareil faussement juridique, l'autre par un véritable assassinat; l'un condamné comme un vil criminel, l'autre lâchement immolé par ses propres favoris!

Tout étant disposé pour le départ, nous prîmes la route de Bayonne.

Quelques amis ayant jugé convenable qu'avant de partir pour Gibraltar j'allasse faire une visite au comte de Vergennes, ministre des affaires étrangères, je fus le voir. Je trouvai ce bonhomme [1] dans le plus grand enthousiasme du projet du siège, au point que, me montrant une batterie flottante, exécutée en petit : « Monsieur, me dit-il, je n'ai qu'un seul regret, c'est de ne pas en monter une. » Tout le système d'irrigation intérieure, sur lequel était fondé celui d'incombustibilité de ces batteries, était parfaitement exécuté sur le modèle. Il est bien fâcheux qu'il ait été exécuté si à la hâte sur les vraies batteries.

La suite de M. le comte d'Artois était composée du duc de Maillé, son premier gentilhomme de la chambre, du prince d'Hénin, du chevalier de Crussol, de moi, tous trois capitaines de ses gardes, et du comte de Vaudreuil [2], son ami intime. Sui-

---

[1] Expression employée alors dans un tout autre sens que celui qu'on lui donne aujourd'hui.

[2] Joseph de Rigaud, comte de Vaudreuil, né le 2 mars 1740,

vaient deux officiers des gardes, deux pages, le premier médecin, le premier chirurgien, un apothicaire, le contrôleur de la bouche, quelques cuisiniers et officiers d'office, deux pages et quelques valets de pied.

MM. de Maillé, d'Hénin, de Crussol, de Vaudreuil et moi, nous avions chacun notre voiture et nos gens. Il me semble que le tout composait trente-cinq voitures. Quoique M. le comte d'Artois ne dût servir qu'en qualité de volontaire, ce volontaire devait être reçu et traité en infant d'Espagne. Il lui fallait donc une suite considérable.

Nous étions encore dans l'avenue de Versailles, lorsque quelqu'un de la voiture du prince, ou d'Hénin, ou Vaudreuil, lui demanda sur quel point l'escadre combinée devait se porter pour empêcher le ravitaillement de Gibraltar. « C'est un secret, répondit le prince, il m'est confié, mais je ne dois pas le dire. » Sur cette réponse, nous objectâmes que nul de nous n'était capable d'en abuser, de le dire dans le chemin, ou de revenir pour le publier.

« Monseigneur, lui dis-je, a sa voiture garnie de cartes et de plans ; il a certainement la carte du détroit, de la rade d'Algésiras et le plan de la place ; si nous connaissions ce point de réunion de l'escadre combinée, nous aurions ample matière à con-

---

mort en 1817. M. Léonce Pingaud a publié la *Correspondance intime du comte de Vaudreuil et du comte d'Artois* (1789-1815). 2 vol. in-8°, Paris, chez Plon, Nourrit, 1889.

versation intéressante jusqu'à Gibraltar. De quoi parlerons-nous pendant si longtemps, si nous ignorons la chose du monde qui doit le plus influer sur l'expédition à laquelle nous nous rendons? » — « Des Cars a raison », dirent ces messieurs. Nous pressâmes de nouveau le prince : « Eh bien, dit-il, en se frottant les mains avec la plus vive joie, je veux bien vous le dire, sous votre parole d'en garder le secret. Certes, la place ne sera pas ravitaillée, car c'est dans la rade d'Algésiras même que l'escadre combinée se réunira, et elle y arrivera avant l'escadre anglaise destinée au ravitaillement de la place. »

Ces messieurs n'avaient aucune connaissance de la marine, ni d'Algésiras ni de Gibraltar. Je n'étais pas dans le même cas, car j'avais été dans la rade en 1768. « Eh bien! me dit le Prince, qu'en dit M. le marin? — Je ne puis répondre à Monseigneur que la carte à la main; veut-il bien permettre que je la cherche? » L'ayant trouvée : « Je ne répondrai pas, lui dis-je, la carte va parler, Monseigneur jugera. »

Toutes les aires de vent étaient marquées, ainsi que les sondes et le nombre des brasses. Je montrai d'abord l'emplacement du mouillage de l'escadre, puis le gisement de la pointe d'Europa et de celle de Carnero, qui forment la baie d'Algésiras. Je leur comptai tous les vents par lesquels les Anglais venant de l'Océan pouvaient entrer et mouiller à la pointe d'Europa, sans qu'un seul vaisseau de l'escadre combinée pût s'y opposer et pût même appareiller. Je leur expliquai aussi comment ce mouillage devenait dangereux par certains vents qui portaient sur la place. Enfin, entre Versailles et Berny, je fus le trop juste prophète de ce que nous avons vu arriver depuis, l'amiral Howe entrant dans le détroit à notre barbe sans que vaisseaux, frégates ou chaloupes pussent bouger du mouillage.

La confiance avec laquelle je soutenais toutes ces combinaisons, tout garde marine l'eût fait à ma place sachant qu'un vaisseau de guerre ne peut orienter à moins de ses aires de vent, parut extrêmement présomptueuse au Prince et à ces deux messieurs. « Eh bien ! leur dis-je, nous porterons là-bas cette question à décider à MM. de Guichen et de La Mothe-Piquet ; s'ils me condamnent, vous aurez tout droit de bien vous moquer de moi. »

Notre première couchée fut à Chanteloup, où nous passâmes vingt-quatre heures. M. de Choiseul, son frère M. de Stainville et Mme de Grammont me firent prendre l'engagement de leur écrire une fois par semaine par l'un des deux courriers que le Prince devait expédier et recevoir.

Cette correspondance devint un journal exact du siège. Malheureusement il m'a été enlevé pendant la Révolution, et aujourd'hui je dois écrire d'après mes seuls souvenirs.

A notre arrivée sur la rive espagnole de la Bidassoa,

M. le comte d'Artois fut reçu par un officier général espagnol qui commandait en Biscaye, Guipuscoa et Alava.

A Vittoria et à Burgos, on lui donna des spectacles de combats de taureaux pour lesquels on avait appelé les deux plus célèbres toréadors d'Espagne, les fameux Romero et Costillarez.

Le comte de Montmorin, alors ambassadeur de France en Espagne, vint au-devant de nous jusqu'à Olmedo, d'où nous devions nous rendre le lendemain à Saint-Ildefonse où était la cour. Il nous avertit d'éviter, malgré la grande chaleur, de porter des culottes de toile blanche, et de ne prendre sur nous aucune odeur, parce que la princesse des Asturies, qui venait d'accoucher de la future reine d'Étrurie [1], les redoutait.

D'Olmedo nous vînmes à Ségovie, où nous fûmes reçus par le comte Lacy, lieutenant général et commandant en chef de l'artillerie, dont l'école principale était établie dans l'Alcazar, ancien château des rois maures.

Ce fut là que le roi d'Espagne envoya au Prince ses voitures, ses écuyers, un détachement des gardes du corps, enfin tout le cortège d'un infant d'Espagne. Les voitures étaient celles que Philippe V avait amenées en Espagne.

---

[1] La princesse Marie-Louise, qui de 1803 à 1807 devint reine d'Étrurie.

La distance de Ségovie à Saint-Ildefonse est de deux lieues de pays. Le chemin à travers les champs est étroit et tortueux, mais assez uni. A peine fûmes-nous montés en voiture que nous partîmes avec la rapidité de l'éclair et que, jusqu'à Saint-Ildefonse, elle se soutint au milieu d'un tel nuage de poussière que de l'intérieur des voitures l'on ne voyait absolument rien. Je crois me rappeler que ces deux énormes lieues furent faites en moins d'une demi-heure.

En arrivant à Saint-Ildefonse nous fûmes immédiatement conduits dans le cabinet du Roi, où nous entrâmes avec le Prince. Le Roi était seul avec son grand chambellan, le vieux duc de Lossa, son premier ministre le comte de Florida Blanca, et l'ambassadeur de France.

Charles III serra dans ses bras M. le comte d'Artois et l'embrassa avec l'affection la plus touchante. « C'est mon petit-neveu, disait-il, et je suis aussi son parrain. » Le Prince nous nomma tous les cinq au Roi, qui nous répéta plusieurs fois d'avoir bien soin de son « petit-neveu ».

Don Pedro Stuart, marquis de San Leonardo, mon parent et premier écuyer du roi d'Espagne, l'avait prévenu que j'étais de la suite de M. le comte d'Artois; aussi Sa Majesté me fit-elle les compliments les plus agréables sur ce que j'étais comme son premier écuyer, petit-fils du maréchal de Berwick, qui avait affermi la couronne d'Espagne sur la tête de Philippe V.

La première chose dont Charles III fut empressé de parler au comte d'Artois fut du train dont il était venu de Ségovie. « Comment trouvez-vous que vont nos mules? Vos chevaux anglais, vos chevaux allemands, ne vont pas si vite, n'est-il pas vrai? » Nous ne tardâmes pas à savoir, par mon cousin et par les écuyers, que le Roi avait ordonné qu'on nous menât, s'il était possible, plus vite encore que lui-même, et certes ses ordres avaient été ponctuellement suivis!

De chez le Roi, l'ambassadeur nous conduisit chez le prince des Asturies, chez les infants don Gabriel et don Antonio, puis chez la princesse doña Maria.

Ensuite notre prince fut mené à l'appartement d'infant qui lui était destiné. Il y trouva rassemblés tous les gentilshommes de la chambre du Roi, les majordomes, les écuyers, les pages, les valets de chambre et valets de pied qui devaient faire le service auprès de lui.

Chacun de nous fut ensuite conduit à son appartement par un majordome.

Tout était meublé avec le plus grand luxe, et l'on donnait à chacun de nous, pour le service, un valet de chambre français, un valet de chambre espagnol et trois valets de pied, dont un au moins parlait notre langue.

Chaque matin un officier d'office, en dentelles et l'épée au côté, venait prendre nos ordres pour notre déjeuner. Un écuyer du Roi arrivait ensuite nous offrir des voitures à quatre ou à deux mules ou des chevaux de selle ; un maître d'hôtel du Roi nous demandait si notre Excellence voulait dîner dans son appartement et le nombre de couverts que nous voulions avoir.

Une auberge fut indiquée, où nos valets de chambre dans une pièce et nos laquais dans une autre furent servis avec profusion aux dépens de la cour. Enfin nos voitures furent menées aux écuries du Roi et réparées avec le plus grand luxe

Le roi d'Espagne mangeait toujours seul, et M. le comte d'Artois dînait tantôt chez le comte de Montmorin, tantôt chez le comte de Florida Blanca ou le duc de Medina Cœli, grand maître de la maison du Roi. Sa Majesté désira néanmoins que le comte d'Artois se montrât un jour comme infant d'Espagne et reçût la cour de tous les grands. Il dîna donc un jour tout seul, servi par la Maison de son grand-oncle, et reçut pendant son dîner.

Notre Prince faisait exactement sa cour au Roi aux heures où il recevait, c'est-à-dire après son dîner et à son retour de la chasse. Il accompagna une fois ou deux le Roi à la pêche à l'hameçon. Le goût de la chasse et de la pêche était tellement une passion pour Charles III, qu'il avait l'incroyable patience de rester posté une ou deux heures, sans plus bouger qu'une statue, pour attendre un chevreuil, un lièvre, une bécasse, ou la ligne en main pendant une heure pour prendre un goujon.

La piété et la dévotion de Charles III étaient extrêmes, et le principe que l'oisiveté est la mère de tous les vices l'avait porté à donner à la chasse et à la pêche tout le temps qu'il n'employait point aux affaires ; par le même principe il exigeait rigoureusement de ses enfants et même de son frère l'infant don Louis, jusqu'à son mariage à plus de cinquante ans, qu'ils l'y suivissent deux fois par jour.

Mon cousin Pedro Stuart m'avait parfaitement accueilli. Il avait voulu me présenter à ses autres parents, à ceux de sa femme, à la maison d'Albe, dont était la duchesse de Berwick, sa belle-sœur, à sa société et à ses amis. En peu de jours je fus donc extrêmement répandu dans la plus haute compagnie de la cour. Je me rappelai assez d'espagnol de mes premières courses à Cadix pour me tirer d'affaire avec les personnes qui ne parlaient pas le français, et, malgré bien des solécismes, l'on me tenait gré de me faire comprendre et d'entendre.

Pedro Stuart était un grand bel homme ; ses manières étaient nobles et aisées, son esprit était agréable et son caractère jovial. Il s'était distingué dans le service de mer dont il était lieutenant général, et surtout dans un combat contre les Algériens qui dura quarante-huit heures et fit le commencement de la réputation de don Luis de Cordova, sous les ordres duquel don Pedro commandait un vaisseau ; deux algériens furent coulés bas.

Charles III l'avait beaucoup aimé, et sa faveur avait été grande jusqu'au mariage de l'infant don Louis. Par lui et par sa femme, qui avait beaucoup d'esprit, j'eus occasion de connaître cette cour et j'avoue que je la jugeai moins sévèrement que mes compagnons J'y trouvai des manières nobles, de la politesse et de l'indulgence pour les étrangers qui ne tournaient pas leurs usages en ridicule.

Saint-Ildefonse, pendant les grandes chaleurs, est réellement un séjour délicieux par sa position au milieu des montagnes de la Guadarrama qui le dominent et le couvrent du midi. Les soirées y sont si fraîches par le voisinage des montagnes, des bois et des nombreuses eaux jaillissantes de ses jardins, qu'il est même dangereux de passer subitement de la chaleur du jour à la fraîcheur lorsque le soleil se couche; il est prudent de le laisser entièrement disparaître de l'horizon avant de se promener dans les jardins que le célèbre Lenôtre a embellis comme ceux de Versailles.

Mais les eaux de Saint-Ildefonse sont bien plus belles. Au lieu d'arriver par une machine qui les puise à la rivière fangeuse et bourbeuse de la Seine, et les remonte ainsi jusqu'aux hauteurs de Versailles, elles découlent naturellement à Saint-Ildefonse d'un lac immense, excessivement profond, situé au sommet de la Guadarrama. Ces eaux limpides, aussi brillantes que le cristal, s'élèvent alors par les jets d'eau à une hauteur prodigieuse.

CHAPITRE VII.

Le château neuf n'est pas très grand, mais du côté du jardin son architecture est très agréable. Il joint, du côté de la cour, les bâtiments d'un vieux monastère. Quand la cour y vient, les moines passent comme à l'Escurial dans un autre couvent, laissant seulement les religieux employés au service de la chapelle. Dans les rez-de-chaussée du palais, l'on peut admirer une collection importante de statues antiques très curieuses. Les nudités que l'artiste n'avaient pas cachées par des feuilles de lierre furent sous Charles III couvertes par des feuilles de papier.

Une fois que j'étais allé faire ma cour au dîner du Roi, le bon Charles III m'appela et me fit suffisamment approcher de lui pour que l'on n'entendît pas ses paroles : « Venez, me dit-il, approchez, approchez. Je veux vous confier un secret, mais surtout gardez-le bien vis-à-vis de mon petit-neveu ; je veux lui donner une agréable surprise. Je ferai mettre mon régiment de carabiniers à son passage à Mançanarez. L'on parle des carabiniers de France, des cuirassiers de l'Empereur, de la cavalerie prussienne... Bah ! tout cela n'est rien en comparaison, et puis... Ah ! vous verrez comme cela manœuvrera. Mon petit-neveu sera bien content, mais je veux qu'il en ait toute la surprise... Gardez-en bien le secret. »

J'étais le seul Français assistant à ce dîner. Les seigneurs espagnols étaient fort occupés de ce que

Sa Majesté avait pu me dire à l'oreille; plusieurs me pressentirent vivement, et je m'amusai de l'air d'importance et de faveur que cela me donnait. Bientôt la cour de M. le comte d'Artois et lui-même furent instruits de ce colloque intime, et, non moins curieux que les Espagnols, ils cherchèrent à en pénétrer le secret. Je répondis en me rengorgeant que le Roi ayant eu la bonté de me confier un secret, je devais le garder. Le jour où nous partîmes de Saint-Ildefonse, le prince me pressa encore, et je lui annonçai que je le lui dirais le second ou le troisième jour de notre route.

L'infant don Gabriel, prince charmant, aimable, plein de talents et de connaissances, avait pris M. le comte d'Artois dans la plus vive et la plus franche amitié. L'exemple du prince français, volant à un siège qui fixait les regards de toute l'Europe, avait excité l'émulation du prince espagnol. Mais vainement don Gabriel avait sollicité de son père la permission de partir. Le confesseur avait été consulté, et le moine avait répondu qu'il y aurait danger pour les mœurs de don Gabriel, parce que le comte d'Artois était *un poco tonante*.

On peut comprendre le sens de ce mot, il n'est pas possible de le traduire littéralement. Le mot *tonante* ne dit pas seulement un libertin, mais jette du doute sur la foi religieuse. Aussi le pauvre don Gabriel resta à Saint-Ildefonse pour éviter la société de son cousin *un poco tonante*.

C'est surtout en quittant Saint-Ildefonse pour Madrid que l'on apprécie mieux la délicieuse température de cette maison royale. A peine descend-on le côté opposé de la Guadarrama que l'air s'échauffe ; et lorsqu'on arrive à Madrid à travers des tourbillons de poussière, l'on pourrait croire avoir parcouru plusieurs degrés de latitude méridionale, quoique la distance soit seulement de quatorze lieues.

L'ambassadeur de France nous logea tous dans la superbe maison qu'il occupait rue d'Alcala.

Notre séjour dans cette capitale fut occupé à visiter toutes les curiosités qu'elle renferme : le palais et la collection magnifique de tableaux de l'Académie, le *Buen Retiro*, etc. Nous fûmes à l'Opéra, et l'on donna à M. le comte d'Artois un combat de taureaux tel qu'on le donne en présence d'un infant d'Espagne.

En pareil cas un des vainqueurs du taureau est fait hidalgo (gentilhomme). Mais l'usage exige qu'il ait un parrain, et ce parrain est toujours un grand seigneur. Ce fut le duc d'Hijar qui ce jour-là fut le parrain du candidat. Le duc, précédé de sa nombreuse maison, écuyers, valets de chambre, pages, valets de pied tous vêtus magnifiquement, entra dans l'arène monté sur un char richement orné ; le néophyte, assis plus bas que lui, était sur le devant du char. Il parcourut lentement la circonférence de ce grand cirque, aux applaudissements répétés d'un théâtre garni de dix mille personnes depuis les plus hautes jusqu'aux plus basses classes. Les seigneurs étaient en habit de gala; et les femmes de qualité couvertes de diamants. Enfin le récipiendaire descendit du char, on lui donna un cheval magnifiquement équipé, et quatre alcades, également à cheval, suivirent tous ses pas. Le char sortit de l'enceinte; et le duc étant monté dans sa loge, les trompettes donnèrent le signal; un taureau furieux s'élança dans la carrière, et le combat commença.

Le cavalier l'attaqua d'abord à la lance. L'animal en reçut des coups qui augmentèrent sa fureur. Quelquefois on croyait qu'il allait éventrer le cheval et désarçonner le cavalier, l'on entendait des cris d'intérêt et d'inquiétude; mais ceux d'approbation donnés au toréador étaient bien plus nombreux; des rires à pâmer se mêlaient aux cris en voyant les terreurs des quatre membres de la *Justicia*, destinés à suivre le futur hidalgo et empressés à fuir le taureau chaque fois qu'il faisait front.

Bientôt le malheureux cheval du toréador perdit beaucoup de sang, et ses boyaux traînèrent jusqu'à terre, sans qu'il perdit ni sa force ni son courage. Le combattant en changea plusieurs fois, car le taureau était encore dans toute sa force; mais un coup de lance, plus heureux que les premiers, l'atteignit mortellement. Les trompettes et les acclamations de tout l'amphithéâtre proclamèrent la victoire. Alors le char et le cortège du duc d'Hijar rentrèrent dans le cirque. Le duc prit le vainqueur dans son char, tous deux firent le tour du cirque, et le jeune héros fut proclamé *hidalgo*.

Après le combat à cheval, commencèrent les combats à pied, trop connus des voyageurs pour que j'en fasse une nouvelle relation.

Nous partîmes enfin pour nous rendre à San Rocco, sans nous arrêter nulle part.

De Madrid nous fûmes dîner à Aranjuez, chez l'ambassadeur de France ; nous visitâmes le château et les jardins. Ce séjour passe pour être délicieux au printemps et insupportable en été. Nous allâmes ensuite coucher à Ocana, petite ville de la Manche où était placée l'École royale d'équitation de toute la cavalerie, sous l'inspection de M. de Ricardos, lieutenant général [1]. Nous étions arrivés tard, nous devions repartir de grand matin. L'on proposa à M. le comte d'Artois de voir les élèves de l'École au flambeau.

Sur l'un des côtés d'un vaste manège était un orchestre nombreux ; les élèves firent toutes leurs évolutions au son des instruments à cordes et à vent, comme l'on mène une contredanse. Les chevaux galopaient en cadence, comme ceux d'Asthley de Franconi. Nous nous demandions comment il pouvait sortir de cette École un bon officier de cavalerie.

[1] Le marquis don Antonio de Ricardos, d'une ancienne famille espagnole, né en 1748, mort en 1798.

M. de Ricardos nous donna un souper tel, que ni chez le Roi ni chez M. le comte d'Artois nous n'en avions jamais fait de meilleur. Le marquis de Ricardos avait-il fondé le système d'instruction de cette académie? C'est d'autant moins présumable qu'il est réellement homme d'esprit, et plein de l'instruction militaire la plus élevée, celle qui forme les bons généraux. Il en donna des preuves en commandant l'armée espagnole contre l'armée révolutionnaire sur les frontières du Roussillon, lorsqu'une mort précipitée lui a vraisemblablement enlevé et la vie et une suite de succès.

Pendant toute la soirée nous causâmes de cavalerie. Il avoua que cette ancienne cavalerie espagnole si renommée n'existait plus, mais qu'il était presque impossible de faire les changements nécessaires dans un pays où il était de principe absolu de toujours faire ce que l'on avait fait la veille et absolument comme on l'avait fait.

Je ne puis nommer la ville d'Ocana sans me rappeler avec une extrême sensibilité que j'y fis la connaissance d'un homme devenu depuis, avec ses rares et charmantes vertus, mon intime ami et celui de Mme des Cars. Partout où il a été connu, le prince Horace Borghèse, franc et généreux, a commandé le respect, inspiré l'estime et l'amitié; encore riche par lui-même et par sa place, quand les événements de l'Europe ont créé tant de malheureux, quels sont ceux qu'il a connus et sur lesquels il n'a pas versé ses bienfaits avec la plus généreuse prodigalité? J'ai vu un grand nombre de mes compatriotes expatriés lui devoir leur complète subsistance, je les ai entendus le combler de leurs bénédictions et lui témoigner leur vive reconnaissance. Il était alors maréchal de camp au service d'Espagne et fut depuis ministre à Berlin.

En traversant la Manche, nous aperçûmes et le village du Toboso et les moulins que le fameux Don Quichotte attaqua, croyant combattre des géants!

Nous approchions de Mançanarez, et le bruit répandu sur la route que nous y trouverions les carabiniers royaux me dispensa de violer le secret que m'avait imposé Charles III. Je pus alors avouer à M. le comte d'Artois la galanterie que lui avait préparée son parrain.

Effectivement, après notre dîner dans un village assez voisin de Mançanarez, un major vint au-devant de Mgr le comte d'Artois et l'informa des ordres qu'il avait reçus de rassembler son corps de carabiniers pour le présenter au prince. Ce major était un très vieux officier, auquel, depuis nombre d'années après la mort du colonel, Charles III laissait le commandement du régiment sans lui en donner le grade.

Lorsque M. le comte d'Artois lui eut témoigné sa reconnaissance envers le Roi, il exprima au major la satisfaction qu'il aurait de voir manœuvrer de si belles troupes. A ce mot « manœuvrer », le major pâlit et parut consterné. Il expliqua alors en tremblant que, malgré l'opinion si favorable du Roi pour les carabiniers, Sa Majesté les tenait depuis plus de vingt ans disséminés, compagnie par compagnie, dans des villages assez distants les uns des autres ; que jamais deux compagnies ne s'étaient réunies, et sous prétexte que les carabiniers étaient choisis dans d'autres régiments de cavalerie, et étaient instruits, ils ne montaient ordinairement à cheval que pour aller à l'abreuvoir. Enfin ce pauvre major pleurait presque à l'idée de manœuvrer, et du désir exprimé par le prince.

Nous fîmes l'impossible pour le rassurer, nous lui dîmes qu'il avait trop de modestie pour ses troupes, mais nous persistâmes dans notre curiosité, et il dut retourner à Mançanarez, désolé de la trop aveugle confiance du Roi son maître.

Nous le suivîmes d'assez près. A quelque distance de Mançanarez, nous trouvâmes les chevaux de selle qu'on nous avait préparés et nous aperçûmes les carabiniers en bataille dans une plaine immense.

Il faut convenir que lorsque nous les eûmes joints, le coup d'œil de ce régiment était pour un amateur de cavalerie le plus beau spectacle. Des chevaux de troupe de la plus grande finesse, d'une beauté telle que le moindre eût été, pour un prince ou un général, un superbe cheval, des hommes grands, forts, carrés, des figures nobles et militaires, des moustaches bien égales, bien cirées, des habits de beau drap bleu à parements écarlates, galonnés d'argent, le chapeau également bordé, ainsi que l'équipement en bleu du cheval, des officiers tous pris dans les familles les plus distinguées de l'Espagne, richement vêtus et superbement montés; la vue de ce corps en bataille était ce que j'ai jamais vu de plus beau en ce genre.

Nous prolongeâmes le front des quatre escadrons de cent vingt hommes chacun, mais nous ne pûmes y remarquer cette immobilité des autres cavaleries de l'Europe quand elles sont passées en revue.

Cette immobilité imposante tient aux chevaux hongres des régiments et à l'instruction des cavaliers souvent exercés. En Espagne, les hommes n'ont jamais été bien dressés, et les chevaux entiers piaffent et hennissent toujours.

Nous passâmes entre les rangs, et par parenthèse, il y avait entre le premier et le second de quoi tourner un carrosse à huit chevaux. D'après les observations que le bon major avait faites le matin à M le comte d'Artois, il se flattait que la revue du prince se bornerait à passer dans les rangs et à voir défiler les carabiniers. Mais une égale curiosité nous poignait tous de voir cette superbe cavalerie en mouvement. Le prince me chargea de dire au major de faire serrer les rangs, de mettre son régiment en colonne, et de commander quelques formations.

Je crus un instant avoir porté le coup de la mort à ce brave major. Cependant il fallait obéir à un « infant ». Aussi, d'une voix tremblante, il fit d'abord remettre les sabres dans le fourreau, ce qui occasionna un premier mouvement de désordre dans les deux rangs; ce désordre fut pire quand le second rang se rapprocha du premier; la moitié des chevaux de celui-ci s'élancèrent en avant. Tous hennirent, chaque cavalier cria holà! à son cheval et chaque officier répéta le même cri pour le sien, tout en ordonnant à sa troupe de garder le silence.

Enfin le major fit rompre de pied ferme à droite par quart d'escadron; l'on n'eût pas entendu le tonnerre pendant cette conversion. « En avant, marche! » commanda le major, et voilà la colonne en mouvement. Il fallut parcourir un assez grand espace avant de fixer tous les chevaux au pas, d'observer les distances et quelque alignement dans les rangs.

Le prince et nous, nous reconnûmes qu'il y aurait de la barbarie à exiger du major un seul commandement *au trot*. Les carabiniers tenaient leurs rênes d'une longueur prodigieuse, et avaient un caveçon[1] dans la main droite; ils chaussaient leurs étriers si longs qu'ils les perdaient à tout moment. Les officiers n'étaient pas les moins embarrassés. Le prince demanda au major de faire défiler le régiment

---

[1] C'est un demi-cercle de fer que l'on met sur le nez des chevaux pour les dresser.

devant lui par section. Le moment de faire remettre le sabre à la main fut encore un moment de crise violente; la défilade ne fut guère mieux que le reste, et les carabiniers rentrèrent. Pendant tout le règne de Charles III, ils n'en avaient pas fait autant, et cette journée aura été inscrite dans les registres de ce régiment comme *une chaude journée*.

Le soir même M. le comte d'Artois écrivit au Roi son parrain une lettre de remerciement sur la faveur inopinée qu'il venait de lui ménager en lui faisant rencontrer ses carabiniers royaux, et il ajouta les plus grands éloges à leur sujet. C'est ainsi que le plus souvent on dit la vérité aux souverains! Ici, qui était le coupable? Certes, ce n'était pas le vieux major, c'était le Roi tout seul.

Comme nous couchions à Mançanarez, nous passâmes le reste de la journée avec les officiers de ce corps. Ils se plaignirent tous de l'abandon dans lequel le Roi les tenait dans leurs quartiers. Ils ne se consolaient pas d'avoir été vus par des étrangers avec autant de désavantage.

De Mançanarez nous continuâmes notre route vers la Sierra-Morena. Les chaleurs augmentaient de jour en jour. A l'exception du comte d'Artois, du prince d'Hénin, de moi et d'un valet de pied, maîtres et valets avaient les jambes comme des poteaux[1]. Les malheureux cuisiniers du prince les

---

[1] Souvent la chaleur fait ainsi enfler les jambes des personnes qui n'y sont pas habituées, et des plaies se forment.

avaient remplies de trous. Ce fut bien pire encore lorsque nous arrivâmes en pleine sierra, aux superbes établissements formés par le fameux Olivarès, à la Carolina et à la Carlotta, surtout à Écija, jolie petite ville d'Andalousie, à bon droit nommée *la perle de l'Espagne.*

Nous admirâmes avec raison cette entrée en Andalousie, les superbes chemins pratiqués dans la Sierra-Morena, les colonies d'Olivarès, Cordoue, son alcazar et sa cathédrale, d'abord temple païen sous les Romains, mosquée sous les Maures, aujourd'hui une des plus belles églises de la catholicité; nous vîmes enfin le magnifique haras du Roi.

La veille de notre arrivée à Ecija, M. le comte d'Artois reçut un courrier du duc de Crillon; ce général lui mandait qu'il avait projeté pour la nuit du 15 au 16 août un *ouvrage magique* qui devait avoir le plus grand succès et faciliter infiniment la prise de la place; il désirait que le prince fût présent à son exécution; mais, comme en suivant la route ordinaire, il ne pourrait pas arriver à temps, il l'engageait à laisser son cortège à Ecija, à y prendre des chevaux de poste et avec le moins de monde possible, passant par Ossuna et Cagnette la Reale, à gagner Ronda, où il nous ferait trouver des chevaux de dragons en relais jusqu'à San Rocco.

J'oubliais de dire que, suivant les instructions de M. de Crillon, le prince devait en quelque sorte se dérober à sa suite pour que le public ne sût pas sa marche isolée.

J'étais de quartier, le prince ne pouvait partir sans moi ou le chevalier de Crussol; celui-ci ne me disputa pas cet avantage, car il était fort malade, et le comte d'Artois ne parla donc de ce changement qu'au prince d'Hénin et à moi. Je lui observai qu'il y aurait le lendemain bien des mesures à prendre à Ecija pour disposer ces marches différentes, et qu'il serait à propos de marcher toute la nuit pour arriver le lendemain matin de bonne heure : ce fut accepté.

Pendant que tout le monde prenait du repos, je m'occupai de faire les dispositions nécessaires. Le plus difficile fut de trouver le moyen de faire gagner du temps à toute la maison noble du prince, qui serait au désespoir de ne pas suivre ses premiers pas à la tranchée. Il fallait pour cela, ou trouver une route plus courte, et il n'y en avait pas, celle de Ronda étant impraticable pour les voitures, ou doubler les journées : c'est le parti que je pris.

Nous n'avions point de selles avec nous; et l'on m'assura que la poste aux chevaux ne nous en fournirait pas. Je songeai à en emprunter au régiment de cavalerie de l'Infante, qui était au quartier à Ecija. Je fus secondé dans tous ces arrangements par un maréchal de camp espagnol employé dans cette ville. Tout était disposé lorsque M. le comte d'Artois se réveilla. Nous dînâmes et vers le soir nous partîmes, lui, d'Hénin et moi, un valet de pied, un postillon de poste, et nous arrivâmes à la nuit à Ossuna.

J'eus alors un moment embarrassant.

Le maréchal de camp d'Ecija ayant fait prévenir que le prince allait y passer, les alcades de la ville vinrent au-devant de nous, et dès que nous eûmes mis pied à terre, l'alcade-major me prit à part et me dit qu'il était impossible que le prince continuât sa route pendant la nuit, les chemins étroits et pierreux de la montagne étaient bordés de précipices affreux; si le cheval s'abattait, son maître et lui couraient les risques d'être perdus sans ressource; de plus, il ne devait pas me cacher que tout le pays à traverser pendant cette nuit était rempli de contrebandiers en relations continuelles avec Gibraltar du côté de la Méditerranée; qu'en conséquence je devais, disait-il, déterminer le prince à passer la nuit à Ossuna.

Je remerciai l'alcade de ses avis et lui demandai une minute de réflexion. Après cet instant : « Nous partirons, lui dis-je, il ne peut en être autrement; allez dire au maître de poste de retarder un peu nos chevaux, puis trouvez-moi une trentaine de vos Andalous à cheval; rassemblez-les sur la place, et avertissez-moi quand ils y seront. » Dans un instant l'alcade revint me dire que le monde que je demandais était à quatre pas sur la place. J'y courus; au lieu d'une trentaine j'en trouvai cinquante... Je formai bien vite une avant-garde avec ses éclaireurs marchant à cinquante ou cent pas l'un de l'autre, suivant les sinuosités des chemins, des patrouilles de flanc et une arrière-garde. Ces braves gens bien montés, bien armés, saisirent à merveille la courte instruction de marche que je leur donnai. Ils se munirent de torches, parce que la nuit était fort noire. Mon alcade fit venir les chevaux de poste, et nous partîmes avec autant de régularité qu'un régiment de troupes légères bien exercées.

J'avais fait deux calculs : le premier, que rien ne pourrait arrêter M. le comte d'Artois; le second, que si nous ne marchions pas cette nuit-là, nous courrions les risques de ne pas arriver d'assez bonne heure le lendemain au camp de Saint-Roch.

Lorsque nous nous mîmes en chemin, M. le comte d'Artois, qui s'était impatienté de la lenteur avec laquelle les chevaux de poste arrivaient et qui ne savait rien de la confidence faite par l'alcade, se fâcha de voir autant d'hommes à cheval en avant et en arrière de lui, avec des torches dans les rues d'Ossuna. D'Hénin, que j'avais mis dans ma confidence, et moi, nous lui dîmes qu'il ne fallait pas priver ces bonnes gens du plaisir de l'accompagner et de l'éclairer pendant quelque distance; d'ailleurs, leur entrain, leurs chansons l'égayèrent, et notre marche fut à merveille jusqu'au jour; ils s'en retournèrent quand nous n'en eûmes plus besoin, et nous arrivâmes seuls avec notre postillon de poste à Cagnette la Reale, ayant mis cinq heures à faire la poste depuis Ossuna, tant les chemins de montagne sont difficiles. Quoique en plein jour, nous ne courûmes guère plus vite de Cagnette la Reale à Ronda. Nous prîmes là, au couvent des Minimes, quelques heures de repos pendant l'extrême chaleur. Les moines nous régalèrent de leur mieux d'une chère et d'un vin détestables. Là commençaient les relais des chevaux de dragons. Nous partîmes au coucher du soleil, et le lendemain 15 août, à onze heures du matin, nous rencontrâmes, à peu de distance de Saint-Roch, le duc de Crillon venant en voiture au-devant de M. le comte d'Artois.

CHAPITRE VIII

Siège de Gibraltar. — Plan de M. d'Arçon. — Anecdotes sur le duc de Crillon et le prince de Nassau. — La première visite aux tranchées. — Enthousiasme pour M. le comte d'Artois. — Bonté du Prince. — Chevaleresques égards du général Eliot. — Le chevalier d'Oraison.

On peut facilement imaginer que, pour un volontaire du rang de M. le comte d'Artois, le général duc de Crillon, indiscret d'habitude et de caractère, n'eut aucuns secrets et ne laissa ignorer au Prince ni les instructions reçues de Madrid et de Versailles, ni les opérations qu'il projetait, et je puis dire que, soit à raison de mon zèle militaire, soit à raison de la confiance et de l'amitié particulière du Prince, peu de personnes ont été plus instruites que moi de tous les ressorts mis en œuvre à l'époque de cette entreprise.

Je ne me piquerai pas de tout rapporter avec autant d'exactitude que si le journal que j'en avais conservé était encore entre mes mains, mais je réponds de l'exacte et impartiale vérité de ce que je dirai. Si cette vérité paraît quelquefois une satire, ce ne sera pas ma faute, mais bien celle des acteurs de la scène dont j'ai été simple spectateur.

Il était certainement humiliant pour une puissance aussi forte par elle-même que l'était l'Espagne, et même pour la France, son alliée intime, de voir à l'extrémité du royaume une langue de terre surchargée d'une citadelle passant pour imprenable, possédée par une puissance rivale. En guerre, celle-ci disposait de la communication de l'Océan à la Méditerranée ; en paix, elle exerçait une surveillance immédiate qui gênait le commerce entre ces deux mers. Il était donc du plus grand intérêt pour les deux couronnes d'éloigner un voisin si incommode.

La nature de la place de Gibraltar rendait difficile, impossible même un siège en règle. N'y avait-il donc d'autre moyen d'en chasser les Anglais que de les y attaquer de vive force, alors que l'on ne pouvait y tracer ces circonvallations sans lesquelles la prise d'aucune place n'est assurée ?

« C'est dans le centre de la Jamaïque qu'il faut prendre Gibraltar », disait le comte d'Aranda. Je crois qu'il avait raison. M. le comte d'Estaing, comme je l'ai dit plus haut, n'avait qu'à s'y montrer avec son escadre après la défaite de l'escadre anglaise à la Grenade ; la Jamaïque, alors sans défense, se rendait, et certes, à la paix qui eût suivi promptement, il n'eût pas manqué d'objets de compensation à donner pour Gibraltar.

Par un de ces bonheurs qui arrivent par hasard une seule fois dans plusieurs siècles, le duc de Crillon venait de prendre Mahon, au moment même où n'ayant plus ni poudre, ni bombes, ni boulets, il allait lever le siège, se rembarquer et ramener ses troupes en Espagne. Une épidémie ayant attaqué la garnison qui périssait dans les casemates, avait forcé le général Murray à capituler, le jour même qu'une frégate devait porter en Espagne l'annonce de la levée du siège.

Crillon se garda bien alors de laisser arriver sa dépêche à la cour; il manda par cette frégate la capitulation de la place, et bientôt il parut à Madrid un second Richelieu. Le vainqueur de Mahon fut regardé par Charles III et son ministre, le comte de Florida Blanca, comme le Poliorcète du siècle, et dans le cabinet de Madrid l'on ne rêva plus que la prise de Gibraltar.

Depuis longtemps les officiers français et espagnols les plus distingués du génie et de l'artillerie s'étaient occupés de faire des plans d'attaque de cette place. Tous en laissaient le succès douteux, tous exigeaient des sommes immenses et des sacrifices d'hommes innombrables.

Celui de M. d'Arçon[1] parut suppléer le plus avantageusement à ce qui manquait aux précédents; il fut adopté par les cours de France et d'Espagne au mois d'août ou de septembre 1781; mais, à raison des préparatifs qu'il exigeait, son

---

[1] Le Michaud d'Arçon, né en 1733 à Pontarlier, entra en 1754 à l'école du génie de Mézières; c'était un ingénieur très distingué; il mourut en 1800, après avoir rendu les plus grands services sous la Révolution comme membre du comité topographique.

exécution fut fixée au mois d'août ou de septembre 1782. Certes, douze mois auraient dû largement suffire à ces préparatifs.

Le plan de d'Arçon contenait un système de circonvallation que n'avaient point les plans antérieurs. Au peu de circonvallation des lignes de Saint-Roch, il ajouta une circonvallation maritime formée par des batteries flottantes. C'était déjà un point essentiel aussi utile pour l'attaque de vive force que favorable pour s'opposer au ravitaillement de la place. Mais il fallait, de plus, que les cabinets s'accordassent sur l'emploi à faire de leurs forces navales, pour de loin ou de près empêcher l'ennemi de porter des secours dans la place. Ainsi une attaque par mer et une attaque par terre étaient liées ensemble.

La gauche des lignes de Saint-Roch s'appuyait à la Méditerranée. La droite venait joindre la gauche de l'attaque de mer; celle-ci s'étendant sur le front de la place, regardant la rade d'Algésiras, se terminait à sa droite après avoir tourné la pointe d'Europa jusqu'à la Méditerranée.

Le derrière de la place gisant sur la Méditerranée est un rocher à pic d'une hauteur de douze cents pieds, qui ne permet aucune circonvallation, et l'unique *Pas du berger*, par où l'on avait pénétré une seule fois, était si connu des Anglais qu'il n'y avait plus à espérer ni même à tenter de s'en servir.

Ce plan de circonvallation n'était cependant pas continu dans toutes ses parties. Il laissait un vide considérable depuis la droite de l'embossement des batteries flottantes jusqu'à la pointe d'Europa; mais le plan de M. d'Arçon y remédiait par un projet de débarquement de quatre mille hommes à l'anse Saint-Jean, autrement dit l'anse aux Remèdes. L'on verra comment devait s'effectuer ce débarquement et l'utilité dont il eût été.

Comme on devait s'attendre que l'ennemi ne négligerait pas l'emploi des boulets rouges auxquels de simples bâtiments de guerre n'auraient pu résister longtemps, M. d'Arçon avait conçu une idée dont beaucoup de gens se sont moqués, et qui selon moi était la partie la plus ingénieuse de son projet.

Il avait demandé dix carcasses de vieux vaisseaux de guerre, pour en faire des batteries qu'il se flattait de rendre incombustibles. Tout le côté de ces vaisseaux qui dans l'embossement devait faire face à la place, recevait un doublement tant en dehors qu'en dedans, et on calculait qu'aucun boulet rouge ne pourrait percer de part en part ces trois épaisseurs. Il en était de même de l'espèce de toit qui, depuis le passavant, recouvrait le pont du bâtiment et les batteries intérieures. Sur le sommet de ce toit et dans toute sa longueur, on avait pratiqué une espèce de petit canal qui, par le moyen d'une pompe, établissait un système d'irrigation supposé suffisant pour éteindre les boulets pouvant rester dans l'épaisseur du bois. Plusieurs expériences de boulets rouges, tirés dans une pareille épaisseur de bois et arrosés immédiatement, avaient donné lieu de compter sur la suffisance de ce moyen.

Je le répète, ce plan avait été adopté un an auparavant avec un égal enthousiasme par la cour de France et par celle de Madrid; un an était bien suffisant pour disposer ainsi dix carcasses de vieux vaisseaux. Eh bien, lorsque le 15 août nous arrivâmes devant Gibraltar, les batteries ainsi que les bombardes et chaloupes qui devaient accompagner l'attaque étaient à peine commencées. La hâte avec laquelle on y travaillait fit manquer sur plusieurs le canal d'irrigation, principal pivot du système d'incombustibilité de M. d'Arçon; on n'avait plus le temps de donner l'attention qu'exigeait le perfectionnement de ces batteries. Les deux Cours et les deux princes français, M. le comte d'Artois et M. le duc de Bourbon, s'impatientaient, car il y avait à craindre que l'escadre anglaise ne parvînt à ravitailler la place avant que cet ouvrage fût perfectionné, peut-être même avant que les flottes combinées de M. de Guichen et de don Luis de Cordova l'eussent combattue, dispersée et éloignée de Gibraltar.

D'après le plan de M. d'Arçon, les dix batteries flottantes devaient s'embosser, cinq en première ligne, cinq en seconde ligne, vis-à-vis les intervalles de la première, sur le prolongement d'une ligne prise mathématiquement sur deux points choisis à terre, à une distance assez rapprochée du front de la place pour le battre en brèche.

Le point de cet embossement m'a toujours paru saisi avec le plus profond discernement, et en jetant encore les yeux sur un plan, longues années après, j'applaudis à ce choix.

Du côté de la place, le môle vieux, formant une longue saillie dans la rade, était garni d'une batterie considérable de canons de gros calibre faisant face aux lignes de Saint-Roch. Aussi une batterie flottante placée en face de ce môle était destinée à l'enfiler de long en long, et par conséquent à en rendre le feu absolument nul. Une autre, mouillée plus à droite, devait diriger son feu sur la partie intérieure du môle et la battre en brèche comme la partie faisant face aux lignes. Deux autres, toujours sur le prolongement de la même ligne, devaient être placées sur le front du rempart et de la ville.

Les batteries flottantes des deux lignes devaient être munies d'ancres latérales, pour qu'au besoin la première vînt-elle à trop souffrir du feu de l'ennemi, elle pût filer le câble des côtés, et se haler sur l'autre ancre, dans l'intervalle et sur le même alignement que la seconde ligne ; celle-ci, par une manœuvre pareille, pouvait se reporter aussi sur l'alignement de la première.

Chacune de ces batteries devait être escortée de

cinq ou six bombardes également embossées, et les intervalles des deux lignes devaient contenir nombre de chaloupes canonnières.

Qu'on veuille bien remarquer que le feu de cent soixante-dix pièces de canon de la ligne de terre, celui des batteries flottantes, de quarante à cinquante bombardes, et d'une prodigieuse quantité de chaloupes canonnières, était en totalité dirigé sur le même point de la place, c'est-à-dire la porte de terre et la partie qui domine le môle. Les feux de l'ennemi auraient donc été promptement éteints; le môle eût été détruit et les fortifications de la porte de terre fussent devenues inhabitables; enfin il y eût eu assez rapidement une brèche faite à la partie du rempart de la place qui avoisine le môle.

J'ai dit plus haut qu'à partir de la droite des batteries flottantes il existait une solution de continuité dans la circonvallation jusqu'à la pointe d'Europa et la Méditerranée. Pour y suppléer, M. d'Arçon demandait que pendant l'attaque des batteries flottantes, des bombardes et des chaloupes canonnières, six vaisseaux de ligne, quelques frégates et autres bâtiments légers, fussent sous voile, pour promener l'inquiétude sur tous les points, en se tenant bord sur bord, et saisir le moment de jeter quatre mille hommes à l'anse aux Remèdes, dont une partie aurait attaqué le côté de la ville, et l'autre les casernes, l'hôpital et la pointe d'Europa, tandis que les bombardes embossées au delà de la pointe auraient inquiété cette même partie.

Enfin, comme dernière disposition, les compagnies de grenadiers du camp de trente mille hommes devaient se jeter dans les chaloupes et canots de l'escadre combinée et être portées sur la brèche dès qu'elle eût été faite.

Tel était le plan complet, ingénieux, hardi, de M. d'Arçon; mais, avant de parler de son exécution, je dirai un mot du caractère et des talents du général en chef de l'expédition, ainsi que des officiers jouissant de sa confiance, ce qui préparera le lecteur au fâcheux moment de l'exécution de ce plan. Comme on est toujours curieux de connaître les hommes qui ont été chargés de conduire les grandes expéditions, je reprendrai le duc de Crillon et le prince de Nassau bien avant le siège de Gibraltar.

Je commence par M. de Crillon [1], et comme des mémoires particuliers ne sont point assujettis à la sévère gravité de l'histoire, comme avant l'époque dont il est question j'ai beaucoup connu M. de Crillon et M. de Nassau, il se peut que je rapporte quelques traits qui serviront à faire juger les personnages.

Le duc de Crillon joignait, sans contredit, à l'éclat de son nom tout celui de la valeur du fameux *brave Crillon*, le compagnon d'armes et l'ami de Henri IV.

---

[1] **Louis de Berton des Balbes de Guiers, duc de Crillon, né en 1718, mort à Madrid en 1796.**

Dans les guerres de Flandre il servit comme maréchal de camp sous les ordres du maréchal de Saxe, aussi bon juge de la valeur que du talent.

En 1756, il fut de l'armée du maréchal de Richelieu à la prise de Mahon, mais dans toute la guerre de Sept ans il ne joua aucun rôle important[1].

Il était généralement connu à la Cour comme à la ville par ses excentricités et par ses dettes. Il n'y avait sorte de plaisanteries qu'il n'inventât pour faire rire le Roi et amuser Mme de Pompadour. J'en dirai une des plus caractéristiques : des femmes de la plus haute société parlaient devant lui de fêtes extrêmement galantes [2] qui leur avaient été données. « Crillon, lui dirent-elles, vous devriez nous en donner une. » Il accepte et loue à cet effet une petite maison à Montmartre. Il n'avait ni cuisinier, ni marmite. Fort lié avec M. le maréchal

---

[1] Guerre de Sept ans contre la Prusse terminée en 1763. La France était alors l'alliée de l'Autriche et d'une partie de l'Allemagne. Un des principaux combats de cette guerre fut la bataille de Rosbach qui exerça une grande influence sur son issue. L'armée composée surtout d'Allemands était commandée par le prince de Hildburghausen, dont les mauvaises manœuvres facilitèrent la victoire de Frédéric II. L'opposition des généraux français de Soubise, de Castries, de Saint-Germain fut inutile : ils durent obéir au général en chef. Les 35,000 Allemands des Cercles lâchèrent pied devant l'attaque des Prussiens. Les quelques régiments autrichiens et français qui se trouvaient dans l'armée se battirent avec une grande valeur, mais ne purent rétablir la victoire. La défaite doit donc être attribuée aux Allemands.

[2] Locution très usitée alors pour exprimer des soins prévenants unis à un grand luxe. Nous l'avons trouvée employée dans le même sens à la page 243, ligne 15.

prince de Soubise, il l'invite à la fête qu'il veut donner, et M. de Soubise lui envoie cuisiniers, marmitons et officiers d'office, etc., etc. Dans le jardin de cette maison, il fait construire en planches une espèce de cirque avec des lucarnes de distance en distance. Il commande un feu d'artifice et une illumination pour le jardin.

Le jour destiné à la fête arrive ; la société se réunit : Crillon reçoit tout le monde à merveille ; l'on tire d'abord le feu d'artifice, l'illumination lui succède, l'on se promène dans le jardin, l'on trouve des rafraîchissements dans chaque bosquet, l'on s'arrête dans une grotte où une statue colossale d'Hercule était illuminée, l'on continue la promenade et l'on arrive à la porte du cirque. Elle était surmontée d'un transparent avec cette inscription en gros caractères : *Boudoir de l'amour*. « Ah ! que c'est joli ! que c'est galant ! » s'écrient toutes ces dames. Hommes et femmes ont un égal empressement d'aller dans le boudoir, mais la porte est fermée ou plutôt n'est que figurée. L'on en cherche d'autres et l'on s'aperçoit bientôt que les lucarnes sont ouvertes. Surprise extrême de voir un si intéressant boudoir absolument vide ; mais aussitôt deux portes s'ouvrent aux deux extrémités du cirque, et l'on voit entrer une vingtaine d'ânes et d'ânesses ; toutes les dames s'enfuient en criant : « Fi, fi, l'horreur ! » Bien peu restèrent au souper, qui fut magnifique et excellent.

La guerre de Sept ans finie, Crillon ayant dissipé toute sa fortune et celle des deux premières femmes qu'il avait épousées, dont l'une des deux était fille ou veuve d'un chirurgien, ne savait plus à quel saint se vouer pour payer ses dettes.

Lorsque je passai à Chanteloup pour aller à Gibraltar, le duc de Choiseul, que je questionnai à son sujet, me répondit que M. de Crillon était venu un jour le trouver à Versailles. « Monsieur le duc, lui dit-il, je suis criblé de dettes et je n'ai pas le sou. L'Espagne manque, dit-on, d'officiers généraux, je viens vous prier de me faire entrer à son service avec l'autorisation du Roi. L'on sera peut-être bien aise d'avoir un Crillon dans cette armée-là. Je pourrais y faire ma fortune. — Cela se peut, répondit M. de Choiseul, et je le veux bien. Je prendrai l'agrément du Roi et j'écrirai en Espagne. » En effet, Charles III lui accorda le grade de lieutenant général. Crillon se rendit à Madrid et reçut le commandement des lignes de Saint-Roch, en face de Gibraltar, où il existe un camp en paix comme en guerre.

Un ouragan violent ayant emporté pendant une nuit toute la face d'un des bastions de la place, Crillon, averti, expédia aussitôt un courrier au roi d'Espagne pour lui dire qu'on pouvait marcher par demi-bataillon de front sur cette brèche, et il demanda la permission d'enlever la place d'un coup de main. — « Voilà bien Crillon, dit Charles III, il me propose de prendre Gibraltar en pleine paix! » Le Roi rit beaucoup, mais il était trop loyal pour approuver pareille violation du traité qui avait confirmé aux Anglais la possession de cette langue de terre.

L'Espagne ayant ensuite déclaré la guerre aux Anglais, M. de Crillon réussit à persuader à Charles III et à son ministre, le comte de Florida Blanca, qu'il prendrait Mahon, si l'on consentait à l'en charger. Le cabinet de Versailles approuva l'entreprise et joignit aux Espagnols les régiments de Lyonnais, de Bretagne, de Royal-suédois et de Bouillon, sous le commandement en chef du lieutenant général comte de Falkenhayn; le marquis de Bouzols, mon cousin germain, commandait en second [1].

Lorsque le duc de Crillon débarqua avec les troupes espagnoles, les Anglais étaient dans une telle sécurité contre toute attaque, qu'une partie de la garnison du fort était cantonnée dans les villages de l'île de Minorque; l'alarme fut subite, et il tint à fort peu de chose que les Espagnols n'entrassent dans la place pêle-mêle avec cette partie de garnison qui s'y repliait. Crillon marchait rapidement à la tête de sa colonne. La place tira, et il fit tracer son camp là où le premier boulet s'arrêta.

Il s'occupa ensuite à disposer l'attaque; mais quoique à Madrid on lui eût permis de demander toutes les munitions de guerre dont il avait besoin, sa

---

[1] Anne-Joachim de Montaigu, marquis de Bouzols, né en 1737, mort en 1825. Il était commandant militaire du Languedoc.

légèreté ne lui en avait fait demander que très insuffisamment, car la ville était réputée l'une des plus fortes de l'Europe.

On débuta néanmoins par une consommation prodigieuse de poudre, de bombes et de boulets; bientôt il fallut diminuer de jour en jour cette consommation, et la place n'était nullement endommagée. Alors Crillon envoya demander, dans les ports espagnols et à Toulon, ce dont il s'apercevait bien tard qu'il manquait. Les vents contrarièrent toute arrivée, et l'on était venu à n'oser tirer que deux coups par pièce dans les vingt-quatre heures; comme de raison, le feu de la place avait ralenti dans la même proportion.

Enfin l'on se trouva si à court de munitions, que Crillon, désespéré, avait pris la désolante résolution de lever son camp et de rembarquer ses troupes. Se promenant un soir en long et en large avec l'intendant de son armée, ils concertèrent une dépêche à Madrid, pour rendre compte de la position où il se trouvait, et de la nécessité de lever le siège. La dépêche fut portée à une frégate espagnole, avec l'ordre d'appareiller avec la brise de terre du lendemain matin, et de faire la plus grande diligence.

Crillon passa la plus cruelle nuit du monde.

Or, la place, qui avait depuis quelque temps diminué son feu en proportion de la diminution de celui des assiégeants, en ouvrit un prodigieux pendant toute cette nuit; à la pointe du jour, le feu cessant tout d'un coup, un pavillon blanc fut arboré et un officier anglais arriva vers le commandant espagnol de la tranchée, en disant qu'il apportait à M. de Crillon la demande d'une capitulation. Cet officier vint chez Crillon, qui d'abord ne put et ne voulut le croire... Il y crut enfin! mais la frégate était sans doute partie. — « Qu'on aille bien vite à bord, dit Crillon à un aide de camp, et qu'on me rapporte la dépêche que j'ai envoyée hier. »

Cette brise du matin, qui ne manque peut-être pas quatre fois dans douze mois, ne s'était heureusement point levée ce matin-là, et la frégate était encore à l'ancre. L'on rapporta à Crillon la dangereuse dépêche qu'il avait tenue bien secrète, et alors, s'abandonnant à la joie : « J'étais bien sûr de prendre Mahon ! » s'écriait-il.

Le chevalier Borghèse était le maréchal de camp de jour à la tranchée. Ce fut à lui que l'officier anglais parla le premier, il me l'a raconté plusieurs fois, et le fait m'a été confirmé par le comte de Falkenhayn, M. de Bouzols et bien d'autres officiers.

La cour de Madrid couronna le succès, et les piastres plurent en abondance sur Crillon. Il fut créé duc de Mahon, et Charles III ne douta plus que le vainqueur de Mahon ne dût être aussi celui de Gibraltar.

Il est naturel et même nécessaire qu'un général ait auprès de lui une personne en qui il ait assez de confiance pour lui communiquer ses plans et se reposer sur elle de l'exécution de ses ordres.

Si son choix est heureux, tout n'en va que mieux; s'il tombe sur un ignorant, tout va mal, ou même rien ne va. Malheureusement, et je le dis avec le plus vif regret, le choix de Crillon était tombé sur le prince de Nassau-Siegen[1].

Ainsi que le duc de Crillon, il poussait la valeur jusqu'à la témérité. Mais on n'a pas tous les jours occasion de se battre, et tous les jours la sagesse et la prudence sont nécessaires.

Nassau joignait à l'auréole du titre de prince tous les avantages d'une tournure noble et élégante, d'un caractère élevé; sa générosité tenait à la prodigalité, sa magnificence était disproportionnée à sa fortune. Fort jeune encore il avait fait la dernière campagne de la guerre de Sept ans, ou comme volontaire, ou en qualité d'aide de camp du maréchal de Castries qui lui servait de mentor. La France lui tolérait le titre de prince, la maison d'Orange le lui disputait, l'empire d'Allemagne le lui refusait. L'oisiveté de la paix, jointe à l'espèce de crédit que donne le titre de prince, et celui d'altesse que lui prodiguaient ses fournisseurs, l'eurent bientôt surchargé d'une prodigieuse quantité de dettes.

M. de Castries sentit que, pour réparer ses affaires, il fallait l'éloigner quelque temps de Paris.

---

[1] Voir la note p. 174

Le voyage autour du monde de M. de Bougainville remplissait parfaitement ses vues. L'idée d'un voyage que peu de personnes sont tentées d'entreprendre, séduisit sur-le-champ M. de Nassau, et, en 1766, il fut embarqué comme simple voyageur avec M. de Bougainville sur la frégate *la Boudeuse*.

Cette frégate, partie de Saint-Malo, fut obligée de relâcher à Brest, et c'est dans cette relâche que j'eus occasion de faire connaissance avec M. de Bougainville, le prince de Nassau et M. d'Oraison, dont j'aurai plusieurs fois occasion de parler[1].

L'éducation du prince avait été négligée. Sans doute ses instituteurs avaient pour principe qu'un homme décoré du titre de prince sait tout sans avoir rien appris; de fait il ne savait rien, et pendant les longues navigations de ce grand voyage, il ne chercha pas à augmenter ses connaissances de marin.

La paix durait encore lorsqu'il revint de son voyage autour du monde. Il joignit une ou deux fois le régiment de Royal-allemand, où il était capitaine à la suite. Mais il reprit bientôt un train considérable. Les dettes recommencèrent, il fallut réduire ses dépenses, lorsque le gain d'un procès

---

[1] M. d'Oraison, d'une famille de Provence, fut mestre de camp de dragons et chevalier de Saint-Louis. Un autre d'Oraison était dans la marine, et leur oncle, le marquis d'Oraison, était lieutenant-colonel d'infanterie.

qui lui procura seize ou dix-huit cent mille francs lui donna le moyen de faire de nouvelles dettes.

Lorsque le prince d'Holstein, colonel propriétaire du régiment Royal-allemand, vint à mourir, Nassau, bien accueilli à la Cour, obtint ce régiment.

Remarquons en passant que Nassau portait un nom allemand, que son régiment était allemand, et que ni le prince allemand ni le colonel allemand ne savaient pas quatre mots d'allemand. Aussi n'a-t-il jamais commandé lui-même ce régiment.

Sa petite maison était le rendez-vous de la société la plus mélangée. M. le duc de Chartres[1] et les hommes le plus à la mode la fréquentaient. Nombre de complaisants ayant sans cesse la bouche pleine du mot « *mon prince* » étaient ses courtisans, et parmi les hommes à projets et les gens de lettres on y vit souvent et l'abbé Beaudot, qui lui avait donné l'ambition d'être roi de Juida[2], et Beaumarchais, qui le jeta dans d'autres spéculations non moins folles.

Il n'est pas surprenant de voir des gens tels que Beaudot et Beaumarchais enivrer de fumée ambitieuse un prince aussi romanesque, le premier en lui donnant un plan de Constitution pour son

---

[1] Louis-Philippe-Joseph, né en 1747, chef d'escadre en 1776, colonel général des hussards en 1778, devint duc d'Orléans par la mort de son père, en 1785. Partisan de la Révolution, il vota la mort du Roi et fut ensuite guillotiné le 6 novembre 1793.

[2] Ouiddah, par corruption Juda ou Juida, était un pays en Afrique, sur la côte de Guinée.

royaume, l'autre en s'engageant à fournir tous les bâtiments nécessaires pour transporter en Afrique cette nouvelle Majesté; mais ce qu'on aura peine à croire, c'est ce que j'ai vu et lu de mes propres yeux. Nassau m'ayant rencontré dans le salon d'Hercule, à Versailles, me fit lire une patente signée : « Louis » qui le reconnaissait roi de Juida. A la condition de contracter avec la France un traité d'alliance et de commerce, on l'autorisait à lever des troupes et à donner des brevets aux officiers. Beaudot était nommé surintendant des finances de Sa Majesté le roi de Juida, tel autre était son grand chambellan, et les jours d'audience furent affichés à la porte de l'hôtel Radziwill, rue des Bons-Enfants, où Nassau logeait. Une légion composée d'infanterie, de cavalerie et d'artillerie, fut son armée. Le Roi lui fit présent de l'artillerie. Le chevalier de Langeac paya cinquante mille écus la place de colonel commandant de la légion, le baron de Ruleraut paya je ne sais combien celle de colonel en second, les compagnies se payèrent dix mille francs. Enfin il était convenable aussi d'avoir un grand maréchal de la cour; cette place fut conférée à un lieutenant de hussards qui s'appela le capitaine Lucius, petit, gros et décoré des plus belles moustaches jaunes qu'on pût voir.

Mais bientôt l'argent manqua pour transporter à Juida et l'armée et la cour. Il arriva de toute cette spéculation ce que l'on avait vu arriver quelques années auparavant de celle imaginée par un nommé Modave et par le fameux Favier, qui avaient voulu faire roi de Corse le prince Louis de Wurtemberg. Celle-ci, du moins, manqua parce qu'elle n'avait existé que dans les têtes de Modave et de Favier à l'insu de la cour, tandis que celle de Juida échoua quoique la cour eût paru y consentir.

Ce plan ayant manqué, et la guerre à l'occasion de l'Amérique allant commencer, les conseils de Nassau imaginèrent de le faire rentrer dans la marine. J'ai déjà eu l'occasion de raconter l'issue de cette tentative.

Les troupes levées pour le royaume de Juida n'ayant plus de majesté africaine à servir, se donnèrent au Roi de France, et la guerre une fois commencée, Nassau forma avec sa légion une entreprise mal combinée contre l'île de Jersey. Il en fut vigoureusement repoussé et rentra à Saint-Malo.

Le besoin d'argent le pressa de nouveau; il obtint l'agrément de vendre sa légion au duc de Lauzun, et le Roi eut la bonté de lui racheter l'artillerie dont il lui avait fait présent.

Un nouveau projet fut bientôt conçu. M. de Vergennes fit ouvrir une négociation avec le stathouder pour le reconnaître, et par le crédit et la considération puissante de la cour de France, il fut convenu avec le chef de la maison de Nassau, et agréé par Joseph II, que Nassau prendrait la croix de Malte, qu'il ferait ses vœux, qu'on payerait ses dettes, et que le stathouder lui ferait quatre-vingt mille livres de pension.

Toute cette convention allait s'exécuter, mais la saison des eaux de Spa arriva. M. le duc de Chartres, et une partie considérable de la plus grande compagnie de la cour et de la ville, s'y rendit. Nassau y arriva, il n'était plus homme à se laisser surpasser en magnificence par qui que ce fût. M. le duc de Chartres faisait une cour assidue à la princesse Sangusko, veuve d'une tournure séduisante, et passant pour avoir une grande fortune, bien qu'elle n'eût en vrai que quarante mille livres de rente. Nassau lutta d'abord de galanterie avec M. le duc de Chartres. Celui-ci, qui ne pouvait jamais être longtemps hors de Paris, y retourna et laissa le champ libre. Dès lors Nassau ne vit plus que la belle Polonaise, il oublia le résultat de la négociation de M. de Vergennes, et quinze jours après le départ de M. le duc de Chartres, tout Spa reçut des billets de faire part du mariage de M. le prince de Nassau avec la princesse Sangusko. Peut-être rêvat-il de grandes possessions, l'indigénat polonais, l'entrée aux diétines, la position de magnat aux diètes, le trône peut-être!

En attendant d'être élu roi de Pologne, il vint à Paris avec la princesse. Il lui fallut un hôtel, un grand train. Les dettes que la maison d'Orange avait dû payer ne l'étaient pas, parce qu'au lieu d'une croix de Malte, il y avait un mariage; l'imagination de Beaumarchais avait beau s'exercer, les huissiers étaient souvent sur pied, les assignations pleuvaient chez le suisse et même quelques saisies furent faites.

Le siège de Gibraltar se préparait, c'était l'occasion d'acquérir une véritable gloire. Nassau fit demander au roi d'Espagne par M. de Vergennes la permission d'aller servir comme volontaire. Le comte de Montmorin, ambassadeur, reçut l'ordre d'appuyer vivement cette demande; elle fut accordée, et Nassau arriva à Saint-Ildefonse, où était la cour.

M. de Montmorin m'a raconté la réception de M. de Nassau à la cour d'Espagne. « J'étais dans le cabinet du Roi, me dit-il, avec le comte de Florida Blanca [1], lorsqu'un huissier vint nous prévenir que M. de Nassau était dans l'antichambre. Je le dis à M. Florida Blanca et je le priai de prendre les ordres du Roi pour sa présentation. — N'est-il pas grand d'Espagne? me demanda-t-il. — Je n'en sais rien... je ne le crois pas. — Allez le lui demander. — Je sors, je l'embrasse et je lui dis : — Êtes-vous grand d'Espagne? — Moi?... dit-il, je ne sais pas... je ne crois pas... cependant... je n'en sais rien... — Je rentre dans le cabinet et je rends sa réponse et son doute. — Est-il catholique? poursuit le comte Flo-

---

[1] Joseph Monino, comte de Florida Blanca, né en 1728, mort en 1809.

rida Blanca, oubliant qu'il a la croix de Saint-Louis. Je réponds : Je ne sais pas. — Demandez-le-lui, me dit le comte. — Je ressors donc et je dis à Nassau : Êtes-vous catholique? — Oui sans doute, répond-il, je le suis. — Monsieur le comte, dis-je en rentrant, il est catholique. — Eh bien, dit M. de Florida Blanca, s'il est catholique, il est grand d'Espagne, et doit être présenté comme tel. — Je fus donc prendre M. de Nassau, et le comte de Florida Blanca le présenta au Roi comme membre de la Grandesse. »

Sur quelle base ce ministre appuyait-il cette grandesse? Sur ce qu'un Nassau, major des gardes du corps de Charles-Quint, avait été grand à la création de cette dignité !

Les grands d'Espagne furent extrêmement blessés de la légèreté de cette décision, d'autant plus qu'en faisant revivre en M. de Nassau cette Grandesse qui datait de la création, elle lui donnait le pas sur toutes celles qui étaient postérieures.

En voilà bien assez pour donner connaissance du personnage qui va figurer, sous M. de Crillon, au siège de Gibraltar. Si l'on trouve qu'ayant été son ami j'en ai parlé un peu légèrement, je répondrai : *Amicus Plato, magis amica veritas* [1].

Revenons à l'arrivée de M. le comte d'Artois à Saint-Roch, afin de rendre compte de la manière

---

[1] J'aime Platon, j'aime encore davantage la vérité.

dont le plan du malheureux d'Arçon fut suivi ou plutôt tronqué dans sa presque totalité. Tristes et douloureux souvenirs de faits.

Quæque ipse miserrima vidi[1]...

A peu de distance de Saint-Roch, j'ai déjà dit que M. de Crillon vint au-devant de M. le comte d'Artois. Dès que le prince l'aperçut descendre de voiture, il se jeta à bas de son cheval et courut l'embrasser. Crillon se prosterna aux genoux du prince, des larmes d'attendrissement étouffèrent ses paroles, et il pouvait à peine articuler quelques mots.

Voir un vieux général, le récent vainqueur de Mahon, le commandant d'une armée de trente mille hommes dirigeant par terre et par mer l'attaque de la plus forte place de l'univers, attendri de l'honneur de recevoir comme volontaire dans son armée un fils de France, un frère du Roi, un infant d'Espagne, et en même temps voir ce jeune prince lui prodiguer les marques d'un respect sincère et de la plus haute considération, c'était, il faut en convenir, une scène extrêmement touchante ; le général fit monter le prince dans sa voiture, et le conduisit sur-le-champ au parc d'artillerie, de là à la tranchée.

Les capitaines des gardes du corps des fils de France ont, dans leur service auprès d'eux, les

---

[1] J'ai vu moi-même ces très grands malheurs.

mêmes droits, les mêmes privilèges que ceux du Roi lui-même. Par exemple, ils ne cèdent la place du fond de la voiture à côté du Roi qu'aux seuls princes de la maison royale et aux princes du sang, jamais à d'autres. M. de Crillon, connaissant parfaitement toutes les étiquettes de la Cour, voulut se placer sur le devant de la voiture, mais je pris sur moi dans ce moment de prier M. le comte d'Artois de n'avoir point d'égard à l'étiquette. « Nous sommes à l'armée, lui dis-je, vous y êtes comme moi volontaire, c'est le cas, monseigneur, d'exiger que M. de Crillon se mette dans le fond. » Le prince m'approuva et M. de Crillon prit la première place.

Il se plaignait de ne pas être assez secondé, et relevait vivement les défauts de ses lieutenants. Nous lui dîmes : « Mais vous avez quatre régiments français, le comte de Falkenhayn, M. de Bouzols et M. d'Arçon ; les deux premiers sont des officiers de réputation, M. d'Arçon passe pour un des officiers du génie qui ont le plus de talent. » M. de Crillon ne nous parut que très médiocrement disposé en leur faveur, mais malgré ce peu de confiance dans les principaux officiers de l'armée, il n'en était pas moins sûr de prendre la place, lors même que les batteries flottantes ne feraient aucun effet. C'était un peu se vanter !

Nous arrivâmes au parc d'artillerie, où M. le comte d'Artois fut reçu par le comte Lacy.

Le comte Lacy[1] était un homme d'une stature extrêmement élevée, de l'extérieur le plus noble; ses manières étaient d'un grand seigneur. Il avait joui, comme ministre plénipotentiaire d'Espagne, de la plus haute considération de la part des Cours de Stockholm et de Saint-Pétersbourg, et c'était uniquement à lui que Charles III devait un corps d'artillerie superbe et excellent. Sa valeur, extrêmement froide, était aussi brillante que son extérieur était imposant. Espagnols et Français avaient pour lui la plus haute vénération.

Après avoir visité le parc d'artillerie, nous montâmes à cheval, et, en suivant la rade sur le bord de la mer, nous nous dirigeâmes vers la tranchée; nous apercevions parfaitement la place, depuis le môle vieux jusqu'au delà du môle neuf. Les lignes ne tiraient pas sur la place, la place ne tirait pas sur les lignes.

Dans cette promenade sur les bords de la mer, nous laissions quelquefois à notre gauche des redoutes ou autres ouvrages garnis d'artillerie. Arrivés à l'entrée de la tranchée, M. de Crillon voulut que nous missions pied à terre. Il ôta son cordon de Charles III, exigea que M. le comte d'Artois quittât les marques de l'ordre du Saint-

---

[1] Issu d'une ancienne famille irlandaise, François-Antoine, comte Lacy, avait suivi en Espagne le maréchal de Berwick. Né en 1731, il était depuis 1780 commandant de l'artillerie. Il est mort en 1792.

Esprit, et que moi et d'Hénin suivissent seuls le prince. Avec lui était le vieux général Aburca, commandant du génie, et son aide de camp du même corps. Nous parcourûmes ainsi les sept cent vingt toises de tranchée en sacs à terre, à vingt pieds d'élévation.

A l'extrémité de la tranchée qui finit à la Méditerranée, le prince voulut marcher un peu au delà, en se retournant pour faire face au rocher et à la place. Aussitôt M. de Crillon, le général Aburca et son aide de camp voulurent le faire rentrer à l'abri de la tranchée. Je me plaçai vite entre eux et le prince, leur disant qu'il n'était pas venu de si loin pour ne pas voir tout à découvert, et en effet, malgré leurs instances, M. le comte d'Artois resta un temps convenable à découvert, à trois cents pieds du rocher nommé le Pigazzo, élevé de douze cents pieds et surmonté d'une batterie de canons, pour tâcher de se faire voir des Anglais s'ils le reconnaissaient, et donner bonne opinion de lui à ceux qui le suivaient.

Nous revînmes par la même tranchée. Les Anglais ne tirèrent qu'un seul coup de canon, dont le boulet, rasant la sommité des sacs à terre, passa à quelques pieds en avant de M. le comte d'Artois. Ce seul coup nous fit croire que les Anglais avaient vu cette troupe dorée, le long de la mer, se diriger vers la tranchée et avaient jugé que M. le comte d'Artois venait d'arriver et était à la tête de cette troupe;

qu'ils avaient suivi de l'œil sa promenade à la tranchée et que ce coup de canon tiré en avant de sa marche était un salut que le général Elliot avait cru devoir à ce jeune prince[1]. M'étant trouvé depuis à Aix-la-Chapelle avec Elliot, je le lui ai demandé, et il est convenu avoir cru devoir cette marque de respect à M. le comte d'Artois. Voilà ce qui s'appelle faire la guerre avec politesse! Dans peu l'on verra que ce général la faisait aussi avec noblesse et générosité. Puissent de pareils exemples ne pas se perdre! Ne rétrogradons pas vers la barbarie des siècles reculés!

Nous reprîmes nos chevaux en quittant la tranchée et nous revînmes à Buena Vista, quartier général de M. de Crillon. Nous y trouvâmes réunis toute la généralité française et espagnole, et les états-majors des corps de l'armée furent présentés à M. le comte d'Artois. Il y eut un dîner immense, et après le dîner, le prince entretint tous les militaires avec la plus grande affabilité, cherchant à s'instruire par les demandes qu'il faisait à chacun, et habile à faire valoir l'intelligence des réponses.

Avec les Espagnols il employait tout ce qu'il savait de leur langue, et ce désir de la parler les charmait. Les Français n'avaient pas la tête moins

---

[1] Georges-Auguste Elliot, lord Heathfield, baron de Gibraltar, né en 1718, mort en 1790, descendait d'une famille normande venue en Angleterre avec Guillaume le Conquérant.

tournée de ses bonnes grâces, de l'affabilité avec laquelle il parlait aux moindres officiers. Son succès fut universel. Pendant que le prince recueillait dans le salon du duc de Crillon les suffrages des deux armées, le comte de Crillon, fils aîné du duc, vint me tirer par la manche en me priant de le suivre. Il me conduisit au bout d'un corridor, et m'ouvrant la porte de sa chambre, m'y fit entrer, la referma aussitôt et s'en fut. Quelle fut ma surprise d'y trouver le chevalier d'Oraison, étendu par terre, les larmes aux yeux, donnant les marques du plus grand désespoir. « Mon Dieu, lui dis-je, qu'est-ce donc, chevalier? que vous est-il arrivé? Comment n'avez-vous pas encore paru devant M. le comte d'Artois? — Ah! me dit-il, on m'a noirci auprès de lui, l'on m'a fait perdre ses bonnes grâces, les bonnes grâces d'un prince à qui je dois tout, pour qui je donnerais ma vie. J'ai prié le comte de Crillon de vous appeler, comptant sur votre ancienne amitié; mais je vous déclare que si le prince me croit un ingrat, je vais me placer à l'embouchure du premier canon qu'on tirera. » Je ne pus parvenir à le relever et à me faire écouter; je ne comprenais rien à cet état violent. Vivement touché de son désespoir, je revins vite au salon, et m'approchant de M. le comte d'Artois, je le priai de me suivre. « — Où? me demanda-t-il. — Suivez-moi, monseigneur, vous allez savoir tout à l'heure où je vous mène. » Et je le fis entrer dans la chambre du comte de Crillon. D'Oraison, encore à terre, se traîna aux genoux du prince. Le prince le serra dans ses bras, l'embrassa, lui dit qu'il était insensé de le croire aussi susceptible, l'assura qu'il n'avait pas changé pour lui, qu'on lui avait sans doute fort exagéré ce qui aurait pu lui déplaire dans les lettres écrites de Madrid, lui certifia qu'il n'avait perdu ni son estime, ni son amitié, et il voulut qu'il parût en public.

Toute cette scène était encore une énigme pour moi, quand j'appris par M. le comte d'Artois et par d'Oraison ce qui y avait donné lieu. Lorsque d'Oraison, qui d'ailleurs passait sa vie à Versailles avec M. le comte d'Artois chez Mme de Guéméné, où il tenait le dé de la conversation, était parti pour se rendre à Gibraltar comme aide de camp du marquis de Bouzols, M. le comte d'Artois l'avait chargé de lui écrire de Madrid, de le renseigner sur la Cour, de lui dire ce qu'on y pensait du succès du siège. D'Oraison avait effectivement écrit plusieurs lettres que le prince avait montrées à quelques personnes, mais celles-ci avaient trouvé qu'elles étaient peu convenables pour la cour d'Espagne, et beaucoup trop familières vis-à-vis du prince.

Je me rappelai alors qu'à mon arrivée de Limoges à Versailles, on m'avait dit : « Vous avez un protégé auprès de M. le comte d'Artois qui a une singulière manière de reconnaître les bontés du prince, ou plutôt d'en abuser! Priez-le de vous montrer les bizarres lettres qu'il lui a écrites de Madrid. » Je les avais demandées au prince, et je n'y avais trouvé qu'une grande familiarité, peut-être trop autorisée d'avance par le prince lui-même. Mais M. le comte d'Artois n'avait pas paru y faire attention, et je n'y pensais plus du tout.

Le fait est que d'Oraison, parlant sans cesse de toutes choses, charmait M. le comte d'Artois. Le prince me dit un jour : « Tu aimes le chevalier d'Oraison, je l'aime aussi, il m'amuse; il n'a rien, je voudrais faire quelque chose pour lui, cherche dans ta tête ce que je pourrais lui donner, par quelle place je pourrais me l'attacher. » Je lui observai alors qu'il n'y avait dans sa maison que deux espèces de places, les premières occupées par des gens de qualité, les secondes remplies par des personnes qui n'étaient pas admises à sa société; le vrai moyen que j'entrevoyais était donc de lui faire une pension; aussitôt le prince lui en donna une de quatre mille francs; c'étaient les appointements des gentilshommes d'honneur.

CHAPITRE IX

L'ouvrage « magique » devant Gibraltar. — Arrivée de la flotte combinée. — Mgr le comte d'Artois la visite. — Le prince aux tranchées. — Attaque manquée. — Incendie de la batterie de Mahon. — La batterie de Pigazzo. — Le souper improvisé. — Attaque par les batteries flottantes, elles prennent feu. — Levée du siège.

Le moment approchait d'exécuter cet *ouvrage magique* qui nous avait été annoncé par un courrier. A la nuit, qui était extrêmement noire, l'ordre fut donné aux ingénieurs de se porter sur l'alignement de la nouvelle tranchée qu'on se proposait de faire. Des sacs à terre furent distribués à dix mille hommes sur le prolongement de l'ouvrage. Sept mille autres furent disposés de manière à le protéger en cas de sortie de l'ennemi. Il fut défendu sous les plus graves peines de parler, et même de chercher à éteindre les pots à feu que la place pourrait jeter.

M. le comte d'Artois vit défiler toutes ces troupes dans l'obscurité de la nuit, et dans le plus parfait silence : le travail s'opéra avec le plus grand succès sur une longueur de sept cent vingt toises; dans quelques parties les sacs à terre s'élevaient à dix pieds, mais le plus souvent ils montaient jusqu'à vingt pieds, hauteur que devait avoir la tranchée. Pendant cet immense travail, terminé à deux heures du matin, à cause du lever de la lune, les ennemis ne jetèrent qu'un seul pot à feu ; on le laissa brûler ; ni la ligne, ni la place ne tirèrent un seul coup de canon.

Il faut en convenir, jamais ordre n'avait été mieux donné, ni plus ponctuellement exécuté. Le général Elliot, avec qui j'en ai causé depuis, m'a avoué sa surprise lorsque le lendemain matin, il vit qu'un tel ouvrage lui avait été entièrement dérobé, mais il m'a assuré en même temps, et nous l'avions tous pensé, que cette surprise n'avait été accompagnée d'aucune inquiétude.

L'ouvrage achevé, les troupes rentrèrent dans le camp, et M. le comte d'Artois fut se coucher à son quartier de Saint-Roch.

Grâce aux mesures que j'avais prises à Ecija, la suite noble de M. le comte d'Artois était arrivée dans l'après-midi, le chevalier de Crussol avait donc rejoint et avait pris le bâton[1] pour cette nuit-là. En conséquence il accompagna le prince dans sa voiture, et je suivis dans une autre avec le duc de Maillé, le prince d'Hénin et le prince de Nassau. Celui-ci était sur le devant.

La nuit était fort obscure ; les muletiers, nous menant avec une vitesse prodigieuse, nous versè-

---

[1] Canne en ébène qui était l'indice du commandement.

rent dans un endroit où le chemin formait une espèce de chaussée au-dessus du camp des gardes wallones; je me trouvai sous le prince de Nassau, son coude ployé appuyant fortement sur mon col de manière à m'étouffer. Nous sortimes avec peine de la voiture, puis, retrouvant nos chevaux de selle, nous gagnâmes Saint-Roch à cheval. En y arrivant, j'avais le col extrêmement enflé, et je souffrais beaucoup, j'étais exténué de la fatigue et de la chaleur; j'avais passé plusieurs nuits sans me déshabiller, j'étais resté de midi à trois heures dans les sables brûlants de la tranchée et quatre ou cinq heures de plus jusqu'à la confection de l'ouvrage. J'étais si pressé de me coucher que je ne fis pas venir de chirurgien, mais toute la nuit des douleurs ne me permirent pas de fermer l'œil.

Un des objets de la plus grande curiosité était de visiter les fameuses batteries flottantes sur lesquelles reposait l'espoir des deux Cours pour la réussite du siège et la prise de la place. MM. de Crillon, de Nassau et d'Arçon menèrent M. le comte d'Artois les visiter dans la baie d'Algésiras.

Qu'on se rappelle encore tout ce qui devait coopérer à ce siège et avait été convenu, arrêté et ordonné juste un an auparavant. Mais au lieu de trouver les batteries achevées suivant le plan de l'ingénieur, il s'en fallait de beaucoup qu'elles fussent prêtes, de sorte que l'attaque étant projetée pour le mois suivant, leur coopération était indispensable avant que les Anglais eussent ravitaillé la place. M. d'Arçon eut la faiblesse de consentir au retranchement de quelques parties essentielles, par exemple à leur sûreté contre les boulets rouges, en sorte que, quoique l'on redoublât d'activité pour le travail, la circulation intérieure d'eau projetée, pivot si indispensable de tout le plan, fut presque entièrement manquée, soit par précipitation, soit par manque de temps.

A notre arrivée à Saint-Roch nous avions été surpris de ne pas trouver l'escadre combinée déjà mouillée à Algésiras. Enfin elle fut signalée un matin à la pointe du jour. Aussitôt que M. le comte d'Artois en fut instruit, nous nous rendîmes promptement à Ponte-Majorca, où était son canot royal, pour aller au-devant d'elle et jouir de plus près de la beauté du spectacle de cinquante vaisseaux de ligne et de nombre de frégates arrivant majestueusement au mouillage.

L'on n'attendait pas le prince si matin à Ponte-Majorca ; le patron du canot n'y était pas, plusieurs canotiers manquaient, d'autres étaient ivres, quoique cela soit rare parmi les Espagnols. Mais déjà la tête de l'escadre doublait la tête de Carnero et commençait à entrer dans la rade. M. le comte d'Artois et M. le duc de Bourbon se jetèrent dans le canot, et le premier canotier remplaça le patron.

Bientôt ce patron improvisé, qui n'entendait ni le

français ni l'espagnol du prince, ne secondant pas son impatience de s'approcher des vaisseaux français, le comte d'Artois m'engagea, comme ancien marin, à me mettre à la barre du gouvernail et à me charger de la direction du canot. Aussitôt je me dirigeai sur le vaisseau de tête jusqu'à une largeur de canot, et je prolongeai ainsi vers la queue de la colonne les vaisseaux français. Tous les officiers de la marine de dessus les passavants, les gaillards et la galerie me reconnaissaient et m'appelaient par mon nom. M. le comte d'Artois parlait aux capitaines qu'il connaissait. La mer était belle, la brise était douce, les vaisseaux sous leurs huniers avaient leurs voiles basses carguées, ainsi qu'il est d'usage lorsqu'on arrive au mouillage.

L'escadre entrait sur deux colonnes, et nous étions en dehors de celle que nous prolongions. M. le comte d'Artois me témoigna le désir de passer entre elles deux. Je manœuvrai sur-le-champ en conséquence, et je passai sous le bout-dehors du beaupré de la *Bretagne,* vaisseau de cent vingt canons, commandé par le commandant de Dampierre. Les courtisans des deux princes se crurent perdus quand ils se virent sous cette masse énorme se dirigeant sur nous ; les deux princes restèrent calmes ; je prolongeai ensuite la *Bretagne* à bâbord comme nous avions fait à tribord avec les autres vaisseaux et tout aussi près, et les « Bravo, bravo, des Cars ! » de tous mes anciens camarades qui me voyaient au gouvernail me vengèrent suffisamment des critiques et des alarmes que j'avais entendues et remarquées. C'était en effet assez bizarre de voir un colonel de dragons faire la fonction que, dans un port ou une rade, un capitaine de vaisseau remplit pour les personnes royales.

L'escadre combinée une fois arrivée, les généraux et principaux officiers de mer s'empressèrent de venir faire leur cour aux princes français.

J'amenai un jour leur conversation sur le choix de la rade d'Algésiras comme moyen d'empêcher plus sûrement le ravitaillement de la place, et tous furent absolument de l'opinion que j'avais témoignée à M. le comte d'Artois en partant de Versailles, employant la même démonstration que j'en avais faite sur la carte. Ils observèrent de plus que dans ce mouillage les vaisseaux n'étaient pas en sûreté par les vents de nord, nord-nord-est et nord-ouest; nous en verrons incessamment la double preuve.

Jamais siège n'a donné lieu à moins de détails que celui-là pendant les deux mois qu'y resta M. le comte d'Artois, jusqu'au jour où les batteries flottantes, équipées et armées tant bien que mal, furent s'embosser devant la place.

Extrêmement curieux de m'instruire, je profitai de cette inaction pour tout voir et tout observer; je voulus reconnaître l'assiette du camp espagnol et du camp français. J'examinai la manière dont l'ordre se donnait, se transmettait et s'exécutait. A l'égard du camp espagnol, je trouvai que chaque régiment était campé au hasard, que l'ensemble des brigades et des divisions n'était nullement observé; bref, je ne pus distinguer à ce camp ni droite, ni centre, ni gauche. Le camp français était régulier, mais à l'égard du service l'ordre qui se donnait ordinairement à midi, au quartier général, ne l'était souvent pas à huit heures du soir, de sorte que j'ai souvent vu des gardes placés dehors du camp n'être pas relevés au bout de trente et de trente-six heures, au lieu de l'être régulièrement au bout de vingt-quatre heures.

Ajoutez à cela que le parc d'artillerie, l'hôpital ambulant, le magasin de vivres et même la comédie qui était dans une grange, étaient sous la portée du canon de la place. Mais l'ennemi dédaignait de tirer dessus ou du moins n'y tirait jamais.

La plupart des journées se passaient sans qu'il s'échangeât un coup de canon entre la place et les lignes. Il n'en était pas de même des nuits, parce qu'alors de notre côté l'on travaillait à quelques communications dont les ennemis inquiétaient le travail. Les Français étaient de tranchée un jour que l'on devait faire un travail assez important. M. le comte d'Artois étant couché, je me rendis sur les lieux avec d'Oraison. Cette nuit fut une de celles où la place fit le plus grand feu sur les travailleurs, et l'on perdit soixante à soixante-dix hommes, tant tués que blessés. Un nommé Nassau, l'un des meilleurs sapeurs des gardes wallonnes, connu de toute l'armée par sa force, son intelligence et sa bravoure, y eut la cuisse emportée à côté de moi, et à la même pointe du jour, un coup de mitraille tomba entre le pied du jeune d'Avaray et le mien; nous nous touchions l'un et l'autre.

Le lendemain, entrant chez M. le comte d'Artois, je trouvai dans son antichambre M. de Crillon et un grand nombre d'officiers généraux qui venaient habituellement à midi faire leur cour à ce prince : souvent l'ordre du jour s'y donnait. M. de Crillon, dès qu'il m'aperçut, vint brusquement à moi et me fit une véritable scène de ce que j'avais été la veille à la tranchée; il me dit qu'en sa qualité de général il me défendait d'y retourner. Il prétendait que cet exemple porterait le prince à le tourmenter pour y aller aussi.

Je le remerciai en souriant du vif intérêt qu'il voulait bien prendre à ma conservation, mais je lui représentai qu'il y avait une grande différence de M. le comte d'Artois à moi, que les conséquences en étaient bien différentes, que Son Excellence devait trouver tout simple que dans les moments où je ne servais pas le prince comme capitaine de ses gardes, je cherchasse les occasions de m'instruire. « Monsieur, me répondit-il, il n'y a rien là à apprendre. — J'avais cru tout le contraire, monsieur le duc, dans une armée que vous commandez. » Il insista encore sur sa défense d'y retourner. — « Je vais, lui dis-je, informer Monseigneur de vos intentions. » Et, profitant de mes entrées, je le laissai dans l'antichambre.

Je rapportai cette scène à M. le comte d'Artois, l'assurant bien que si cette défense n'était point levée sur-le-champ, je le laisserais avec deux capitaines des gardes et repartirais le jour même pour mon régiment, parce que je n'étais pas venu à un siège pour ne pas quitter le quartier général.

Le prince m'approuva, et la défense fut levée.

Peu de jours après je donnai à M. de Crillon une preuve de ma prudence, et du respect que j'avais pour le général en chef. Nous étions montés à cheval pour une promenade, lorsqu'à peine hors de la petite ville de Saint-Roch, il s'engagea une vive canonnade entre la place et les lignes, à l'occasion de quelques pots à feu qui avaient allumé un incendie. Le premier mouvement du prince fut de galoper vers la tranchée. Je me portai en avant de lui et lui dis avec fermeté que je m'y opposais tant que M. le duc de Crillon ne lui ferait pas dire d'y venir, que je répondais de sa personne loin du feu, qu'à la tranchée M. de Crillon en répondait seul. Le prince prit de l'humeur contre moi et persévéra à vouloir y aller; mais Vaudreuil, qui était avec nous, lui représenta que j'avais raison.

J'envoyai sur-le-champ un officier des gardes du

corps prendre les ordres de M. de Crillon pour le prince, mais il était à deux lieues de là, à Algésiras, et je donnai ordre à mon palefrenier de retourner à Saint-Roch et d'amener mon titulaire, le chevalier de Crussol. M'apercevant alors que le rocher de la Carbonera se couvrait de monde du camp français qui était au-dessous, je proposai au prince de s'y porter. Ce point domine les tranchées dans toute leur étendue, et fait face au front de la place vers les lignes.

Nous nous y rendîmes et nous y trouvâmes M. le duc de Bourbon, qui y était déjà arrivé avec le comte de Puységur et le marquis de Vibraye; une foule d'officiers français étaient également groupés sur la cime de ce rocher.

C'était voir de l'amphithéâtre tout le spectacle.

Il fut calculé qu'en moins de deux heures, entre la place et nos lignes, trois mille coups de canon furent tirés. Il y eut néanmoins fort peu de tués et de blessés de notre côté, et tout cet horrible vacarme, dont un seul pot à feu tombé sur quelques sacs à terre était la cause, se réduisit à nous donner un concert, curieux par la résonance du canon dans les montagnes qui s'étendent derrière le camp jusqu'à Monda, d'une part, et de l'autre, le long de la mer jusqu'à Malaga.

M. de Crillon ne trouvait guère d'objets de distraction pour les princes; et craignant toujours qu'ils ne s'ennuyassent, il imagina pour les distraire de leur donner un feu d'artifice à boulets ; je ne puis donner un autre nom à son idée, mais le feu d'artifice manqua.

Le jour pris, il invita les deux princes à se rendre à son quartier général de Buenavista ; il les prévint que d'après les dispositions qu'il avait faites et les ordres qu'il avait donnés, toutes les chaloupes canonnières d'Algésiras devaient commencer à onze heures précises une attaque sur le front de la place. Grâce, disait-il, à l'obscurité de la nuit, leur feu commencera avant de pouvoir être aperçu par l'ennemi. Cette attaque devait être dirigée par le chef d'escadre de la marine espagnole, don Moreno.

Nous nous demandions vainement à quoi pouvait servir une pareille canonnade par une nuit noire et quelle serait la justesse du tir de ces pièces de canon sur des chaloupes agitées par les vagues s'il s'élevait du vent ; pendant que nous nous livrions à toutes ces réflexions, le vent d'est se leva, tout le monde se porta aux fenêtres qui donnaient sur la rade ; ceux qui n'y trouvèrent pas de place descendirent devant la maison du duc, placée en amphithéâtre sur la mer. Onze heures sonnèrent, pas un coup de canon ; onze heures et demie, silence ; minuit, encore silence.

Le général frappait du pied, jurait, tempêtait ; à minuit et demi à peu près on introduisit dans le cabinet de M. de Crillon, où nous étions avec les princes, un officier de marine expédié par le général Moreno.

Cet officier rendit compte qu'à l'heure prescrite par Son Excellence, son général était parti d'Algésiras avec toutes les chaloupes canonnières, mais que le vent s'étant élevé de l'est assez frais, tous les efforts pour s'approcher de la place avaient été inutiles, et qu'à minuit, jugeant qu'il n'y parviendrait pas, don Moreno avait pris le parti de revenir à Algésiras.

Sur ce rapport, assurément très raisonnable, le duc de Crillon, excité par le prince de Nassau, répondit à cet officier qu'il devait sur-le-champ retourner auprès de son général, et lui ordonner en son nom de repartir avec ses chaloupes canonnières, ajoutant que si l'attaque n'avait pas lieu, il serait destitué le lendemain. Voilà Crillon et son souffleur Nassau bien fiers de ce nouvel ordre, et le malheureux officier de marine s'en retourna.

Tout le monde se désolait de ce que nous allions probablement passer la nuit inutilement à attendre une attaque ordonnée contre vent et marée. Je pris ma montre et la fixai attentivement. M. le comte d'Artois s'en aperçut : « A quoi penses-tu là? me dit-il. — A rien », lui dis-je, et j'achevai, les yeux fixés sur ma montre, le calcul que j'avais commencé. Nouvelle question de ce prince. Crillon se joignit à lui, et tous deux me pressèrent de dire à quoi je pensais avec une si profonde réflexion. — « Vous me l'ordonnez? répliquai-je. Eh bien, je pensais que cet officier de marine qui est venu de Ponte-Majorca à pied, y retournera aussi à pied, qu'il lui faut au moins une demi-heure pour s'y rendre, et de là encore une bonne demi-heure, s'il trouve même un canot tout prêt pour arriver à Algésiras. Il sera donc au moins deux heures quand il arrivera. Il trouvera le général Moreno bien endormi, tous les équipages des chaloupes canonnières dispersés dans la ville, dormant comme le général. L'officier signifiera à don Moreno l'ordre de M. le duc et la menace d'être destitué. Le général sera obligé de réunir comme il pourra tous ses équipages; s'il y réussit un peu promptement, il sera jour avant qu'il puisse partir, et si le vent lui est plus favorable ce matin que cette nuit, l'attaque que Son Excellence avait projetée dans le fort de l'obscurité se fera le soleil déjà levé sur l'horizon. Tel est le calcul que je faisais sur ma montre. » — « Ma foi, dit le premier M. le comte d'Artois, il a raison, monsieur le duc. » Et M. le duc en tomba d'accord. — « Oh! dit-il, je vais obvier à cet inconvénient. » Et il appela un de ses aides de camp : « Prenez votre cheval, lui dit-il, allez à toutes jambes à Ponte-Majorca, prenez un canot et allez dire de ma part à don Moreno de rester tranquille, qu'il n'y aura pas d'attaque. » L'aide de camp partit au galop.

Je repris ma montre et la fixai de nouveau. Le

duc s'en aperçut : « Voilà encore un nouveau calcul », me dit-il avec aigreur. Le premier que j'avais fait avait amusé M. le comte d'Artois, et chacun avait trouvé qu'il était de toute justesse. Je fus donc sommé de dire le second. — « Eh bien ! monsieur le duc, j'obéirai puisque vous l'exigez. Votre aide de camp a déjà dépassé à toutes jambes le pauvre officier de marine, qui est à pied. Il arrivera avant lui chez le général Moreno, il le trouvera au lit, dormant profondément, et le réveillera pour lui dire que lui et ses chaloupes canonnières peuvent continuer à dormir, ce sera bientôt dit et l'aide de camp reviendra. L'officier de marine arrivera ensuite et portera la menace de destitution du général, etc., etc. »

Tout ce qui était dans le cabinet se mit à rire ; l'on ne songea plus au feu d'artifice préparé, chacun reprit ses chevaux et retourna à son quartier, où il eut moins de temps à dormir que le général Moreno.

Les Anglais, s'attendant tous les jours à voir les batteries flottantes venir s'embosser devant la place, tenaient constamment des boulets prêts à être rendus rouges pour les recevoir. Ayant aperçu un soir au-dessus des remparts de la ville un feu ressemblant à celui d'une forge, nous crûmes qu'ils les chauffaient pour le lendemain matin. Mais, à défaut des batteries flottantes, ils les employèrent contre les lignes, et ce fut avec succès.

Bientôt la batterie de Mahon fut embrasée et, de là, l'incendie pouvait se communiquer sur toute la ligne. Quinze cents sapeurs espagnols furent aussitôt commandés pour aller éteindre le feu de cette batterie et en retirer les canons en cas de sortie.

Je vis arriver cette colonne en fort bon ordre jusqu'à l'entrée de ce fort Mahon. Là, rien ne mettait à l'abri du feu de la place, et les boulets rouges y tombaient en grande quantité. Les officiers espagnols de la tête de la colonne refusèrent d'y entrer. Les soldats, de meilleure volonté, disaient que si leurs officiers y entraient, ils les suivraient. Nous étions plusieurs officiers français, fort curieux d'observer comment cette scène finirait. Plusieurs, tels que le baron Félix de Wimpfen, le comte Hamilton et un colonel espagnol, le prince Imperiali, les exhortèrent en vain. L'indignation de quelques-uns de ces messieurs les emporta même jusqu'à distribuer quelques coups de bâton sur les principaux refusants; mais ni reproches ni bâtons ne réussirent, ils cherchaient les abris qu'ils pouvaient trouver, et la batterie de Mahon brûlait toujours.

Enfin un capitaine du régiment de Bretagne dont j'ai oublié le nom, envoyé tout à la gauche de la ligne avec à peu près soixante hommes, apprenant par nous ce qui se passait, et l'importance de secourir la batterie de Mahon, se retourna vers sa troupe : « Enfants, leur dit-il, suivez-moi. »

Cette brave troupe n'hésita pas, la plupart jetèrent leurs habits par terre, et en un instant la partie qui pouvait communiquer le feu au reste de la ligne fut coupée, des précautions furent prises pour les canons, et le capitaine se rendit à sa première destination, n'ayant eu environ que douze hommes de tués ou blessés.

Je suivis ce détachement jusqu'à la gauche, où nous avions une batterie française destinée à bombarder la plate-forme de la batterie anglaise du Pigazzo, le pic le plus élevé du rocher. Sur ce sommet était un canon monté sur son affût de mer, qui se chargeait horizontalement, mais se tirait presque perpendiculairement, au point qu'à un ou deux pieds de la tranchée l'on pouvait recevoir le coup ; nos soldats français appelaient ce canon le *congé absolu*.

J'arrivai au moment où cette batterie recevait l'ordre de commencer son feu ; j'y trouvai plusieurs officiers français, entre autres le marquis de Bouzols, d'Oraison et le marquis de Roffignac. « Allons, disait ce dernier aux bombardiers, chargez ces mortiers. Ah! que ne suis-je de la poudre! vous me chargeriez, vous me bourreriez et j'irais brûler ces b......-là. » Nous avions des piastres à la main pour exciter l'adresse de nos pointeurs.

La seconde bombe qui fut tirée tomba si juste sur la plate-forme de la batterie que, n'ayant aperçu jusque-là aucun canonnier anglais, nous les vîmes monter sur cette plate-forme et avec leurs chapeaux et leurs mouchoirs, faire des signes de félicitation au bombardier qui avait tiré aussi juste et à qui nous donnions des piastres.

De notre côté, nous nous éloignâmes assez de la tranchée pour être vus à notre tour et nous rendîmes les mêmes saluts, mais dans l'instant un coup chargé à mitraille parti du *congé absolu* tua sur le même mortier et le chargeur et celui qui avait si bien ajusté sa bombe.

Lorsque les Anglais eurent employé tous les boulets qu'ils avaient chauffés, le feu cessa de part et d'autre; nous ne laissâmes pas de perdre beaucoup de monde dans cette matinée.

Le même soir, me promenant vers minuit sur le mirador de Saint-Roch avec Archambault de Périgord[1] pour respirer un peu d'air frais, nous entendîmes des cris lamentables dans les salles basses de l'hôpital qui longe cette promenade. Nous courûmes aux fenêtres et nous aperçûmes un homme qui errait avec la démarche d'une tête égarée. Dans la salle, des blessés appelaient tous à grands cris les infirmiers; contre leur devoir ils étaient absents. Archambault et moi nous ramenâmes les infirmiers et nous fîmes ressaisir le promeneur. C'était un malheureux soldat du régiment de Bretagne que le vent d'un boulet rouge avait renversé le matin. Il n'avait aucune apparence

---

[1] Comte, puis duc de Talleyrand-Périgord, frère cadet de l'évêque d'Autun, né en 1762, mort en 1832.

de blessure; on l'avait garrotté sur son lit, mais dans le transport il avait brisé ses liens et il venait de jeter la terreur parmi les blessés; nous fîmes punir les infirmiers. Le jeune soldat mourut le lendemain.

Les batteries flottantes n'étaient pas achevées. M. de Crillon, craignant toujours l'ennui que l'inaction pouvait donner aux princes, imagina une revue générale de l'armée, infanterie et cavalerie. Un autre jour les quatre régiments français manœuvrèrent. Elliot aurait pu faire tirer sur la revue générale et sur la manœuvre française. Il eut la politesse de n'en rien faire.

Enfin les batteries flottantes furent prêtes, d'après MM. de Crillon et de Nassau; malheureusement M. d'Arçon, en voyant la mauvaise exécution du plan qu'il avait donné, eut la faiblesse de ne pas protester. Je le lui ai dit. Il eut le tort de sacrifier ainsi sa réputation et de causer la mort de braves gens. Le vrai talent de d'Arçon en fut suspecté.

Pour juger l'attaque qu'on va lire, il faudrait avoir sous les yeux le plan de la place de Gibraltar publié par M. d'Arçon à Strasbourg en 1782, ou au moins celui réduit que l'on trouve au bas de la carte d'Espagne et de Portugal, par Thomas Lopez, ingénieur de Sa Majesté Catholique.

J'ai déjà fait connaître plus haut la manière ingénieuse avec laquelle M. d'Arçon complétait la circonvallation si difficile de cette place; j'ai expliqué l'accord des feux de la ligne avec ceux des batteries flottantes, des bombardes, des chaloupes canonnières, l'effet prodigieux de cette artillerie se réunissant sur le même point de la place, enfin j'ai annoncé le débarquement de quatre mille hommes opéré par six vaisseaux de ligne.

L'ordre fut donné un matin pour que tout ce qui devait composer l'équipage des batteries flottantes se rendît à bord et n'en sortît plus.

Il fallait bien faire connaître au général Moreno, commandant général des batteries flottantes, et à M. de Nassau, commandant particulier de la *Talla piedra* et major général de cette attaque par mer, la ligne déterminée qui devait servir à l'embossement des Empalletas.

D'Arçon l'avait établie mathématiquement trois mois avant et en avait remis le travail écrit à M de Crillon. Celui-ci le rechercha inutilement. Il était perdu. Ce soir seulement le général en fit l'aveu.

M. d'Arçon fut donc obligé de relever immédiatement et pour ainsi dire en courant les points pris auparavant très exactement; la ligne d'embossement fut déterminée le matin à trois cents pas du prolongement de la place, mais comme elle n'avait pas été sondée, M. d'Arçon se jeta dans une chaloupe pour prendre cette sonde; les chaloupes ne furent pas aperçues par l'ennemi, mais le bruit de leurs rames fut entendu, l'on tira dessus, et d'Arçon fut obligé de se retirer sans avoir pu terminer son opération.

Je le vis revenir tout éploré de cette inutile tentative, au moment même où M. de Crillon promettait à M. le comte d'Artois et à M. le duc de Bourbon que dans vingt-quatre heures il les recevrait dans la place et les ferait souper avec le général Elliot. Le triste rapport fait par d'Arçon ne diminua pas sa confiance. Je l'écoutais avec une surprise inexprimable lorsqu'on vint m'avertir que quelqu'un me demandait hors du cabinet du général.

Qui trouvai-je? Un valet de chambre du prince de Nassau arrivant de la batterie de la *Talla piedra*. « Venez à notre secours, me dit ce pauvre garçon, le prince est à bord, il a oublié complètement qu'il avait à nourrir un état-major nombreux d'officiers de la marine et de terre; nous n'avons à bord ni pain, ni viande, ni vin, et l'on dit partout que demain matin nous devons nous embosser, peut-être pour huit jours devant la place. Tout le monde demande déjà à souper; le prince se désole, il m'envoie chercher des vivres à terre, il est si tard que je n'en puis trouver, et le prince ne m'a pas donné d'argent pour en acheter. »

Je reconnus là toute l'imprévoyance de Nassau. Ma première réponse fut que je n'étais ni l'intendant ni le munitionnaire de l'armée, que je ne voyais point le remède à pareille étourderie. Ce valet de chambre pleura, sanglota, son attachement pour son maître me toucha, le sort de ses officiers encore plus. « Attendez-moi un instant, lui dis-je, je vais revenir et je vous dirai ce que je pourrai faire. »

Je rentrai dans le cabinet, je pris à part M. le comte d'Artois et lui confiai tout bas le message du valet de chambre, en lui observant qu'ayant journellement à Saint-Roch cinquante couverts à sa table et plusieurs autres tables pour sa suite, je lui demandais la permission d'ordonner à son contrôleur de la bouche de faire préparer tout ce dont Nassau aurait besoin.

Le prince m'approuva. Je dis au valet de chambre de venir à Saint-Roch et j'y courus ; les cuisines du prince furent en un instant allumées. Tout ce qui existait de viande fut mis à la broche, les pâtissiers firent des pâtés, l'on courut chez les boulangers, chez les bouchers, l'on remplit de vin plusieurs paniers, et à cinq heures du matin deux chariots pleins de vivres portèrent à Ponte Majorca de quoi nourrir l'état-major pendant huit jours.

Le matin [1] le vent fut favorable, les dix batteries flottantes appareillèrent pour aller commencer cette fameuse attaque qui fixait depuis longtemps l'attention de l'Europe entière. Il n'existait plus qu'une très incertaine détermination de la ligne

---

[1] 13 septembre 1782.

d'embossage; pareille incertitude existait aussi à l'égard de la sonde. D'après l'embossage projeté les feux de cent soixante canons de la ligne de terre devaient seconder ceux de mer; ainsi le même angle de la place devait éprouver le feu de près de quatre cents bouches à feu, et il y avait lieu d'espérer que les « Empailletaos » n'auraient que très peu à souffrir des boulets rouges. Au lieu de cela, les batteries flottantes se portèrent sans ordre sur le centre du front entre les deux môles où, sans être aucunement protégées, elles réunissaient sur elles seules tous les feux rasants et plongeants de la place.

Au lieu de dix de ces batteries flottantes, trois seulement, celles de Moreno, de Nassau et de Gravina, s'embossèrent à neuf heures du matin très près de la place, et les sept autres mouillèrent au large, à peine à portée du feu de l'ennemi. De plus, il n'y eut ni première, ni seconde ligne régulièrement formée suivant le plan, et aucune bombarde, aucune chaloupe canonnière ne suivit ni n'accompagna ces « Empailletaos ».

Tels furent l'impéritie et le désordre de l'attaque par mer.

Que dire de celle par terre? sinon que dans le même moment les gargousses manquèrent à la tranchée et que les cent soixante-six bouches à feu de la ligne restèrent muettes jusqu'à ce qu'on eût remédié à un oubli aussi impardonnable.

Pourtant ce fut à ce moment que M. le duc de

Crillon expédia en courrier le prince de Masséran à Madrid pour mander au roi d'Espagne que le lendemain à pareille heure il serait dans la place. Sur une nouvelle aussi flatteuse, Masséran à son arrivée fut nommé brigadier. Charles III annonça au corps diplomatique cette promesse de Crillon comme une certitude : « Il ne m'a jamais manqué de parole, disait-il, demain nous aurons un autre courrier. »

Cependant les trois batteries flottantes, quelque isolées, quelque mal placées qu'elles fussent, faisaient encore bonne contenance à trois heures après midi, et leur feu contre la place était très nourri. Crillon se flattait de le faire augmenter de celui de sept autres, à qui il envoyait l'ordre de se rapprocher des premières, lorsque M. O'Connell, blessé légèrement au front, arriva vers M. de Crillon de la part de MM. de Nassau et d'Arçon. Ils informaient le général en chef que le feu était déjà à bord, qu'on ne parvenait guère à l'éteindre, qu'on perdait beaucoup de monde, et que ce qu'il y avait de mieux à faire était de débarquer les équipages des batteries et d'y mettre le feu en les évacuant pour que les Anglais ne s'emparassent pas des carcasses et de l'artillerie.

Le rapport fut le prétexte du départ d'un nouveau courrier. Crillon manda : « Les trois premières batteries souffrent, mais les sept autres sont intactes ; tout ira bien. » Sur ce message M. de Crillon envoya ordre à MM. de Nassau et d'Arçon de revenir afin de concerter avec eux de nouvelles mesures. Ils revinrent en effet, mais les choses étaient en bien pire état qu'au départ d'O'Connell.

Il donna l'ordre à don Luis de Cordova d'envoyer à la nuit les canots et les chaloupes de l'escadre combinée au secours des trois batteries et d'en retirer les équipages. Cet ordre fut mal porté ou mal distribué dans l'escadre, mais bien plus mal exécuté, car aucun canot, aucune chaloupe ne bougea. Les trois malheureuses batteries restèrent abandonnées à elles-mêmes et toute la nuit exposées au plus violent feu de la place. Quant aux sept autres, qu'on pouvait aisément ramener à Algésiras, on préféra y mettre le feu.

Le lendemain à la pointe du jour, les trois batteries formaient autant de bûchers ardents au milieu de la mer, et les cris des malheureux qui y avaient été abandonnés toute la nuit se faisaient entendre jusqu'aux tranchées. Deux sautèrent en l'air. Une brûlait encore, et les Anglais eurent la courageuse générosité que nous n'avions pas eue. Le commodore Curtis, bravant tout danger, vint, suivi des équipages de quelques chaloupes, se jeter au milieu de ce bûcher ardent, pour sauver les malheureuses victimes de toutes nos bévues. Tout ce qui respirait encore dans cette batterie dut son salut à l'ennemi victorieux. La batterie sauta en l'air quand Curtis eut sauvé jusqu'au dernier homme.

Il fallut bien mander le désastre au roi d'Espagne. Crillon envoya un troisième courrier. Il n'avait, disait-il, jamais eu confiance dans les batteries flottantes, il allait reprendre son projet favori de la digue et de la mine, et il n'en prendrait pas moins Gibraltar!

Je rappellerai à ce sujet une réponse du chevalier de Crussol au duc de Crillon. Celui-ci parlait avec enthousiasme de sa digue : « C'est par un pareil moyen, disait-il, qu'Alexandre a pris Tyr. — Oui, monsieur le duc, mais à Tyr y avait-il du canon? »

Telle fut l'issue de cette entreprise, arrêtée entre deux Cours, préparée depuis un an, annoncée avec emphase à l'Europe. Au bout de six heures elle était désespérée, au bout de vingt-quatre les Anglais se retrouvaient au même point que lorsque la paix de 1763 leur avait laissé la jouissance de ce rocher.

Le malheureux d'Arçon, désolé, regrettait de n'avoir pas été emporté par un boulet de canon ou incendié avec sa Tailla-Piedra. « J'ai brûlé le temple d'Éphèse », s'écriait-il. Je le répète, son seul tort a été de se prêter à l'exécution d'un plan défiguré, tronqué. Et si quelqu'un disait : « Vous pensez donc que ce plan accompagné de tous les accessoires qui y ont manqué et exécuté dans tous ces points aurait réussi... », je répondrais : « Trois batteries flottantes isolées, livrées à elles-mêmes au centre de tous les feux de la place, ont bien résisté pendant douze heures, pourquoi, placées au point convenable, n'auraient-elles pu faire réussir l'entreprise? En tout cas on aurait eu la gloire d'avoir exécuté un plan parfaitement entendu. »

A la guerre la gloire n'est pas toujours le prix du succès, elle l'est souvent d'une défaite, quand la sagesse des dispositions n'a pu l'empêcher, quand elle n'est que l'effet du malheur et non le résultat de l'impéritie du général. Turenne battu à Mariendal, le maréchal de Créqui à Consorbrück, le maréchal de Boufflers pris à Lille, n'ont point vu leur réputation ternie par ces revers, non plus que Frédéric II battu à Kollin et à Hochkirch. A Gibraltar, au lieu de gloire, les chefs n'ont dû recueillir que la honte due à leur imprévoyance.

Peu de jours après l'incendie des batteries flottantes, il s'éleva un fort coup de vent d'ouest et de nord-ouest. Un grand nombre de petits bâtiments mouillés dans la rade d'Algésiras furent jetés à la côte. Plusieurs vaisseaux de ligne et quelques frégates chassèrent sur leurs ancres; d'autres en perdirent. Le vent portait directement sur la place. A la pointe du jour, nous aperçûmes le vaisseau espagnol *le Saint-Michel,* de soixante-quatre canons, qui, entraîné jusqu'au dedans du môle neuf, avait été forcé de se rendre.

Un autre vaisseau espagnol avait dérivé jusqu'à demi-portée de canon du môle vieux et avait été heureux qu'une de ses ancres tînt et le laissât dans cette critique position. Notre vaisseau à trois ponts *le Royal Louis*, commandé par le vicomte de Rochechouart, courut le même risque, et ne pouvant doubler ni la pointe d'Europa pour gagner la Méditerranée, ni la pointe Carnero pour repasser le détroit et rentrer dans l'Océan, ne dut son salut qu'à la bonne tenue d'une de ses ancres; quelques autres bâtiments durent le leur à l'habileté de leurs manœuvres. Une seule de nos frégates, commandée par M. de Foligny, gagna la Méditerranée.

Ce fut vers la fin de ce coup de vent que l'on signala le soir, à l'entrée de la nuit, une escadre anglaise forte d'une quarantaine de vaisseaux de ligne, de plusieurs frégates et cutters, escortant quarante-cinq bâtiments de transport.

Elle donna de nuit dans le détroit; la force du vent et des courants décida l'amiral Howe qui la commandait à passer de suite dans la Méditerranée. Il craignait de nombreuses avaries en mouillant de nuit une si grande quantité de bâtiments dans la très petite et très mauvaise rade de la pointe d'Europa. Un seul vaisseau de cinquante canons, une frégate de trente-deux et un cutter y mouillèrent.

Le lendemain au jour, nous vîmes parfaitement l'armée anglaise et son convoi se dirigeant vers Malaga.

Je me portai sur-le-champ, pour la mieux observer, au grand rocher de Carbonera, dominant sur la Méditerranée. A peine fus-je arrivé à la cime de ce rocher que j'y fus joint par M. de Massaredo, major général de l'armée navale combinée [1]. Nous comptâmes ensemble les vaisseaux, le nombre de leurs canons et celui des bâtiments de transport. « Demain, me dit Massaredo, notre armée se sera réparée de tous les dégâts du coup de vent, et je compte que nous les joindrons quand ils voudront rentrer dans le détroit et ravitailler la place. » J'avais connu Massaredo à Cadix quand je servais dans la marine. Nous avions renouvelé connaissance à Brest lorsque l'escadre combinée y fut, je le voyais souvent à Saint-Roch, et dans le fait c'était lui qui commandait l'armée sous le nom de don Luis de Cordova. Je lui demandai s'il y avait de l'indiscrétion à le prier de me dire ce qu'il se proposait de faire pour retrouver sûrement les Anglais et les empêcher de ravitailler la place. Il me répondit avec un air assez naturel, mais sous lequel je reconnus facilement un fond diplomatique, qu'il rendrait compte à son général de ses observations, mais qu'il ne pouvait pas prévoir quelles seraient les dispositions de don Luis. « Eh bien, lui dis-je, je ne vous presserai pas davantage, mais faites-moi le plaisir de me dire seulement si vous savez ou si vous vous rappelez un cas à beaucoup d'égards pareil à celui-ci, lorsque l'amiral Sunders, dans la guerre de 1756, voulut intercepter l'escadre de six vaisseaux, aux ordres de M. d'Urvez,

[1] Massaredo y Salazar devint amiral; né en 1744, il mourut en 1812.

partant de Toulon pour aller renforcer à Louisbourg l'escadre de M. Dubois de la Motte! — Non, dit-il, je n'en ai pas connaissance, et vous me ferez plaisir de me le dire. »

Je lui racontai alors que l'amiral Sunders avait mouillé un tiers de ses vingt et un vaisseaux sous Ceuta, qu'un tiers tenait alternativement la bordée de Ceuta à Estaponte et d'Estaponte à Ceuta, en sorte que, lorsque ce tiers revenait sur Ceuta, l'autre tiers se portait sur Estaponte, et enfin que le tiers du mouillage se tenait toujours prêt à rejoindre les deux autres si l'escadre de Toulon avait paru.

Massaredo me parut extrêmement frappé de cette disposition, désireux d'en faire l'application à la circonstance présente, et il m'assura qu'il engagerait don Luis à en tirer parti. Nous descendîmes de notre rocher. Il alla retrouver son vaisseau, je revins vers M. le comte d'Artois, je trouvai M. de Crillon chez lui et je leur rendis compte de ma promenade.

Le lendemain au matin, don Luis de Cordova fit signal à son escadre d'appareiller. L'on ne voyait plus les Anglais. L'on sut qu'après avoir prolongé leur bordée vers Malága, ils avaient viré de bord et couru sur la côte d'Afrique au-dessus de Ceuta.

M. de Crillon et les princes se portèrent à la Carbonera pour observer le départ de l'armée navale et son entrée dans la Méditerranée. J'avais été curieux d'aller en rade voir de plus près l'appareillage de l'escadre et j'avais pris à cet effet le canot de M. le comte d'Artois. J'étais accompagné du jeune Imperiali, qui, comme moi, avait servi dans la marine.

Nous suivîmes plus particulièrement l'appareillage de ce vaisseau espagnol qui, dans le coup de vent, avait dérivé jusque près du môle vieux. Cela nous procura l'occasion de voir l'entier développement des feux de cette place, unique en son genre, tous dirigés, depuis les parties les plus élevées jusqu'au niveau de la mer, contre ce vaisseau qui, au lieu de porter un bord dans le fond de la baie vers Algésiras, prolongea toute la place à demi-portée de canon et jusque par le travers du môle neuf où nous le suivîmes. Il ne reçut pas un boulet ni dans sa voilure, ni dans sa mâture, ni dans ses agrès. Nous étions toujours par son travers, et tous les coups tombèrent dans la mer en le dépassant.

Je revins ensuite rejoindre la généralité[1] à la Carbonera, où j'entendis le général dire à M. le comte d'Artois, quand toute l'escadre fut dans la Méditerranée : « J'ai aussi toute ma flotte à faire partir. »

En effet, le commandant de Ceuta, alarmé la veille de l'apparition de l'armée anglaise, avait mandé à M. de Crillon de lui envoyer un renfort de deux bataillons, et Crillon avait ordonné que ces deux bataillons fussent embarqués sur des paquebots de Ceuta et partissent avec la marée pour s'y rendre.

---

[1] Expression pour désigner les généraux et leur état-major.

Alors je m'approchai de M. le comte d'Artois, de M. le duc de Bourbon et du comte de Puységur, qui étaient ensemble, et je leur dis tout bas : « Nous avons déjà fait présent à la place d'un vaisseau de guerre et de son équipage, et, ma foi, nous prenons bien la manière de l'affamer, car M. de Crillon va lui faire prendre encore deux bataillons ! Il est grand jour, les bateaux portant ces deux bataillons doivent passer à vue du vaisseau de cinquante canons, de la frégate et du cutter mouillés à la pointe d'Europa. Le vaisseau, en les voyant, n'aura qu'un seul coup à tirer ou à lâcher son cutter pour les faire venir à bord. Ils seront pris infailliblement. »

La conviction fut telle et si prompte, au jugement de ces messieurs, qu'à mon refus d'en parler moi-même à M. de Crillon, ils s'en chargèrent, et M. de Crillon fut assez sage cette fois pour envoyer contre-ordre par un aide de camp. Crillon, en me fixant, dit : « Voilà encore du des Cars. »

Cordova avait porté sur Estaponte et Malaga comme Howe avait fait la veille. Ne le trouvant pas, il se porta sur la côte d'Afrique, où il apprit que Howe passait déjà le détroit, jetait son convoi à la pointe d'Europa et rentrait lui-même dans l'Océan. Il ordonna une chasse générale. L'avant-garde toute française joignit l'ennemi hors du détroit, échangea quelques coups de canon, et Howe ayant rempli son but ramena son escadre en Angleterre. Si Cordova eût imité l'amiral Sunders, les choses pouvaient se passer tout différemment.

Lorsque cette prompte rentrée de toutes les escadres dans l'Océan eut lieu, nous étions déjà partis de Saint-Roch, pour Madrid.

A quoi eût servi notre plus long séjour ? Il ne restait plus rien à faire [1].

[1] Les personnes désireuses de connaître plus de détails sur le siège de Gibraltar pourront consulter : *Mémoires pour servir à l'histoire du siège de Gibraltar*, par LE MICHAUD D'ARÇON. In-8°, Madrid, 1783. *Conseil de guerre privé sur l'événement de Gibraltar*, en 1782, par le même. In-8° avec 3 planches, 1785. *History of the siege of Gibraltar*, by DRINKWATER. In-4°, Londres, 1790. *Historia de Gibraltar y de su campo*, por D. Franc. Maria MONTERO. In-4°, avec 3 planches, Cadix et Madrid, 1860.

CHAPITRE X

Retour par Cadix et Madrid. — Le catéchisme sur les *Trois Princes*. — Proposition faite par M. de Ricardos. — Séjour à l'Escurial. — Retour en France. — Mariage du baron des Cars avec Mlle de Laborde. — Sa nomination de premier maitre d'hôtel du Roi en survivance. — M. de La Harpe et les fables d'Horace. — Crédit de M. de Laborde. — M. d'Herveley. — Nomination de M. de Calonne.

Nous revînmes à Cadix. Je fus enchanté de revoir au bout de douze ans une ville où j'avais joui de toutes sortes de plaisirs.

Le général O'Reilly y commandait, et je trouvai la ville considérablement embellie par ses soins, ainsi que les dehors de la porte de terre sur le chemin de la Isla. O'Reilly tenait à Cadix un état de vice-roi. La réception qu'il fit aux princes fut magnifique, la chère splendide, et tous les parfums de l'Asie embaumèrent les appartements.

Le consul français, M. de Montgelas, reçut aussi les princes chez lui avec beaucoup de magnificence.

Les princes visitèrent la rade et tous les arsenaux de la marine; à la Caraque, à la Isla quelques vaisseaux étaient sur les chantiers, on commençait à doubler en cuivre une frégate; à Brest, à Rochefort l'on fait cette opération dans une marée; là, il fallait, disait-on, six semaines.

Parmi les officiers généraux de la marine espagnole qui furent présentés aux princes, je retrouvai avec intérêt le général Langora, celui qui avait eu une affaire si malheureuse, près le cap Sainte-Marie, contre l'amiral Rodney. J'avais fait connaissance avec lui au Maroc, et l'avais revu à Cadix.

M. le comte d'Artois, ne voyant en lui que l'homme qui avait perdu quelques vaisseaux, lui fit l'accueil le plus froid, le plus désespérant, et fut très aimable pour tous les autres. Langora m'en porta plainte avec amertume, et attribuant cette réception à sa malheureuse affaire, il me pria de passer chez lui afin de me montrer les instructions qu'il avait, et de m'expliquer cette journée; en examinant les instructions et les ordres de sa cour ainsi que le lieu de sa rencontre avec Rodney, et les vents qui soufflaient, je reconnus qu'ayant défense absolue de rentrer sous aucun prétexte à Cadix, et de passer le détroit de Gibraltar, il devenait nécessairement victime de la supériorité considérable de l'escadre de Rodney; il le fut aussi de l'ineptie de quelques-uns de ses capitaines, ce qui mit le comble à sa défaite.

Je rendis compte à M. le comte d'Artois de ma visite à Langora, des ordres que j'avais vus signés : « Castecon », ministre de la marine; le prince revint de ses préventions. Langora reçu par lui, à une seconde audience, fut accueilli avec autant de grâce qu'il l'avait été avec froideur, et je jouis beaucoup du bonheur d'avoir rendu ce service à un homme d'honneur.

A Xérès, nous visitâmes le haras magnifique du duc de Medina et nous bûmes chez lui le meilleur vin de son cru si justement renommé. Il avait au moins cent ans.

A notre retour à Madrid notre suite s'était augmentée de quelques personnes auxquelles M. le comte d'Artois avait bien voulu donner l'agrément de l'accompagner. Pour éviter au chevalier d'Oraison la dépense de ce voyage, je priai le prince de trouver bon que je lui donnasse une place dans ma voiture, puisque j'allais toujours dans celle du prince. Par ce moyen, d'Oraison se trouvait toujours logé avec moi, et le prince lui donnait à dîner.

Dans tous les pays, le titre de prince en impose singulièrement à la foule et aux laquais; nous l'éprouvions journellement, au point que nous entendions quelquefois mettre en question si le prince d'Hénin et le prince de Nassau n'étaient pas plus grands seigneurs que M. le comte d'Artois ou M. le duc de Bourbon. Nous autres, qui ne portions que des titres infiniment moins pompeux, les Espagnols ne nous considéraient que comme ces hidalgos qui acquièrent la noblesse en combattant le taureau en présence de quelque infant! Notre manière d'être logés en route s'en ressentait quelquefois tellement (je n'étais plus de quartier), que, faisant un soir cette remarque, d'Oraison et moi composâmes ce petit catéchisme :

« *Demande*. — De combien de seigneurs est composée la « comitiva » du comte d'Artois?

Réponse. — De... tant de seigneurs.

D. — Mais, parmi ces seigneurs, n'en est-il pas de plus distingués les uns que les autres?

R. — Oui, sans doute.

D. — Par exemple, le prince d'Hénin n'est-il point prince?

R. — Oui.

D. — Le prince de Nassau est-il prince?

R. — Oui.

D. — Le comte d'Artois est-il prince?

R. — Oui, sans doute, il est prince; quelle question!

D. — Ce sont donc trois princes?

R. — Non, ces trois princes n'en font qu'un. »

Le lendemain matin, d'Hénin, comme de quartier était de droit dans la voiture de M. le comte d'Artois. Les autres places de la voiture étaient chaque jour tirées au sort, et le hasard m'y avait placé avec Nassau. J'amenai insensiblement la conversation sur les grands avantages du titre de prince, et l'infériorité qu'avaient auprès d'eux les simples comtes, barons ou chevaliers, les ducs même; et comme je vis que d'Hénin et Nassau prenaient assez bien la plaisanterie, j'en vins jusqu'à réciter le catéchisme.

Nassau ne rit plus que d'un œil, le comte d'Artois ne se tenait plus de rire. Il fit arrêter sa voiture, et quand celle qui nous suivait nous eut joints, il lui conta le catéchisme.

Cette anecdote m'en rappelle une autre assez semblable du voyage que nous fîmes, en 1777, avec M. le comte d'Artois. Nous avions couché un samedi à Barbezieux, et le prince avait fait demander une messe à la paroisse pour le lendemain matin. La fabrique avait imaginé de placer dans le sanctuaire trois prie-Dieu sur la même ligne; nous en demandâmes l'explication; l'on répondit : *C'est pour les trois princes.*

J'anticiperai un peu sur le temps pour rapporter une autre anecdote, à laquelle ce catéchisme donna lieu peu après notre retour à la Cour. M. le comte d'Artois avait, sans doute, raconté à Louis XVI tous les détails de son voyage, et le catéchisme n'avait pas été oublié. Un jour donc que j'étais dans le cabinet du Roi, il vint à moi et me dit : « Répétez-moi donc votre catéchisme. » J'étais à mille lieues de deviner ce qu'il me demandait, et j'avais beau chercher, je ne le trouvai pas. « Le catéchisme des trois princes, me dit-il. — Ah! dis-je, Sire, je vois que M. le comte d'Artois vous a raconté une plaisanterie, qui devait être oubliée aussitôt que faite. » N'importe, il me pressa tellement qu'il fallut la lui répéter. A peine eus-je prononcé la dernière réponse, que le Roi fut chercher le prince de Poix qui était aussi dans le cabinet; le tenant par le collet de son habit, il l'amena jusqu'à moi, et exigea que je récitasse les demandes et les réponses; quand j'eus fini : « Vous êtes de ces princes-là, monsieur de Poix », dit Louis XVI.

Nous repassâmes à Ocana et nous y couchâmes. Nous y retrouvâmes le marquis de Ricardos et le chevalier Borghèse. M. le comte d'Artois ayant été se coucher après l'excellent souper que nous donna ce général, je fus extrêmement surpris que, me prenant à part, Ricardos me rappela toute la conversation que nous avions eue ensemble, à notre premier passage, sur l'instruction de la cavalerie. Il m'assura qu'il se l'était rappelée tous les jours, m'avoua que la cavalerie espagnole était tombée dans la plus grande ignorance, et qu'elle manquait de sujets capables de l'en tirer. Il ajouta qu'il jouissait, en tout ce qui la concernait, de la confiance entière du Roi; que si je voulais passer au service d'Espagne, j'y trouverais les plus grands avantages; que ma naissance et la qualité de petit-fils du maréchal de Berwick m'assuraient la Grandesse en très peu de temps, et que la réputation que je me ferais y contribuerait beaucoup. Il m'assurait le grade de brigadier en entrant, et peu après celui de maréchal de camp. Je ne devais dépendre que de lui seul, je serais mis à la tête d'une école formant quatre escadrons, j'aurais un fort gros traitement, etc. « Réfléchissez bien à la proposition, m'ajouta-t-il, je ne vous la fais pas en l'air et sans y avoir mûrement pensé, rendez-moi réponse soit à Madrid, soit à l'Escurial; nous nous y reverrons. »

Je lui témoignai la plus vive reconnaissance de sa trop haute opinion de moi, j'alléguai les difficultés qu'éprouve toujours un étranger, en établissant un nouveau régime dans un autre service que le sien. Je lui dis que, d'ailleurs, je devais trop au Roi et à M. le comte d'Artois, que j'avais des places trop flatteuses pour désirer plus dans un autre pays, et y chercher un autre avancement que celui que j'avais, ou une autre fortune; telles étaient les premières réflexions qui se présentaient à mon esprit, je croyais que j'y persisterais, et puisque nous devions nous revoir quand j'aurais eu plus de temps pour y penser, je lui dirais mon dernier mot ou à Madrid ou à l'Escurial.

Je le revis, en effet, à Madrid quelques jours après. Il me relança de nouveau, je persistai dans les mêmes motifs de refus. Il se réduisit alors à me demander seulement le sacrifice de deux ou trois ans, mais je restai ferme dans ma résolution.

A Madrid, je fus souffrant d'un énorme clou à la cuisse, et je restai pour me soigner dans la maison de l'ambassadeur, pendant que M. le comte d'Artois se rendait de suite à l'Escurial, où je le rejoignis encore souffrant.

L'Escurial est trop connu pour que j'entreprenne de donner des détails sur cette grandiose fondation de Philippe II, élevée en actions de grâces de la fameuse bataille de Saint-Quentin; je me bornerai à répéter ce que tout le monde en a dit, savoir, que les moines y sont logés comme des rois, et les rois comme des moines, ainsi que les princes et les courtisans, tous logés dans des cellules.

Forcé de rester à peu près deux jours dans la mienne, c'était une chose curieuse de voir dans le dortoir les préparatifs de mon dîner. Trois grandes croisées suffisaient à peine pour les réchauds où l'on préparait les plats, pour les tables sur lesquelles on les dressait; dix ou douze cuisiniers ou aides de cuisine y étaient employés. Un maître d'hôtel en habit de velours et en dentelles, l'épée au côté, le chapeau sous le bras, mettait sur une table; un officier d'office, en même costume, servait le dessert; un sommelier, non moins élégant, me proposait toutes sortes de vins; un autre officier servait le café.

L'infant don Louis, frère de Charles III, arriva à l'Escurial la veille de la Saint-Charles. Depuis son mariage, ce prince se tenait habituellement dans un château assez éloigné, et ne venait à la Cour qu'au premier de l'an et à la Saint-Charles, fête du Roi. Mon cousin Stuart était intimement lié avec lui, parce que Mme Stuart était tante de la femme de cet infant. Pedro (c'était le nom de baptême de M. Stuart) lui ayant parlé de moi, l'Infant lui dit qu'il désirait me connaître, et le chargea de m'amener chez lui le lendemain matin de bonne heure.

Il me reçut avec toutes sortes de bontés et me raconta les incidents de son mariage.

A cinquante-cinq ans environ, quoique né d'un tempérament ardent, mais grâce à l'exacte surveillance du Roi, son frère, et à l'obligation d'aller soir et matin à la chasse ou à la pêche, grâce encore à la précaution royale de faire coucher à côté de lui un gentilhomme de la chambre qui répondait au Roi des nuits du Prince ; à cinquante-cinq ans, dis-je, l'Infant avait encore toute son innocence; il conçut alors un désir extrême de se marier, mais comment vaincre la politique espagnole en général, et la politique particulière de Charles III? Toutes deux étaient opposées à un désir aussi naturel et aussi religieux. L'Infant sentit que les premières paroles devaient être portées à un monarque aussi pieux que son frère, non par lui-même, ni par un ministre, ni par un courtisan. Il s'adressa au confesseur du Roi. L'Infant fit valoir auprès de lui tous les principes de la religion, depuis la Genèse jusqu'à l'Évangile, aux commandements de l'Église et aux épîtres de saint Paul. Il lui prouva que le mariage devenait une nécessité pour ceux qui n'avaient pas fait de vœux et ne se sentaient pas appelés à en faire.

Le confesseur, peut-être plus politique que théologien, se refusa longtemps à cette négociation; l'Infant ne cessait de le presser; mais las de ces refus, il s'adressa au grand Inquisiteur, patriarche des Indes et grand aumônier de la Cour. L'on parvint à faire entendre au Roi qu'il se rendrait coupable, s'il persistait à refuser à son frère de jouir enfin des douceurs d'un sacrement si nécessaire au salut de don Louis.

Le défaut d'une princesse catholique à marier pour lors en Europe servit l'inclination de l'Infant pour Mlle X..., fille d'un majordome de la Cour et nièce de Mme Stuart.

Le mariage fut conclu aux conditions imposées par le Roi, que la femme de don Louis ne serait pas reconnue à la Cour, que l'Infant se retirerait avec elle dans une campagne, qu'il viendrait au moins deux fois par an à la Cour, où il serait toujours traité comme infant d'Espagne. Le grand aumônier fit et célébra le mariage dans la chapelle royale d'Aranjuez.

Telle est la substance du récit que me fit l'Infant.

J'ai entendu traiter en Espagne la question du droit d'hérédité ou de non-hérédité des enfants de don Louis à la couronne, et la plupart des grands m'ont paru de l'avis que le mariage ayant été consenti par le Roi, célébré dans la chapelle royale par le grand patriarche des Indes, il n'y avait nul doute que ses enfants n'entrassent dans l'ordre de la succession, don Louis ayant épousé une *demoiselle,* et nulle loi espagnole n'étant contraire à de pareilles alliances pour la maison royale.

La fameuse chasse de Saint-Charles eut lieu comme de coutume : un mois ou six semaines auparavant, l'on commença une immense battue de cerfs, de daims, de biches, de chevreuils et de sangliers, que l'on rabattait sans cesse vers le lieu où la famille royale devait se poster le jour de cette tuerie; sans aucune exagération, on peut évaluer de douze à quinze mille le nombre des animaux qui vinrent essuyer les coups de fusil de la famille royale.

Le Roi permit à M. le comte d'Artois et à M. le duc de Bourbon de se placer en ligne avec lui et les infants; M. de Nassau eut la même faveur. Il y eut environ six cents pièces abattues : on les porta soigneusement dans l'antichambre du Roi. Nous les y avons vues exposées le jour du baisemain de la Saint-Charles.

Le prince des Asturies, aujourd'hui Charles IV, avait une petite maison à l'Escurial. Il y donna à dîner à M. le comte d'Artois et à nous tous, avec les infants don Antonio et don Gabriel. Le prince des Asturies joua du violon dans un concert qu'il donna. L'infant Gabriel joua d'un harmonica qu'il avait fait lui-même. L'on sait qu'il est l'auteur d'une traduction de Salluste en espagnol, dont il a fait faire à Madrid une superbe impression; il en donna à chacun de nous un exemplaire. Le mien doit être aujourd'hui dans quelque lycée [1].

Ayant enfin pris congé de la Cour, nous reprîmes la route de Bayonne. En arrivant à Villa-Franca en Biscaye, je demandai à M. le comte d'Artois la permission de le devancer de vingt-quatre heures. Je n'étais pas de quartier, j'avais envie de passer à Limoges, où je croyais trouver mon régiment, et de de là venir à mon abbaye de Meobecq, et enfin à Paris. J'appris à Limoges que le maréchal de Stainville, voulant me rapprocher de lui, avait demandé qu'on lui renvoyât mon régiment à Nancy, et qu'il y était.

Peu après notre arrivée à Paris, où j'arrivai quinze jours plus tard que M. le comte d'Artois, l'ambassadeur d'Espagne, le comte d'Aranda, remit à chacune des personnes qui avaient accompagné le Prince dans ce voyage un portrait de Charles III enrichi de diamants, quelques livres de quinquina et d'excellent tabac de la Havane. Je fis mettre le portrait du Roi sur une boîte d'écaille

---

[1] *La Conjuracion de Catilina y la guerra de Jugurta*, por Caio Salustio Crispo. In-f°, fig. Madrid, Ibarra, 1772. Cette édition de la traduction de Salluste faite par l'infant don Gabriel, sous la direction de Fr. Perez Bayer, son précepteur, est regardée, dit Brunet, comme un chef-d'œuvre typographique. Une autre édition est signalée par Brunet dans le *Manuel du libraire* : *Obras de Salustio traducidas por el Señor Infante Don Gabriel*. 2 volumes petit in-8°. Madrid, 1804.

noire. J'ajoutai pour quatre ou cinq mille francs de diamants à ceux d'Espagne, et j'en fis faire une croix de Malte de la valeur d'au moins vingt-quatre mille francs.

Je ne m'attendais pas que je la quitterais l'année suivante, je m'attendais encore moins que je la reprendrais un jour et qu'il ne me serait plus permis de la porter, non plus que celle de Saint-Louis.

A peine fus-je arrivé à Paris que, n'ayant point trouvé mon régiment à Limoges, je profitai du temps que j'avais encore de reste jusqu'au 1ᵉʳ de janvier, époque de mon quartier comme capitaine des gardes, pour l'aller voir à Nancy et m'occuper de son travail d'hiver, si essentiel pour l'instruction d'un corps. J'eus le plaisir de trouver sur le siège épiscopal de Nancy mon ancien ami et camarade de Sorbonne, le vertueux et respectable abbé de La Tour-du-Pin Montauban, que sa réputation de mœurs, de charité et de sainteté ne tarda pas à placer à l'archevêché d'Auch. Émigré à l'époque de la Révolution, il édifia longtemps le monastère de Mont-Serrat en Espagne. Rentré dans sa patrie, où il ne voulait vivre qu'en simple prêtre, il fut, lors du Concordat, forcé d'accepter l'évêché de Troyes. Il n'y vécut que fort peu de temps, donnant aux pauvres presque tout ce qu'il retirait des émoluments de son siège; il y est mort comme un saint, généralement aimé, respecté et regretté.

CHAPITRE X.

Revenu à Paris pour servir mon quartier au 1ᵉʳ janvier 1783, je retrouvai ma famille que je n'avais presque pas vue depuis le 1ᵉʳ avril. Sous le prétexte que mon frère aîné n'avait point d'enfants, que celui que j'avais perdu commandant le vaisseau *le Glorieux*, au combat du 12 avril, livré par M. de Grasse, n'en laissait pas, tous mes parents voulurent absolument me marier. Ils employèrent longtemps vis-à-vis de moi d'inutiles prières sans m'y déterminer. Mais le moment où je les croyais le plus rebutés de mon opiniâtreté fut précisément celui où je me laissai vaincre.

Le 27 mars 1783 (je ne l'oublierai jamais), j'avais dîné tête à tête à Paris avec ma sœur, nous causions fraternellement ensemble au coin du feu, lorsque, tout d'un coup, elle se jeta à genoux devant moi et, me serrant étroitement dans ses bras, elle me dit avec la plus vive et la plus tendre émotion qu'elle avait une grâce à me demander... « Une grâce?... dis-je avec la même émotion. Eh! mon Dieu! ma sœur, ne pouvez-vous pas disposer de moi pour tout ce que vous pouvez désirer? — Je vous demande votre parole d'honneur que vous ne me refuserez pas. — Vous ne pouvez rien exiger de moi qui puisse me répugner, vous me faites tort d'exiger ma parole. » Alors les pleurs se mêlèrent à son émotion; elle me dit que je faisais son malheur, celui de mon frère et de toute ma famille, désespérés de ma répugnance pour le mariage, et que si je l'aimais autant que je le devais, la seule manière que j'eusse de le lui prouver, et de le prouver aussi à ma famille, était de les autoriser franchement à s'occuper de me marier. Ses larmes me parurent trop sincères pour ne pas en être infiniment touché.

« Ce n'est pas d'aujourd'hui, lui répliquai-je, que je m'aperçois de la coalition formée dans ma famille pour m'amener à renoncer au célibat; mais parlons froidement et raisonnablement d'une affaire aussi grave et aussi importante. Je suis né cadet, n'ayant pour toute fortune que deux bien médiocres légitimes. En treize ans de temps, j'ai eu l'extrême bonheur d'acquérir par mon heureuse étoile, peut-être aussi par ma conduite, un régiment, une place à la Cour, et quarante-huit mille livres de rente; huit mois de l'année, vous et mon frère vous me logez et me nourrissez à Paris et à Versailles, et M. le comte d'Artois y entretient tous mes chevaux. Quel est le mariage qui peut équivaloir pour moi à une telle fortune? Comme cadet et n'étant riche qu'en viager, je ne puis prétendre à une fille de qualité riche; celles-là sont réservées pour des aînés titrés. Épouserais-je une fille de finance riche? Non, celles-là sont encore pour eux : je vous l'avoue donc, j'ai fait moi seul toute ma fortune, je veux jouir de mon ouvrage, et comme je ne pourrais épouser ou qu'une fille de condition médiocre, ou une fille de finance peu riche aussi, il me serait dur d'éprouver une diminution dans mes jouissances, ou même de ne pas les augmenter pour subvenir aux frais d'une femme, d'un ménage, et des enfants qui peuvent survenir. »

Nouvelle réplique de ma sœur, nouvelle discussion de ma part. Mais ses instances redoublaient en raison inverse de mes objections. « Votre frère aîné n'a point, et vraisemblablement n'aura point d'enfants; le pauvre marin a été tué, vous devez à votre famille et à votre nom de le perpétuer, etc. »

J'étais attendri, mais je n'étais pas vaincu, et je fus pris précisément par ce que je pensais être une véritable échappatoire. « Tenez, lui dis-je, ma chère sœur, j'ai entendu citer comme le plus riche parti de France, Mlle Pauline de La Borde; on dit de plus qu'elle est belle, parfaitement élevée, et qu'elle a des talents. Eh bien! je vous donne pleins pouvoirs pour celle-là. »

Je ne connaissais nullement les La Borde, je ne connaissais à ma sœur aucun rapport avec eux. Je crus de bonne foi me faire un mérite vis-à-vis de ma sœur et de ma famille, par l'autorisation que je lui donnais, et, d'un autre côté, j'avais entendu peindre ce parti tellement en beau, que je me félicitais d'un consentement qui sûrement n'aurait aucune suite matrimoniale.

Je quittai donc ma sœur, bien convaincu que j'étais garçon pour longtemps.

Mais ma sœur, à peine seule, écrivit un billet au comte de Vintimille, chevalier d'honneur de Mme la comtesse d'Artois, intime ami de mon frère, de ma sœur et de moi, en le priant, toute affaire cessante, de venir un moment chez elle. Vintimille arriva. Elle lui dit qu'elle avait vaincu ma répugnance au mariage, mais que je lui avais formellement articulé que je n'épouserais que Mlle de La Borde.

Les femmes sont plus habiles que nous en affaires. L'habileté de ma sœur se manifesta dans le choix de M. de Vintimille pour cette négociation.

Deux ans auparavant, il avait marié son frère, le vicomte de Vintimille, à Mlle de La Live, nièce de M. de La Borde, et il concluait dans l'instant même encore avec M. de La Borde le mariage de la cadette La Live avec M. de Fezenzac. Personne donc n'était plus à portée que le comte de Vintimille et de faire une telle proposition à M. de La Borde, et de la faire réussir.

Vintimille accepta sur-le-champ la commission dont ma sœur le chargeait; de chez elle, il courut chez M. de La Borde, le trouva, et l'engaga à passer dans son cabinet. « Je sais, lui dit-il, à quel point, et avec combien de raison vous êtes difficile dans le choix d'un mari pour votre Pauline. Eh bien! je viens vous proposer ce que vous pouvez trouver de mieux. » Alors il vanta naissance, position brillante à la Cour, position brillante au service, réputation, etc.; il me fit valoir autant qu'il le put, enfin il monta tellement la tête de M. de La Borde, dès ce premier entretien, que celui-ci lui dit : « J'ai des amis intimes qui doivent connaître votre chevalier des Cars, ce sont le duc de Choiseul, la duchesse de Gramont, M. et Mme du Châtelet, le maréchal de Noailles; j'ai toute confiance en eux, j'ai promis de ne point prendre de résolution pour Pauline sans les consulter, je vais leur faire part de votre proposition; s'ils l'approuvent, la chose sera bien avancée, revoyons-nous demain. »

M. de La Borde n'avait jamais su différer d'une minute une affaire quelconque. Le soir même, il avait vu Mme de Gramont, M. de Choiseul, M. et Mme du Châtelet. Il n'avait pas trouvé le maréchal de Noailles.

M. de Choiseul et Mme de Gramont lui dirent tout de suite : « Comment, La Borde, on vous propose le chevalier des Cars pour votre fille, prenez-le, vous ne pouvez mieux faire ! nous le connaissons, nous l'aimons beaucoup. » Et mille éloges à la suite de cela. « Mon frère, le maréchal de Stainville, l'aime aussi infiniment, il veut avoir toujours son régiment à Nancy; le Roi et la Reine le traitent fort bien, prenez-le, prenez-le, ne le laissez pas échapper. Nous avions tous deux imaginé de lui faire épouser la fille cadette du maréchal de Stainville, le maréchal le désirait vivement, mais la duchesse de Choiseul, à notre insu, avait pris une espèce d'engagement avec le prince de Monaco, et promettait d'avantager ce mariage ; ce n'est que par cette circonstance qu'elle a épousé le prince Joseph de Monaco ; nous voulions la donner au chevalier des Cars. »

Le duc et la duchesse du Châtelet applaudirent aussi vivement cette idée que l'avait fait l'hôtel de Choiseul. Le lendemain de grand matin, M. de La Borde courut chez le maréchal de Noailles, et il en reçut pareil encouragement.

Vintimille revint et trouva M. de La Borde dans le ravissement des suffrages qu'il avait recueillis chez ses principaux amis. « Mais, lui dit-il, la Reine m'a tellement comblé de bontés, elle a témoigné un si vif intérêt à mes enfants, que je me suis promis de ne prendre aucun engagement pour ma fille, qu'elle ne l'ait approuvé. Dites donc à M. de Brunoy qu'il faut que son frère obtienne le consentement de la Reine. » Et, de suite, Vintimille vint raconter à ma sœur l'étonnant succès de sa proposition en moins de vingt-quatre heures.

Je n'avais pas vu ma sœur depuis la veille à six heures du soir. J'ignorais qu'elle eût écrit, qu'elle se fût adressée à Vintimille, et tout ce qui s'était passé. On ne me parlera pas de mariage de longtemps, me disais-je, et je m'en réjouissais à part moi. Quelle fut donc ma surprise, lorsqu'en rentrant chez ma sœur avant son dîner : « Il faut, me dit-elle, que vous alliez ce soir à Versailles, que vous demandiez une audience à la Reine. Vous lui direz que M. de La Borde vous donnera sa fille si Sa Majesté l'approuve et veut bien lui faire dire qu'elle approuve. — Eh! mon Dieu! ma sœur, êtes vous folle? Comment! ce n'est qu'hier à six heures du soir que je vous ai quittée, en vous donnant pouvoir de sonder si je pourrais obtenir Mlle de La Borde, et nous en voilà déjà à demander l'agrément de la Reine? — C'est pourtant ainsi », me dit-elle, et elle me raconta son billet à Vintimille, ses deux visites à La Borde, celles de celui-ci aux Choiseul, aux du Châtelet et au maréchal de Noailles. Il n'y avait plus à reculer, j'étais pris de tous les côtés.

J'allais donc à Versailles : la Reine et M. le comte d'Artois étaient chez Mme de Polignac; je devais à ce prince ma première confidence.

J'avais été très lié autrefois avec les Polignac et leur société, je ne l'étais plus depuis leur faveur et n'allais plus chez eux. Je fus néanmoins à leur antichambre, et je dis à un valet de chambre que si M. le comte d'Artois ne jouait pas, je lui demandais de lui dire un mot pressant. Le prince vint sur-le-champ. « Qu'est-ce? me dit-il. — Vous allez bien vous moquer de moi, monseigneur; vous m'avez toujours vu l'ennemi du mariage. — Eh bien? — Eh bien, monseigneur, je suis pris, l'on m'enrôle. » Je lui racontai tout. Il fut ravi, enchanté, et je le priai de vouloir bien, en rentrant dans le salon, demander à la Reine une audience pour moi le lendemain matin.

L'instant d'après, la Reine arriva elle-même dans cette antichambre, une queue de billard à la main. Je crus voir Diane portant une flèche : elle en avait la majestueuse et svelte démarche,

> Vera incessu paruit Dea [1].

« Le comte d'Artois, me dit-elle, vient de me ravir, chevalier, je serai enchantée que La Borde vous donne sa fille. L'abbé de Vermont est à Paris, je vais lui mander d'aller dès demain matin dire à La Borde combien j'approuve ce mariage, qu'il ne peut pas mieux faire, et que le Roi en sera aussi content que moi. »

Quel doux et flatteur souvenir! Que ne puis-je borner mes mémoires à celui-là! Hélas!... ma plume s'arrête, ma main se glace... .

Je revins sur-le-champ à Paris, ma sœur fut transportée de joie. Le soir, nous étions mon frère et moi dans la loge de ma sœur à l'Opéra. Elle me montra dans une loge, aux secondes, M. et Mme de La Borde avec leur fille. C'était la première fois de ma vie que je les voyais. M. de La Borde nous ayant aperçus, descendit dans la loge de ma sœur, qui ne

---

[1] A sa démarche elle parut véritablement une déesse.

l'avait jamais vu non plus. « Permettez, lui dit-il, madame, que je me présente moi-même à vous et à messieurs vos frères, et que j'embrasse mon gendre. Tout le monde m'en dit tant de bien, la Reine l'estime tellement, que je suis trop heureux de lui donner ma fille. »

Il entra ensuite dans mille détails de fortune, nous expliqua son principe de traiter tous ses enfants par égale part, nous dit la dot qu'il faisait à Pauline, qu'il nous logerait, nous nourrirait chez lui, que nous pourrions y recevoir à part, y traiter nos parents, nos amis; il fixa le jour du mariage au 5 de mai, afin qu'on eût le temps de faire le trousseau, les équipages, etc., etc.

Voilà comment du 27 mars à six heures du soir, au 29 à pareille heure, mon mariage fut proposé et conclu, mariage que nombre de gens très riches, et même titrés, auraient désiré.

A cette occasion, le Roi voulut bien me donner de lui-même une marque de ses bontés et de son estime. Faisant à mon frère des reproches aimables sur ce qu'il n'avait pas d'enfants : « Je veux, ajouta-t-il, vous en donner un. Demandez-moi pour votre frère la survivance de votre place. » Mon frère le remercia très respectueusement; je fus donc nommé premier maître d'hôtel du Roi en survivance de mon frère, avec l'exercice et tous les droits et privilèges de la place; j'ajoutai ainsi aux entrées de la chambre que j'avais comme capitaine des gardes du corps de M. le comte d'Artois, celles du cabinet [1].

[1] La charge de premier maître de l'hôtel du Roi, dont était revêtu le comte des Cars, était peut-être la plus importante de la Cour, par les privilèges qui y étaient attachés. C'était celle qui permettait d'approcher du Roi le plus souvent, et on sait combien nos ancêtres attachaient de prix à cet honneur. Il en résultait que le Roi tenait à ce qu'elle fût occupée par quelqu'un de la fidélité duquel il fût assuré. Pendant quelque temps, cette charge n'eut pas de titulaire, mais en un moment de pénurie d'argent, on la rétablit au profit du richissime Paris de Montmartel, marquis de Brunoy, qui la paya fort cher. Il donna sa démission, et, la place se trouvant encore vacante, le roi Louis XVI consulta ses courtisans : « Il n'y a, lui dit-on, parmi ceux sur la fidélité desquels le Roi peut compter, que le comte des Cars qui soit assez riche pour l'acheter. » Le Roi le lui fit dire : un mot du Roi était alors un ordre, et le comte des Cars qui ne l'eût pas achetée sans cela, la paya quinze cent mille livres. Quelques années plus tard, le comte des Cars n'ayant pas d'enfants, son frère, le baron, l'auteur des Mémoires, comme nous le voyons ici, eut la promesse de la survivance. Le premier maître de l'hôtel logeait avec le Roi, et recevait à sa table les grands officiers qui étaient de service, ainsi que les personnages invités à la Cour, car le roi de France mangeait toujours seul, avec sa famille, sauf en des occasions solennelles.

Voici les lettres patentes qui nommaient le comte des Cars : « La charge de conseiller en notre Conseil d'État, notre premier maître d'hôtel, étant vacante par la démission qu'en a faite en nos mains le sieur marquis de Brunoy, nous avons fait choix, pour la remplir, du sieur Louis-François-Marie de Pérusse, comte des Cars, ancien mestre de camp de cavallerie, lieutenant général du haut et bas Limosin. La connaissance que nous avons de son zèle pour notre service et de son attachement à notre personne, nous assure qu'il remplira cette charge d'une manière digne de sa naissance et de la confiance dont nous l'honorons. A ces causes, nous avons ce jourd'huy retenu et, par ces présentes, signées de notre main, retenons ledit sieur, comte des Cars, en la charge de notre conseiller en notre Conseil d'État, notre premier maître d'hôtel, vacante comme dit est, pour par luy l'avoir et exercer, en jouir et user aux honneurs, authorités, prérogatives, privilèges, franchises, libertés, gages, droits, fruits, profits, revenus et émoluments accoutumés et

Quelque flatté que je dusse être de cette nouvelle place, qui me donnait auprès de la personne du Roi un accès plus immédiat, il m'en coûta beaucoup, néanmoins, de renoncer à celle qui me fixait auprès d'un prince aimable dont je puis dire que j'étais depuis longtemps l'ami. Mais je ne négligeai aucune occasion d'être assidu à lui faire ma cour, et, de son côté, il n'a cessé de me continuer les mêmes bontés, la même confiance et la même amitié.

Prince dont personne mieux que moi n'a connu le cœur généreux, humain et bienfaisant, et que j'ai toujours vu préférer les vérités les plus sévères à la louange et à l'adulation, mon éternelle reconnaissance envers vous fait à mon cœur les plus vives peines, en songeant à l'éloignement qui nous sépare, par des circonstances plus fortes que notre volonté.

Semper honos, nomenque tuum, laudesque manebunt [1].

y appartenants, tels et semblables qu'en a jouy ou deu jouir ledit sieur marquis de Brunoy. Et ce tant qu'il nous plaira. Si nous mandons qu'après qu'il nous sera apparu des bonnes vie et mœurs, religion catholique, apostolique et romaine dudit comte des Cars, et que vous aurés de luy pris et reçu le serment en tel cas requis et accoustumé, vous ayés à faire registrer ces présentes, ès registres du controlle général de notre Maison et Chambre aux deniers... Donné à Fontainebleau, sous le scel de notre secret, le vingt-trois octobre 1769. » Le 29 octobre, le comte des Cars prêta serment entre les mains du prince de Condé, grand maître de France.

[1] « L'honneur que j'ai reçu, votre nom, votre louange demeureront toujours dans mon cœur. » Virgile, *Æn.*, liv. I, v. 609.

Le 4 mai, veille de mon mariage, M. le maréchal de Ségur ayant envoyé, pour moi, à M. le comte d'Artois, une croix de Saint-Louis, ce prince me reçut à la plaine des Sablons, à la tête du régiment des Gardes suisses, et je quittai la croix de Malte.

Le soir même, j'allais en visite chez Mme la duchesse de Gramont. Il y avait grand monde dans son salon, et on y parlait de mon mariage qui se faisait le lendemain, lorsqu'au lieu de m'annoncer comme auparavant, le valet de chambre annonça M. le baron des Cars. La duchesse de Gramont était assise à droite de la cheminée, et la maréchale de Luxembourg à gauche. Nombre d'hommes debout faisaient cercle entre ces deux dames. Je me trouvai à côté du baron de Bezenval[1] Je recevais beaucoup de compliments à droite et à gauche, lorsque la vieille maréchale appela tout d'un coup de sa voix éraillée : « Monsieur le baron ! » Le baron de Bezenval allait beaucoup chez elle, j'y allais très peu, j'imaginai que c'était lui qu'elle appelait et je ne bougeai pas. Elle répéta encore : « Monsieur le baron..., Monsieur le baron... — Lequel appelez-vous, madame la maréchale, lui dit M. de Bezenval en s'approchant d'elle, est-ce l'ancien ou celui du jour ? — Non, non, répondit-elle, quand

---

[1] Pierre-Victor, baron de Bezenval, que l'on écrit aussi Bezenwald comme en Suisse, dont il était originaire. Né à Soleure, en 1722, mort à Paris en 1791, au service de la France. On a publié des *Mémoires* sous son nom; 4 volumes in-8•, Paris, 1805-1807.

je dis Monsieur le baron, c'est le baron des Cars, à qui je veux dire un mot. » Je m'approchai d'elle, elle me fit prêter l'oreille comme pour me dire tout bas un secret. « Monsieur le baron, me dit-elle, comment n'avez-vous pas deviné que quand j'appelais M. le baron, c'était à vous à qui je voulais parler? Puisque c'est ainsi, je vais vous conter une petite histoire. » Feignant alors de me parler tout bas, la vieille et maligne maréchale me dit tout haut : « Feu M. de Montmorency avait un hôtel à Paris; le dérangement de ses affaires l'obligea à le vendre. M. de Mêmes l'acheta, et ayant fait effacer « hôtel de Montmorency », fit inscrire : « hôtel de Mêmes ». Le public s'en aperçut, des malins écrivirent sur la porte : *Cela n'est pas de même.* Or, vous sentez bien qu'entre le baron de Bezenval et M. le baron des Cars, cela n'est pas de même. » Et voilà qu'elle rognone assez longtemps entre ses dents : « Cela n'est pas de même. » Le baron de Bezenval entendit tout à merveille, mais en homme d'esprit, il fit semblant de n'avoir rien entendu, et redoubla de compliments pour moi.

Je me mariai le lendemain, 5 mai 1783[1]. Je perdais de sept à huit mille livres de rente en bénéfices, mais il m'en restait quarante et une,

---

[1] *Les bans furent publiés à Flavignac, où le baron des Cars demeurait de droit; de fait, il demeurait sur la paroisse de la « Magdelaine de la ville l'Évêque »*, à Paris. Mlle de La Borde demeurait sur la paroisse Saint-Eustache.

et ma femme m'en apportait quarante pour le moment.

Ma nouvelle place auprès du Roi me valut une bien plus grande liberté que celle dont je jouissais étant capitaine des gardes. Au lieu de faire mon service de colonel en deux temps et en deux voyages, je pouvais, comme les autres colonels, servir quatre mois de suite. Je n'étais plus tenu à aller deux et quelquefois trois fois par jour à Versailles; une ou deux fois la semaine était suffisant. Je profitai de ce bénéfice de temps pour me livrer avec plus d'assiduité, tant à Paris qu'à mon régiment, à l'étude de mon métier. Je complétai dans ma bibliothèque tout ce qui me manquait en livres, en mémoires, en cartes de tous les pays, en plans de toutes les places, de toutes les batailles des derniers règnes, et je passai désormais un grand nombre d'heures chaque jour dans mon cabinet.

Ma femme était réellement belle et aimable : elle aimait l'étude de la littérature, de l'histoire et des langues anglaise et italienne. La maison de mon beau-père réunissait la plus grande compagnie de Paris, en gens importants tant Français qu'étrangers, hommes de lettres et artistes distingués, ce que je trouvais extrêmement agréable. Il recevait également beaucoup de monde chez lui à la campagne.

CHAPITRE X.   343

Ce fut à son château de la Ferté[1] que, pour la première fois, je vis M. de La Harpe[2]; j'arrivai de Paris au moment où l'on se mettait à table pour dîner, et j'ignorais sa présence. Pendant le dîner, on parla beaucoup d'un nouveau recueil de fables de Boisard[3] qui venait de paraître. Mme de La Live, Mmes de Vintimille et de Fezenzac ses filles, toutes trois aimables, spirituelles et extrêmement lettrées, en causèrent avec M. de La Harpe. L'on passa en revue dans cette conversation tous les fabulistes anciens et modernes, depuis Ésope et Phèdre jusqu'à La Fontaine, La Motte[4],

---

[1] La Ferté-Vidame, aujourd'hui arrondissement de Dreux (Eure-et-Loir). Acheté en 1764 par M. de Laborde, ce château fut revendu vingt ans après à M. le duc de Penthièvre. M. de Laborde acheta alors Méréville, non loin d'Étampes (Seine-et-Oise), où il déploya un grand luxe dans les salons et les jardins; c'est à Méréville qu'il fut arrêté, en 1793, pour être conduit devant le tribunal révolutionnaire et guillotiné.

[2] Jean-François de La Harpe, né à Paris, en 1739, mort en 1803, célèbre critique, auteur de tragédies assez médiocres et d'un *Cours de littérature* qui a été très estimé. Il eut, sous la Révolution, des opinions très avancées.

[3] Boisard, né à Caen, en 1743, mort dans la même ville en 1831. Il fut, en 1768, secrétaire de l'Intendance de Normandie, et en 1778 secrétaire du Conseil des finances de M. le comte de Provence et secrétaire de la Chancellerie de ce prince. Il publia ses premières tables dans le *Mercure de France* et autres recueils de 1769 à 1773. Les *Fables nouvelles* furent éditées à Paris en 1773, et une seconde édition parut en 1777. *Un nouveau recueil de fables* fut publié en 1805, à Caen. Boisard fut membre de l'Académie des belles-lettres de Caen. Il eut un neveu qui publia aussi en 1817 et en 1822 des *Fables dédiées au Roi.*

[4] Antoine Houdart de La Motte, né à Paris en 1672, mort dans cette ville en 1731. Il composa plusieurs ouvrages, mais ses fables sont les seuls qui aient encore du prix.

Aubert[1] et Boisard. Je m'avisai alors de réclamer de ces dames et de leur interlocuteur dont j'ignorais encore le nom, quelques mots d'éloges pour Horace. « Pour Horace ! me dit alors du ton le plus doctoral et le plus imposant le discuteur, je ne savais pas que Horace eût fait de fables. — Je n'avance pas, lui dis-je, que Horace ait rien intitulé du nom de fables, mais j'ai l'honneur de vous affirmer, monsieur, qu'une fable aussi fable qu'aucune d'Ésope ou de Phèdre appartient à Horace, et que La Fontaine en a profité. » L'air et le ton de mon adversaire devinrent de plus en plus suffisants, ironiques, et je commençais à le trouver impertinent. M. de La Borde, ma femme, ma belle-mère, me faisaient des mines, des yeux qui semblaient vouloir me conseiller de ne pas me frotter à un athlète si vigoureux ; malgré cela, je soutins mon dire et je demandai à ce monsieur la permission d'appuyer mon assertion du faible prix d'un petit écu. Le pari fut accepté, mon homme le tira de sa poche, j'en fis autant et je dis :

« *Forte per angustam tenuis nitedula rimam* [2]... »

Alors, mon interlocuteur, surpris, s'écria aussitôt :

---

[1] L'abbé Jean-Louis Aubert, né à Paris en 1731, mort en 1814, fut professeur de littérature française au Collège de France en 1773, et directeur de la *Gazette de France*. Ses *Fables et clauses diverses* ont été publiées à Paris en 1774.

[2] Epist. lib. I. Ep. VII, v. 29.

« Par hasard, à travers une fente étroite, une petite souris... »

« Ah! monsieur, n'achevez pas, je suis battu, voilà mon petit écu, à quoi pensais-je donc! Ah! monsieur, mille et mille pardons. — Et le rat de ville et le rat des champs, ajoutai-je, n'est-ce pas encore une fable d'Horace? » ... Ce fut alors dans ce moment qu'on nomma mon homme, et que j'appris que c'était un membre de l'Académie française, M. de La Harpe enfin, sur qui je venais de remporter cette petite victoire.

Mon beau-père était en littérature et en histoire aussi ignorant qu'il était fort en calcul et en spéculation de finance; il redoubla de considération pour moi, et me crut digne d'être moi-même de l'Académie; connaître Horace, citer Horace fut pour lui une espèce de prodige dans un homme de la Cour, et dans un militaire.

Quoique marié du 5 mai, je ne m'en rendis pas moins à mon régiment du 1er juin au 1er octobre. Je revins ensuite joindre ma nouvelle famille à la Ferté, et peu après, à Paris, avec ma femme, pour aller de là à Fontainebleau, où était la Cour.

Un accès de fièvre ayant ramené mon beau-père à Paris, ce retour me mit à même de juger ce dont je n'avais jamais eu idée jusque-là, je veux dire connaître par preuve démonstrative ce que c'est que le crédit d'un homme jouissant d'une grande considération dans le commerce de l'Europe. Voici ce qui y donna lieu.

M. d'Ormesson, pour lors contrôleur général, venait de risquer une opération sur la Caisse d'escompte qui jeta l'alarme la plus vive, non-seulement parmi les actionnaires de cette caisse, mais sur les plus gros capitalistes, banquiers et agents de change de Paris, ainsi que sur toutes les personnes qui faisaient ce qu'on appelait *des services pour la Cour*.

M. d'Herveley, beau-frère de M. de La Borde, était garde du Trésor royal et l'un de ces faiseurs de services, qui avançaient par leur crédit tant de millions par mois au gouvernement, lequel en revanche leur donnait des bons à faire valoir sur telles et telles des rentes générales ou particulières. D'Herveley était un parfait honnête homme, fort riche par lui-même, fort riche aussi par sa place et son crédit personnel. Du jour de l'opération de M. d'Ormesson à celui où un accès de fièvre fit revenir M. de La Borde de la Ferté, l'alarme ayant gagné les personnes qui avaient des fonds sur d'Herveley, il avait été obligé de faire de prodigieux remboursements. Paris était rempli de billets sur lui, et si l'alarme continuait, il craignait de ne pas trouver assez de numéraire pour suffire aux nombreux remboursements qu'on lui demandait; ses inquiétudes étaient extrêmes lorsque M. de La Borde arriva. Aussitôt d'Herveley se rendit chez lui, et lui rendit compte de l'opération désastreuse du contrôleur général, des payements continuels que, depuis l'opération, supportait sa caisse, des inquiétudes qu'il avait pour lui-même de n'y pouvoir suffire si l'alarme subsistait quelques jours; enfin, il sollicita M. de La Borde de le soutenir de son crédit. J'étais présent. « Je ne fais plus d'affaires depuis longtemps, mon cher frère, lui répondit La Borde; depuis dix-sept ans, je suis hors de tout. Le gouvernement me doit beaucoup, et je n'ai d'argent que ce qu'il m'en faut pour mes dépenses courantes. — Ce n'est pas de l'argent que je vous demande, répondit d'Herveley, c'est votre crédit que je sollicite. — Mon ami, l'on n'a plus de crédit quand on ne fait plus d'affaires. » D'Herveley se désespérait. « Je vais dans mon cabinet, lui dit La Borde, attendez-moi; dans un moment, je vous dirai si je puis faire quelque chose pour vous. »

Passant alors dans son cabinet, il me fit signe de l'y suivre. « Il faut bien, me dit mon beau-père, faire quelque chose pour ce pauvre diable-là. » Et il se mit à son bureau, écrivit rapidement quatre lettres ainsi conçues : « Monsieur, à la réception de la présente, je vous prie de faire partir à mon adresse tout l'argent monnoyé que vous pourrez trouver sur votre place. » Signé : « La Borde. » L'une était pour Lyon, une autre pour Bayonne, la troisième pour Amsterdam, la quatrième pour Londres. Ces lignes écrites et munies de leur adresse, il les remit à d'Herveley qui parut dès lors renaître et quitte de toute inquiétude. Je ne le concevais pas.

Au bout de quelques jours arriva la réponse de Lyon, conçue à peu près ainsi : « Monsieur, sur la vôtre de cette date, nous avons l'honneur de vous prévenir que nous chargeons à la diligence de ce jour, quinze cent mille francs en argent... tant en or, et que ces envois se succéderont à chaque départ des diligences, jusqu'à contre-ordre de votre part. » Les lettres de Bayonne, d'Amsterdam et de Londres arrivèrent à leur tour ; tout l'argent de l'Europe serait arrivé à Paris... Il fallut mander bien vite de suspendre ces envois.

Grâce à ce crédit dont M. de La Borde avait affecté d'abord de douter, M. d'Herveley sortit d'embarras. L'alarme cessa lorsqu'on vit que l'on payait les sommes les plus fortes sans hésiter, mais cette circonstance fut le coup de grâce qui coûta le contrôle général à M. d'Ormesson. Personne ne lui pardonnait ni le danger particulier que chacun avait couru, ni celui auquel l'État venait d'être exposé.

M. de Vergennes, alors ministre prépondérant, était l'ami intime de d'Herveley et avait des fonds considérables placés chez lui. Le rentier n'avait pas eu moins de peur que le capitaliste ; tous deux reconnurent que d'Ormesson ayant prouvé qu'il était au-dessous de sa place, ne pouvait plus l'occuper. Son arrêt fut prononcé. « Mais par qui le remplacer ? » demanda M. de Vergennes à M. d'Herveley. « Le seul homme, lui répondit celui-ci, en qui j'aie confiance, avec lequel je puisse sans crainte continuer les services et avances que je fais à la Cour, c'est M. de Calonne. »

Répétons encore que M. de Vergennes avait des fonds considérables placés à intérêt chez M. d'Herveley : c'était une bien puissante recommandation près du ministre prépondérant. En effet, Calonne fut nommé contrôleur général aussitôt que proposé [1].

Telle est la véritable manière dont fut porté à la tête de l'administration des finances l'homme qui devait incessamment ouvrir et frayer la route à la plus étonnante comme à la plus désastreuse révolution. On le crut ensuite le seul capable d'y mettre un frein, et de rétablir sur ses antiques bases la monarchie écroulée. Nous l'avons vu mourir au milieu de ceux qui en ont le plus profité. Dans le cours de ces Mémoires, j'aurai fréquemment à revenir sur M. de Calonne.

[1] Charles-Alix de Calonne, né à Douai en 1734, mort en 1802; il avait épousé la veuve de M. d'Herveley.

CHAPITRE XI

Voyage d'instruction militaire à Cassel, à Berlin. — Les revues à Berlin et à Potsdam. — L'organisation de l'armée prussienne. — Frédéric II. — Le prince royal. — Les généraux Seidlitz, Möllendorf, Zieten, Prittwitz, etc... — L'abbé Bastiani.

L'hiver de 1784 fut un de ceux où je profitai le plus de la grande liberté que j'avais acquise, pour redoubler d'application à l'étude de mon métier. Lorsque j'avais eu la permission du Roi de travailler au dépôt de la guerre, j'avais pris de bonnes données sur l'histoire de la guerre de Sept ans, je m'occupai alors à l'étudier à fond, parce que c'est sans contredit la plus savante et la plus instructive des guerres, surtout la partie qui concerne Frédéric II, les Autrichiens et les Russes. J'avais mis un soin extrême à me procurer les meilleures cartes et les meilleurs plans. Je ne manquais pas une occasion d'ajouter à l'instruction puisée dans le silence du cabinet, celle bien plus sûre de la conversation de nos meilleurs officiers et des généraux étrangers ayant fait cette guerre.

Je reconnaissais l'importance de parcourir le théâtre des combats, et de suivre les marches des différentes armées, les livres ne pouvant jamais instruire autant que l'étude du terrain.

Je pensai de plus qu'il ne suffisait pas de connaître l'organisation de l'armée française ; qu'il fallait encore connaître celle des armées qui pouvaient être nos alliées ou nos ennemies. En outre, les rassemblements de troupes manquaient en France : la plupart du temps, chaque régiment manœuvrait seul et pour son compte. Je n'avais vu faire dans ces exercices aucun mouvement, aucune application des manœuvres militaires, ni prévoir le secours que doivent se prêter les différentes armes. Je tremblais à l'idée d'être forcé de commencer une guerre dénué de connaissances aussi nécessaires, enfin, le dirai-je?... j'étais honteux, je craignais de ne pas me trouver digne des distinctions et des éloges que j'avais déjà recueillis.

Quoiqu'il y eût assez de régularité dans les mouvements de mon régiment, je croyais reconnaître un vice radical dans les éléments de l'instruction de notre cavalerie, et dans les principes de ses mouvements.

Je résolus donc alors d'employer ma fortune et ma liberté pour aller en Allemagne parcourir le théâtre de la dernière guerre, et connaître les armées étrangères. Le ministre de la guerre me donna un congé, et le Roi voulut bien m'accorder l'autorisation de m'absenter.

J'avais fait quelques études de la langue allemande, je lisais assez couramment les ouvrages de guerre, mais j'étais encore loin de parler et surtout de comprendre la conversation des Allemands.

Je sentis que j'avais besoin d'un compagnon de voyage qui sût parfaitement la langue, et je cherchai un militaire qui, ayant fait la guerre de Sept ans, pût me faciliter la connaissance des points les plus importants. Mon choix tomba sur le général Heyman, qui, dans ce temps-là, m'était absolument dévoué. Il n'était pas riche, je lui déclarai que je ferais tous les frais du voyage, et j'obtins pour lui l'agrément de M. de Ségur, ministre de la guerre.

Je voulus aussi concourir à l'instruction d'un officier de mon régiment que j'avais eu bien de la peine à former, mais qui devint plus tard un excellent officier de cavalerie. C'était M. de Châteauneuf de Peyre, excellent gentilhomme du comté de Nice. J'avais reconnu en lui de l'aptitude, je l'avais fait beaucoup travailler, et j'étais parvenu à lui inspirer un grand zèle pour le militaire. J'obtins la permission de l'emmener.

Un jour, en dînant chez mon beau-père, le chevalier d'Oraison m'entendit parler des préparatifs de mon départ et de l'intéressant voyage que j'allais faire. Il témoigna un tel désir d'en faire partie, que M. de La Borde m'engagea à l'emmener aussi, ce que j'acceptai.

Ma voiture fut donc composée de ces trois messieurs et de moi ; mes gens et les leurs nous suivirent dans une calèche de poste allemande.

Je débutai par aller passer quelques jours à mon

régiment, et de Nancy, passant par Metz où je rencontrai le général Heyman, je pris la route de Luxembourg, Trèves, Andernach, Coblentz, Cologne et Dusseldorf.

Avant de passer le Rhin, je visitai toute la rive gauche, la partie où les Français avaient livré la bataille de Crevelt[1] sous les ordres de M. le comte de Clermont, et le combat de Clostercamp[2] sous ceux de M. de Castries. Indépendamment des relations et des plans dont je m'étais pourvu, j'avais emporté des notes très curieuses que j'avais prises au dépôt de la guerre, ou recueillies de différents officiers généraux.

Pour bien juger la bataille de Crevelt, je parcourus toutes les positions de l'armée de M. le comte de Clermont[3], depuis la droite faisant face à la ville de Crevelt dont elle était séparée par un landwehr[4] et où était placé le corps commandé par M. de Voyer, jusqu'à Anrad, où la légion royale, commandée par M. de Nicolaï, depuis président du grand conseil, couvrait la gauche de l'armée. Je fus reconnaître ensuite la marche des trois colonnes, avec lesquelles le prince Ferdinand de Brunswick vint nous

---

[1] Ville de Prusse, province rhénane; les Français y avaient été battus le 23 juin 1758, par le duc de Brunswick.
[2] Ville de Westphalie, province rhénane; le maréchal de Castries y battit les Hanovriens le 16 octobre 1760.
[3] Louis de Bourbon-Condé, né en 1709, mort en 1771.
[4] Ouvrage en terre.

attaquer; savoir celle de droite se dirigeant sur Anrad, celle du centre par le village de Saint-Antoni, et celle de gauche sur Crevelt. Je finis l'étude de cette affaire, en suivant la retraite de M. le comte de Clermont sur la petite ville de Neuss.

Je suivis la même méthode pour me rendre compte de l'affaire de Clostercamp. Les moines de l'abbaye chez lesquels je reçus l'hospitalité me donnèrent d'excellent vin du Rhin.

De là, je vins à Wesel dont la garnison prussienne était composée de trois régiments d'infanterie. Le vieux général Salmon y commandait, et quoiqu'il eût beaucoup servi dans les bataillons francs du roi de Prusse, j'étais bien plus curieux de connaître le général Gandi, inspecteur des troupes en Westphalie.

Ce général avait fait toute la guerre de Sept ans en qualité d'aide de camp de Frédéric II, qui, pendant plusieurs campagnes, l'avait attaché au général Hülsen. Celui-ci, à raison de son grade de lieutenant général, avait presque toujours commandé des divisions de quinze à vingt mille hommes, souvent détachées de la grande armée, mais Frédéric, qui n'avait point de confiance en lui, lui avait mandé, en lui envoyant Gandi, qu'il eût à ne rien faire sans son avis. Gandi n'avait encore dans l'armée que le grade de capitaine d'infanterie, et il semblait bizarre d'avoir assez de confiance en lui pour mettre quinze ou vingt mille hommes aux ordres d'un capitaine d'infanterie. Gandi obtint de grands avantages sur l'ennemi sous le nom d'Hülsen, mais il n'a été avancé qu'à son rang dans l'armée et n'est parvenu que tard au grade de général.

Je voulais faire connaissance avec lui, afin d'obtenir des détails sur les principes de Frédéric le Grand et sa manière de faire la guerre. Je tenais aussi à connaître à Wesel les principes d'instruction et de manœuvres de l'infanterie prussienne. Dans ce moment, elle reprenait tous les détails de son instruction comme elle le faisait chaque année, depuis le mois d'avril jusqu'à la revue de la fin de mai ou du commencement de juin.

Pour remplir ces deux buts également importants, je passai cinq jours à Wesel. Je chargeai Châteauneuf de noter les observations que nous avions faites ensemble, et j'écrivais de mon côté tout ce qui me semblait intéressant sur les marches, les victoires ou les défaites de Frédéric. Je passai toutes les après-midi chez le général Gandi, après l'avoir suivi le matin aux salles ou aux places d'exercice. Il applaudissait à mon envie de m'instruire, répondait avec complaisance à toutes mes questions, et m'expliquait avec clarté les mouvements de chaque armée. Il motivait ses jugements et, en certains cas, il ne faisait pas plus de grâce au Roi son maître qu'à l'ennemi. Pourquoi donc, me disais-je, n'ai-je jamais trouvé en France de conversation aussi instructive chez nos généraux ? Nous manœuvrons des bataillons, nous faisons pirouetter des escadrons et nous mettons toute supposition de guerre de côté. Nos généraux ne voient les troupes qu'à la parade et dans leurs inspections; leur service n'est que de peu de mois. Nous ne nous occupons point en garnison de manœuvres en grand, sur de véritables données militaires, où nos généraux trouveraient mieux qu'à Paris à appliquer la théorie de la guerre. Nous ne voyons de simulacres de combats qu'à l'Opéra. Ici, les officiers, depuis leur entrée au service, sont tous les jours avec des troupes, ou chez eux les yeux fixés sur des cartes et des plans militaires.

Après avoir remercié le général Gandi autant que je le devais, de ses politesses et de la grâce avec laquelle il avait satisfait ma curiosité sur tous les points, je me dirigeai sur Cassel, afin d'y voir ce théâtre de notre dernière guerre. J'y rencontrai l'armée hessoise, dont les exercices de troupes avaient lieu dans les mois d'avril et de mai.

A Hamm, je pris des chevaux de selle pour me transporter sur le terrain de la bataille de Willinghausen[1], remarquable par la division qui y naquit entre le maréchal de Soubise et le duc de Broglie, commandant l'avant-garde. Là comme à Crevelt, je tirai de grands secours des détails que j'avais puisés au dépôt de la guerre et de ceux que le général

---

[1] Sur la Lippe, livrée en 1761.

Gandi m'avait déjà donnés. J'admirai comme lui les bonnes dispositions prises par M. de Soubise et observées depuis son départ de Paderborn; enfin, en appliquant toute mon attention à prendre un jugement sain sur cette affaire, je restai convaincu que, quelquefois à la guerre, la seule ambition d'un chef particulier voulant attirer à lui une gloire qui doit être naturellement partagée avec le général en chef, empêche une plus grande victoire, et sauve ainsi l'ennemi de la position la plus critique. Telle fut l'issue de l'affaire de l'avant-garde commandée par M. le duc de Broglie. L'ordre et les dispositions de M. de Soubise avaient fixé le jour de bataille au lendemain; Broglie, arrivé la veille, crut battre à lui tout seul le prince Ferdinand et le déposter avant l'arrivée de M. le prince de Condé et de M. de Soubise. Ce ne fut qu'un avertissement utile pour le prince Ferdinand, qui eut le temps de changer sa position, de la rectifier et fortifier; il réussit à n'être point coupé de la Hesse, ainsi que c'étaient l'intention et le but de l'armée de Soubise.

Avant d'arriver à Cassel, j'observai à Warbourg tout ce qui s'y était passé lorsque le corps commandé par le chevalier, depuis maréchal du Muy, y fut surpris par le prince Ferdinand. Les colonnes de ce prince, à la faveur d'un brouillard très épais, pénétrèrent jusqu'à Warbourg, sans avoir été aperçues par nos corps avancés; cette circonstance fâcheuse me porta à observer et comparer plus attentivement l'emplacement que nous avions pris et celui de nos ennemis.

De Warbourg je fus à Sundershausen ou Wilhemsthal, lieu d'une bataille perdue[1] par les maréchaux d'Estrées et de Soubise contre le prince Ferdinand de Brunswick, commandant les Hanovriens, et milord Gamby, commandant les Anglais. Le mauvais emplacement des corps détachés influa beaucoup sur la perte de cette affaire ; lorsqu'elle s'engagea, les maréchaux ignoraient encore que, la veille, le régiment de Talaru avait été pris dans le château de Salabord, situé au milieu de la forêt de ce nom, à laquelle s'appuyait la cavalerie de notre droite, commandée par le maréchal de Castries; les maréchaux qui se croyaient à couvert par la possession du château, furent bien étonnés de voir le matin déboucher à l'improviste de la forêt la colonne de gauche des ennemis, commandés par le général hanovrien Sporcken ; dans le même moment, le prince Ferdinand se dirigeait sur notre centre, et milord Gamby nous avait déjà tournés par notre gauche vers le village de Moyenbrecken.

L'année précédente, le comte de Stainville, n'ayant à ses ordres que vingt à trente mille hommes, avait occupé la même position. Le prince Ferdinand marcha sur lui avec cent mille hommes. M. de Stainville replia sa droite en arrière sur le

---

[1] En 1762.

village d'Hochkirken où elle ne pouvait être tournée, vu son voisinage du camp retranché de Cassel, et gagna les hauteurs de Wilhemsthal et le camp retranché.

L'on ne sait ce qui détourna les maréchaux de cette sage et prudente mesure; avec cent mille hommes à leurs ordres, ils perdirent donc une bataille où, un an avant, M. de Stainville, avec vingt à trente mille contre cent mille hommes, ne fut jamais entamé.

L'amitié et la reconnaissance que je dois à feu M. de Jaucourt me donnent le plaisir de rappeler que M. de Stainville dut en partie son salut à la longue résistance qu'il fit avec la légion de Flandres, qu'il commandait dans le village d'Ienenhausen. Jaucourt défendit ce village tout le temps nécessaire aux mouvements de M. de Stainville, qui se firent sans être inquiétés.

De Sundershausen, je fus à Cassel.

J'avais eu l'honneur de connaître le landgrave à Paris et la landgrave à Plombières; cette circonstance nous suffit pour être parfaitement accueillis à leur cour, où nous fûmes présentés par le chevalier de Gray, ministre de France, ancien major du régiment d'Orléans-cavalerie. La cour était brillante, surtout par la richesse des uniformes de l'armée, et par un spectacle français dirigé par le marquis de Luchet.

Mais j'étais bien plus curieux du militaire que de

la cour de Hesse. Je savais qu'il y avait plusieurs officiers d'un mérite distingué, et je m'occupai de les connaître. De Gray me fit faire d'abord la connaissance du comte Schlieffen, lieutenant général et ministre de la guerre du landgrave. Cet excellent officier, homme d'un esprit distingué et doué des manières les plus nobles, avait passé au service de Hesse à la paix de 1763 ; il avait jusque-là servi en Prusse avec une haute distinction. Il me donna et me prodigua tous les renseignements que je pouvais désirer sur l'armée hessoise, organisée et instruite à l'instar de l'armée prussienne, dont le landgrave était le seul feld-maréchal *ad honores,* en qualité de cousin de Frédéric II.

Ce prince se piquait d'imiter Frédéric jusque dans les plus petits détails. Comme lui, il ne portait que l'uniforme, et de préférence celui de ses gardes à pied. Frédéric avait le dos rond, une longue queue ; le landgrave arrondissait son dos et portait une longue queue ; comme Frédéric, il exerçait lui-même les bataillons de ses gardes ; les uniformes de Hesse étaient ou brodés ou galonnés comme ceux de Prusse, et l'on peut dire que la parade de Cassel offrait tous les jours le spectacle militaire le plus imposant par la dignité avec laquelle cette parade s'exécutait.

Depuis ma sortie de France, je n'avais pas encore vu de cavalerie étrangère, et j'en avais la plus grande curiosité. Elle était presque toute cantonnée aux environs de Cassel; je demandai au landgrave la permission d'aller voir son régiment des gendarmes.

Le comte Schlieffen eut la bonté de m'annoncer par une lettre au général Wagenitz qui les commandait. Le landgrave me fit donner des chevaux de selle de son écurie, distinction qu'il n'accorda qu'à moi; Heyman, d'Oraison et Châteauneuf furent obligés d'en louer. Je n'eus pas la satisfaction de voir Wagenitz : il était assez gravement malade, mais je vis manœuvrer son régiment. Wagenitz était l'élève favori du fameux général Seidlitz, le fondateur de la cavalerie prussienne. J'aurai incessamment l'occasion de parler du maître et de l'élève.

J'ai dit que le théâtre de la cour de Cassel était dirigé par un Français, le marquis de Luchet. Il avait sous lui un autre Français, ancien quartier-maître trésorier de la compagnie des gardes du corps de M. le comte d'Artois, dont le chevalier de Crussol était titulaire, et moi survivancier et adjoint. M. le trésorier avait mangé la grenouille, comme l'on dit dans les troupes, et avait disparu, laissant dans la caisse un vide d'une trentaine de mille francs; je le reconnus, mais il m'évita. Je gardai le plus profond silence sur son compte. Quelques années après, je l'ai retrouvé chambellan d'un grand Roi, marié et membre d'une académie distinguée en Allemagne. Il avait pris plus de confiance; la révolution française m'avait déjà atteint; il ne redouta plus ma présence, et pour peu que je l'eusse désiré, il m'aurait volontiers protégé.

L'époque des revues de Potsdam et de Berlin approchait, je quittai Cassel pour m'y rendre par Brunswick et Magdebourg.

Nous arrivâmes à Berlin; le comte d'Eterno [1] était alors ministre de France à cette cour. C'était un homme dont l'extérieur n'annonçait pas ce qu'il était. Il avait un esprit naturel très orné. Il possédait supérieurement l'histoire et la géographie, aimait les belles-lettres dans lesquelles il était très versé. Sa physionomie n'annonçait qu'un homme très sérieux, tandis qu'en société il était doux, agréable, d'une plaisanterie fine, et même quelquefois d'une très grande gaieté. C'était un recueil vivant des anecdotes les plus curieuses, les unes sérieuses, les autres gaies, et il les racontait d'une manière à se faire écouter avec plaisir. Il s'en fallait bien qu'à Versailles on l'eût jugé aussi favorablement; on l'y croyait tout à fait déplacé auprès de Frédéric, et l'on s'y trompait bien; au fond, Frédéric en faisait un autre cas et lui portait une tout autre estime que celle qu'il avait eue pour ses prédécesseurs, quoiqu'il appréciât M. de Pons, à qui succédait d'Eterno.

[1] Ou : d'Esterno.

Il nous présenta d'abord à la Reine [1], femme de Frédéric; à la princesse Henri [2], à la princesse Ferdinand [3], belles-sœurs du Roi, et à la princesse Amélie, sa sœur; au gouverneur de Berlin, lieutenant général Möllendorf [4]; au comte de Finck [5], premier ministre des affaires étrangères; au comte de Hertzberg, second ministre; au comte de Schullenbourg-Kenert, ministre de la guerre, et au prince Sacken, grand chambellan.

Il nous présenta ensuite aux ministres étrangers, savoir : à M. de Rewiski, ministre de l'empereur d'Allemagne, le comte Suisnidorf, ministre de Saxe, à M. de Las Casas, ministre d'Espagne, au comte Fontana, ministre de Sardaigne, et au baron de Rhède, ministre de Hollande, à ceux de Suède et de Danemark, au prince Dolgorouki, ministre de Russie, enfin au chevalier Stepney, ministre d'Angleterre.

Dès que ces diverses présentations à la Cour, à la ville et au corps diplomatique furent faites, les invitations à souper ou à dîner chez les généraux et ministres du pays et les membres du corps diplomatique se succédèrent. Le temps des revues était pour Berlin celui des fêtes où se déployait le plus

---

[1] Élisabeth-Christine, fille du duc de Brunswick.
[2] Wilhelmine de Hesse-Cassel qui se sépara de son mari.
[3] Élisabeth-Louise de Brandebourg-Swedt.
[4] Richard-Joachim Henri, comte de Möllendorf, né en 1724; blessé à Iéna, il mourut en 1816, à Havelsberg.
[5] Finck de Finckenstein.

grand luxe, à raison de la quantité d'étrangers de tous les pays et de tous les États qui y affluaient.

Berlin est une ville extrêmement tranquille, calme et de peu de mouvement, mais au moment des revues, on y voit une activité prodigieuse.

Dès trois ou quatre heures du matin, les rues se remplissent de troupes qui s'assemblent par compagnies devant le logement de leurs capitaines; celui-ci, après les avoir inspectées, les réunit au reste du bataillon, et chaque régiment, une fois formé, s'achemine vers la porte de la ville pour se rendre sur le terrain de manœuvres. Chaque colonne sort par des portes différentes. Un nombre considérable de curieux, les uns à cheval, les autres en calèches remplies de dames, augmente encore ce mouvement, et l'on trouve enfin à la plaine de Tempelhoff, champ ordinaire des grandes manœuvres, trente mille hommes environ, des plus belles troupes en infanterie, artillerie et cavalerie, avec quinze à vingt mille spectateurs.

Quand on connaît les États prussiens et leur population comparée avec celle des États qui ont de grandes armées, l'on s'étonne de voir au roi de Prusse deux cent et quelques mille hommes en temps de paix, qui s'augmentent jusqu'à trois cent mille en temps de guerre. L'étonnement s'accroît encore lorsqu'on connaît ses médiocres revenus et le peu que lui coûte cette armée, dans laquelle l'or et l'argent reluisent sur tous les habits.

Cela vient, d'une part, de la conscription établie par Frédéric-Guillaume, père de Frédéric II. « Par cette seule opération, dit Frédéric, dans ses *Mémoires de Brandebourg*, il rendit l'armée immortelle. » Frédéric-Guillaume ne porta point l'armée au delà de soixante mille hommes, Frédéric II l'augmenta progressivement en proportion des conquêtes qu'il fit et qu'il eut l'art de conserver.

D'autre part, on s'étonne du peu que coûte l'armée. C'est que deux tiers, à peu près tous étrangers, sont les seuls qui soient constamment payés; le tiers des conscrits n'est assemblé, en temps de paix, qu'environ six semaines, leur paye des dix autres mois et demi sert pour le traitement des capitaines porté dans l'infanterie jusqu'à dix et douze mille francs par an.

Les appointements des lieutenants ne sont presque rien, ils vivent dans l'espoir de devenir capitaines. Enfin, le traitement des généraux est peu de chose par lui-même, mais comme ils sont presque tous propriétaires de régiments et que les colonels ont une compagnie colonelle, c'est leur traitement de capitaine qui fait leur plus grande aisance.

A mon premier voyage en Prusse en 1784, l'armée française, qui était à peine de cent trente mille hommes, infanterie, cavalerie et artillerie, coûtait au Roi cent quatorze millions, et celle de Prusse, de près de deux cent mille hommes, n'en coûtait que quarante-deux.

La conscription alors n'était point connue ni adoptée en France. Toute l'armée était recrutée volontairement. Les milices n'étaient qu'une armée sur le papier, s'élevant à soixante-quinze mille hommes, dont on ne requérait qu'un très petit nombre en temps de paix pour garder quelques places frontières, faire la garde des équipages, des vivres et des hôpitaux de l'armée. Un roi de France qui eût songé à établir une conscription autre que cette milice aurait éprouvé de la part des Parlements et peut-être des peuples une opposition invincible, eût été traité de tyran; en France, c'est un gouvernement révolutionnaire et soi-disant populaire qui le premier a osé l'y introduire.

C'est ici le cas d'examiner sur quelle base la première conscription fut établie en Prusse par Frédéric-Guillaume. Quand je l'aurai fait connaître, l'on sera libre de comparer ce régime avec la conscription établie en France dans le moment où j'écris.

En Prusse, les régiments sont en permanence dans les villes ou dans des quartiers. La Westphalie fournit des conscrits aux régiments qui y sont stationnaires, le duché de Magdebourg, la Marche de Brandebourg, la Prusse proprement dite, la Poméranie, la Silésie et les margraviats d'Anspach et de Bayreuth en font autant.

L'exemple d'un seul régiment expliquera clairement ce qu'est cette conscription, la manière dont elle s'opère, ses effets dans le régiment et dans le pays. Prenons le régiment d'infanterie du prince Henri de Prusse, en garnison permanente à Ruppin, petite ville de la Marche de Brandebourg. Un cercle est supposé dont Ruppin est le centre. Tous les villages compris dans la circonférence de ce cercle fournissent à la conscription de ce régiment. L'état-major a un état de la population et de toutes les naissances, de tous les âges des individus de l'arrondissement. Un des conscrits meurt-il ou manque-t-il, l'on sait dans l'instant trouver celui qui doit le remplacer. Il rejoint le régiment, on le dresse, on l'instruit parfaitement, et cette instruction une fois achevée, cet homme est sûr que si la paix dure vingt ans, dure trente ans, il ne reviendra sous les drapeaux qu'une fois par an, du 1er avril au 23 mai pour les revues, et que les autres dix mois et demi de l'année, il restera chez lui à cultiver son champ. Si la guerre arrive, il suit son corps à l'armée, entouré dans sa compagnie, dans son bataillon, dans son régiment, de ses parents, voisins ou amis. Son capitaine est presque toujours du même pays que lui, ainsi que le plus grand nombre des officiers du corps, en sorte que quelque campagne qu'il fasse, il peut toujours avoir des nouvelles de ses parents et de sa petite fortune; ses parents sont continuellement sûrs d'en recevoir de lui.

Les régiments prussiens étant en général composés de deux tiers d'étrangers soldés et engagés, afin de ménager la population du pays, le tiers d'enfants du pays, « landkinder », étant plus sûr, est employé à surveiller les étrangers pour empêcher leur désertion; car le soldat sait que son canton, sa famille peut-être, fournirait au remplacement.

Observons de plus que par ce système de garnisons et de quartiers permanents, au centre desquels se trouve l'état-major du régiment, les conscrits pendant la paix n'ont généralement qu'un ou deux jours de marche, pour joindre leur corps ou retourner chez eux.

De tout temps, la guerre a été et sera un des grands malheurs de l'humanité, mais les hommes seront toujours des hommes, sans cesse il y aura entre eux des sujets de querelles d'intérêts, par conséquent des guerres; il faudra donc toujours des armées. Avouons que, si la conscription est un malheur pour les peuples, telle qu'elle est établie en Prusse, le malheur est aussi adouci que possible; je dois réparer un oubli, en disant qu'un fils aîné, un orphelin y sont exempts de droit, et que jamais aucun héritage n'est exposé à se trouver sans bras qui le fassent valoir.

Les organisateurs de la conscription en France, presque tous gens de loi ou avocats, peuvent comparer leur ouvrage dans sa conception, dans le mode de son exécution, et dans la répartition des conscrits dans l'armée, avec la fondation de Frédéric [1].

J'arrivai à Berlin trop tard pour y voir les premiers exercices de l'unité à la section. Je les avais vus à Wesel; l'on travaillait par régiment et par brigades. Bientôt le général Möllendorf rassembla les lignes et les fit manœuvrer jusqu'à l'arrivée de Frédéric.

Lorsqu'un étranger désirait être témoin des revues, il devait écrire au Roi et lui demander une permission qui n'était jamais refusée. Dans les vingt-quatre heures, on la recevait par une lettre signée du Roi.

M. le comte d'Eterno fit prévenir un soir tous les Français que le Roi les recevrait le lendemain matin à Charlottenbourg, que nous devions nous y rendre en uniforme et en bottes, que l'aide de camp général, comte de Göltz, nous y présenterait.

Nous étions environ seize Français arrivés pour ces revues. MM. les princes de Lambesc et de Vaudemont avaient avec eux le général Frimont,

[1] On comparera avec intérêt ce que dit le baron des Cars avec le récit écrit par le marquis de Toulongeon, qui a été publié en 1881 par MM. Jules Finot et Roger Galmiche-Bouvier, sous le titre : *Une mission militaire en Prusse en 1786*. (Paris, Firmin-Didot, in-12).

Le *Bulletin de la réunion des officiers* (1879-1880) a inséré une relation des manœuvres faites en Prusse en 1786.

maréchal de camp, le comte de Rochechouart, maréchal de camp et ci-devant colonel de Navarre, le comte d'Ecquevilly, colonel de Royal-cavalerie, enfin le général Heyman et mes deux autres compagnons de voyage. Je ne dois pas oublier le comte de Biencourt, colonel du régiment d'Austrasie; je n'ai pas retenu les noms de plusieurs autres officiers de grades inférieurs.

Nous étions déjà rendus à Charlottenbourg suivant l'avertissement de M. d'Eterno, et nous attendions l'arrivée du Roi, nous promenant devant la cour du château, lorsque nous vîmes arriver un fiacre de Berlin, et en descendre un colonel français en uniforme d'infanterie et en bas de soie blancs.

Ces bas de soie firent un grand effet parmi nous qui étions tous en bottes. Il faudrait, se disait-on, avertir ce monsieur de l'avis donné hier par M. le comte d'Eterno; mais c'était à qui l'avertirait, nul de nous ne le connaissait assez pour remplir cet office. Nous en étions à cette discussion sur les bas de M. de Biencourt, lorsque Frédéric arriva; nous montâmes au château. Le comte de Göltz vint prendre nos noms, et un instant après parut Frédéric le Grand.

Les deux princes lorrains lui furent présentés les premiers. Il leur parla des régiments où ils servaient. Rochechouart à sa présentation lui remit une lettre du maréchal de Richelieu que Frédéric se piquait d'aimer, il en demanda beaucoup de nouvelles. En entendant le nom de mon régiment, il me fit quelques questions sur M. le comte d'Artois; puis, ne laissant plus au comte de Göltz le soin de lui présenter nominativement tout ce qui restait de Français, il alla droit sur M. de Biencourt : « Pour vous, monsieur, lui dit-il, je n'ai pas besoin de vous demander l'arme dans laquelle vous servez, sans doute vous êtes dans la cavalerie? — Non, Sire, j'ai l'honneur d'être colonel d'infanterie. — Eh? de quel régiment, monsieur? — Du régiment d'Austrasie. — Le régiment d'Austrasie? dit Frédéric, je n'en connaissais pas de ce nom. — Sire, c'est le dédoublement de celui de Champagne. — J'espère au moins, monsieur, que votre régiment aura soigneusement conservé le proverbe du régiment de Champagne... Je me f... de l'ordre. Et où est le régiment d'Austrasie, monsieur? — Sire, il est à l'île de France. — A l'île de France?... Le régiment est bien loin de son colonel. » Frédéric se mit alors à parler des nouvelles expériences d'aérostats qu'on venait de faire, il avait peu d'enthousiasme pour cette découverte; M. de Biencourt défendit la cause des ballons contre Frédéric, qui mit fin à la discussion en lui disant : « Restons chacun dans notre opinion, monsieur, pour moi la mienne sera toujours que le plus grand parti que tireront les aéronautes de leur ballon, sera le seul plaisir de nous regarder du haut en bas. »

Le lendemain matin, le Roi vint à Berlin pour y

passer la revue spéciale de l'infanterie et de la cavalerie, et il retourna immédiatement après à Potsdam.

Le seul but de ces manœuvres du printemps est de juger si tous les principes de tactique sont conservés dans les troupes; les manœuvres d'automne sont des simulacres de guerre. Au printemps, on exige la rectitude la plus scrupuleuse dans tous les mouvements, il s'agit de confirmer l'instruction. En automne, l'habitude de cette rectitude préserve de tout désordre les manœuvres d'une représentation de guerre, à laquelle il ne manque que les balles dans les fusils.

Le Roi étant retourné à Potsdam, nous nous y rendîmes la veille du premier jour de manœuvres, et nous y restâmes les trois jours qu'elles durèrent [1].

Après chaque manœuvre, le Roi retournait à Sans-Souci qu'il habitait et où il donnait l'ordre pour le lendemain. C'était un spectacle vraiment imposant pour un militaire, de le voir informé par les généraux et officiers supérieurs, leur dicter

---

[1] Dans le n° XLV des *Nouvelles extraordinaires de divers endroits* du mardi 7 juin 1785, publiées à Leyde, on lit sous la rubrique de Berlin, le 28 mai : « Les grandes manœuvres ont commencé le 21 de ce mois, et le 24 de grand matin, les régiments se sont mis en marche pour rentrer dans leurs quartiers... Parmi les officiers étrangers qui ont assisté ici à la revue, il y a eu plusieurs Français, nommément le colonel baron d'Escars... »

lui-même l'ordre et le détail de la manœuvre du lendemain, et ces vieux généraux écrire sous sa dictée, depuis le prince royal de Prusse et le duc de Brunswick, jusqu'au dernier adjudant de général ou de régiment.

Les manœuvres des deux premiers jours étaient pour le Roi un simple examen de l'instruction de ses troupes dans un très petit nombre de mouvements. Le troisième jour, l'on supposait ou l'on figurait même un ennemi qu'on cherchait à déposter d'un village, d'une hauteur ou d'un bois. A peine la troisième manœuvre était-elle achevée et les troupes rentrées dans leurs quartiers, que nombre de ces soldats conscrits, deux heures auparavant droits comme des piquets dans les rangs, avaient déjà repris leur maintien de paysans, en chemin le dos courbé comme à la charrue, pour regagner leur village, avec leur uniforme et leurs armes.

L'inspection de Potsdam au printemps est la moins nombreuse de toutes celles de la Prusse. Elle ne consiste que dans les trois bataillons des gardes, le régiment du prince royal, et de deux autres qui ne viennent que pour ces trois jours. La cavalerie n'y consiste que dans le régiment des gardes du corps.

En automne, la garnison de Berlin, les autres régiments tant d'infanterie que de cavalerie de la Marche, et même du duché de Magdebourg, s'y réunissent pour les grandes manœuvres. Il est à remarquer que, pour ne pas nuire aux travaux de la campagne, les soldats congédiés (appelés Beurlaubten) ne sont pas rappelés.

A cette revue de Potsdam, lorsque, le premier jour, le prince royal, à pied, à la tête de son régiment, saluait du spontin[1], le Roi après le défilé l'appela près de lui; j'étais derrière et j'entendis qu'il lui disait: « Je suis obligé de convenir que votre régiment est le plus beau et le mieux exercé de mon armée. » Nous lui en fîmes compliment, et l'après-midi, ayant été faire ma cour au prince et à la princesse royale, et ayant rappelé de nouveau ces paroles du Roi, le prince me répliqua : « Il ne m'avait pas dit un mot depuis la campagne de 1778. »

Cette réponse piqua ma curiosité, et j'osai témoigner à Son Altesse Royale combien je désirais une explication à ce sujet. «Dans la guerre d'un an, en 1778, me dit-il, le Roi m'avait placé avec quatre bataillons seulement fort en avant, et tout près de l'armée entière de l'Empereur; dans cette position, je courais risque à chaque instant d'être enlevé avec tout mon corps, mais j'avais eu le bonheur extrême d'échapper à cette fâcheuse position en me retirant lorsque l'ennemi marcha sur moi; je rejoignis donc l'armée sans échec; et comme cette

---

[1] Ou « esponton », demi-pique dont se servaient les officiers.

retraite s'était opérée sous les yeux du Roi et de l'armée, le Roi m'avait parfaitement accueilli en me disant : « Vous n'êtes plus mon neveu, vous êtes « mon fils. » Or, depuis ce compliment fait en 1778 jusqu'à ce jour, il ne m'avait pas fait l'honneur de me parler. Mais savez-vous, continua-t-il, à qui je dois ce compliment d'aujourd'hui ? c'est au grand nombre d'étrangers qui étaient présents quand le Roi me l'a fait. »

Le jour que nous avions été présentés à Charlottenbourg, Frédéric avait fait appeler pour dîner avec lui les princes de Lambesc et de Vaudemont, ainsi que le comte de Rochechouart et M. Frimont, tous deux officiers généraux. Il ne fit pas la même faveur à Heyman, qui avait été lieutenant-colonel du régiment de Conflans, car le Roi avait de vieilles préventions contre Conflans qu'il accusait d'avoir exigé de trop fortes contributions en Westfrise pendant la guerre de Sept ans.

Depuis longtemps, Frédéric s'était fait un principe de n'admettre à sa table parmi les étrangers que les officiers généraux. MM. de Lambesc et de Vaudemont ne l'étaient pas, mais ils étaient princes de l'Empire, cousins de l'Empereur et de la maison de Lorraine, il était bien naturel qu'en Allemagne ils fussent admis à la table du Roi.

Néanmoins, un de nos Français qui n'était que colonel, M. d'Ecquevilly, sans doute parce qu'il était beau-frère de M. d'Eterno, se trouva choqué de n'avoir pas été appelé à ce dîner, et il s'adressa au comte de Göltz pour obtenir à Potsdam cette faveur. Il voulut bien aussi me proposer comme lui à cet aide de camp général. « Les colonels de France, disait-il, mangent de droit à l'armée avec le Roi. De plus, M. des Cars et moi mangeons sans cesse chez le Roi dans ses cabinets. » — Belle raison ! pourrait-on répliquer, car si le roi de France fait ce qu'il veut chez lui, et il en est bien le maître, pourquoi le Roi de Prusse s'assujettirait-il à Potsdam aux usages de Versailles ? Dès que M. d'Ecquevilly m'eut dit ce qu'il avait fait vis-à-vis du comte de Göltz, je le priai de me mettre absolument de côté, et « quant à vous, mon cher ami, lui dis-je, si vous avez une si grande envie de dîner avec Frédéric, revenez ici quand vous serez maréchal de camp ».

Il faut bien distinguer le petit Sans-Souci habité par le Roi pendant les revues, du grand Sans-Souci qu'il avait fait bâtir pendant la guerre, et où il n'allait que pour recevoir la famille de Brunswick. Au petit Sans-Souci, le Roi logeait seul avec son neveu le duc de Brunswick, l'abbé Bastiani[1] et quelques domestiques. La cour de ce petit château est ronde et fer-

---

[1] L'abbé Bastiani était un favori du Roi. Italien, il s'était d'abord engagé dans la milice prussienne ; entré plus tard dans les ordres, il devint secrétaire de l'évêque de Breslau, puis chanoine. Il mourut à Potsdam en 1787.

mée par une colonnade qui donne immédiatement sur la campagne où l'on descend par quelques marches. En y arrivant, on est surpris de ne voir qu'un seul corps de garde à l'entrée, et trois ou quatre sentinelles au plus. C'est cependant dans ce petit palais solitaire qu'habitait si simplement un Roi qui avait rempli l'Europe du bruit de ses talents, de son habile politique et de ses nombreuses victoires. Un silence profond régnant tout autour de ce palais, donnait à ce séjour un air mystérieux et majestueux en même temps. Qui ne regardait pas alors ce cabinet comme l'antre d'Éole, d'où sortaient quelquefois les doux zéphyrs de la paix, quelquefois aussi les vents orageux de la guerre?

Nous passâmes toutes les soirées de notre séjour à Potsdam chez le prince et la princesse royale. Ne croyez pas qu'ils habitassent ou le superbe palais royal de Potsdam ou un palais particulier. Non, le prince royal à Potsdam n'était qu'un général propriétaire d'un régiment, logé, suivant son rang dans l'armée, chez un brasseur de bière. La petitesse de la maison était telle, que l'affabilité de ses maîtres indiquait seule ce qu'ils étaient.

Le prince royal m'avait singulièrement bien accueilli, sachant l'intimité dans laquelle je vivais avec M. le comte d'Artois, l'accès fréquent que j'avais auprès du Roi et de la Reine, et mes relations avec M. le duc de Chartres. Ce prince avait tous les goûts français, et son désespoir était de ne pouvoir venir à Paris connaître notre Cour et vivre à la française. Il entretenait à Paris des correspondances qui l'instruisaient de toutes les anecdotes de la société la plus à la mode. Il en connaissait les détails à m'étonner, et il m'en raconta plusieurs que j'ignorais.

Causant un jour avec lui sur son état de prince royal, réduit en Prusse à celui d'un simple grade militaire, je me rappelle qu'il me fit l'historique de ce que les rois de Prusse avaient été envers leurs héritiers, et il me raconta ce qui lui était arrivé à lui-même. Le Roi venait de faire une promotion de lieutenants généraux, parmi lesquels étaient compris de ses cadets comme généraux-majors. Il écrivit au Roi pour s'en plaindre, comme s'il eût été un simple particulier. Le Roi lui répondit : « Consolez-vous, mon cher neveu, dans peu de temps, vous ferez à votre gré des généraux-majors, des lieutenants généraux et même des feld-maréchaux. » Néanmoins, quelque temps après, il le nomma lieutenant général.

De Potsdam nous revînmes à Berlin, où Frédéric vint faire ses revues. La différence entre ces deux revues est qu'à Berlin le rassemblement est de trente bataillons, deux régiments d'artillerie et vingt-trois escadrons de cavalerie et hussards. Je n'avais pas vu encore d'aussi grand spectacle militaire, et, il faut l'avouer, il était beau de voir Frédéric, si fameux par ses victoires, si grand même dans quelques-unes de ses défaites, diriger lui-même des colonnes avec autant de facilité qu'un seul bataillon, exécuter tous les différents mouvements avec un calme et une rectitude parfaits.

Sous Frédéric se distinguaient particulièrement pour l'infanterie le général Möllendorf, pour la cavalerie le général de Prittzwitz, commandant du régiment des gendarmes et inspecteur général de cavalerie. Le vieux et célèbre général Zieten vivait encore [1]. Le Roi lui avait dû le gain de plusieurs batailles, mais son âge, qui dépassait quatre-vingts ans, ne lui permettait plus de commander lui-même son invincible régiment de hussards qui était de cette inspection.

Peu de jours avant la venue du Roi à Berlin, ce respectable vieillard était allé dans la plaine voir son régiment que le général de Prittzwitz faisait manœuvrer. Prittzwitz en avait été major sous Zieten, qui l'aimait comme son fils. Prittzwitz le respectait comme son père. Zieten voyait avec orgueil son ancien élève devenu lieutenant général inspecteur et l'un des généraux que Frédéric distinguait le plus.

Pendant toute cette manœuvre et le simulacre de guerre exécuté par les dix escadrons de ce régiment, j'avais suivi exactement et avec la plus grande

---

[1] Jean-Joachim Zieten ou Ziethen, né en 1699 à Wusrow, près de Ruppin, mort en 1786. Le baron des Cars l'écrit : Ziethen, le marquis de Toulongeon : Sieeten.

curiosité ce vieillard, monté sur un petit cheval, accompagné à droite et à gauche de deux aides de camp, le surveillant comme leur propre père. Ce bonhomme se portait partout où il pouvait applaudir à l'impétuosité et à la rectitude des mouvements de son régiment; au milieu des tirailleurs et des coups de pistolet, il semblait se rajeunir de vingt ans.

La manœuvre finie, Prittzwitz rompit tout d'un coup le régiment en colonnes, se mit à la tête de la première section, se dirigeant de manière à défiler devant Zieten et le saluer. Zieten s'en aperçut; d'une main faible et tremblante, il voulut tirer son sabre qu'un de ses aides de camp l'aida à sortir du fourreau, pour aller lui-même défiler et saluer l'inspecteur de son régiment. Prittzwitz pénétra l'intention, s'approcha rapidement de Zieten, sauta à bas de son cheval, remit le sabre du vieillard dans le fourreau, lui baisant respectueusement le genou, et, plus prompt que l'éclair, il remonta à cheval, défila et salua Zieten.

Toute cette scène se passa en bien moins de temps qu'il n'en faut pour la raconter. Ce témoignage de respect de l'inspecteur pour le vénérable Zieten, et celui de cet octogénaire pour l'inspecteur infiniment son cadet, attendrirent tous les témoins, et j'avoue que j'en fus touché jusqu'aux larmes. Tout le monde connaît la gravure qui représente Frédéric entrant dans la salle d'ordre à Berlin, courant à Zieten qui se levait, et le forçant de se rasseoir.

Le Roi fut très content cette année des manœuvres de Berlin. Il en témoigna sa satisfaction à Möllendorf pour l'infanterie, à Prittzwitz pour la cavalerie, en lui donnant le cordon de l'Aigle noir. « Le Roi a été content cette année, entendait-on dire à nombre d'officiers, il a distribué des grâces ; l'année prochaine, il sera rude et mécontent. »

L'on m'expliqua que c'était le principe de Frédéric de ne jamais paraître content deux fois de suite, soit des corps, soit même des généraux. Il craignait sans doute qu'une suite non interrompue d'éloges n'endormît son armée dans une confiance nuisible à l'activité dont il donnait lui-même l'exemple, et à la perfection qu'il exigeait. L'on s'attendait tellement à cette intermittence d'éloges et de reproches, que peut-être il manqua en quelque chose au but qu'il se proposait. Je citerai des exemples qui pourront en faire juger.

Le régiment de cuirassiers du fameux Seidlitz, le créateur de la cavalerie prussienne et de plus l'un des hommes à qui Frédéric a dû le gain de plusieurs batailles, était en quartier à Ohlau, en Silésie. Le Roi, qui devait passer dans cette ville, trouva, avant d'y arriver, le régiment en bataille et Seidlitz à la tête. Ce corps, formé et commandé par le plus habile officier connu de cavalerie, manœuvra avec la plus grande perfection. La manœuvre finie, le régiment restant en bataille, le Roi descendit de cheval et marcha vers sa voiture qui l'attendait. Alors, il se retourna : « Seidlitz, dit-il, dites à votre régiment qu'il vient de très mal manœuvrer et que je suis également mécontent de la troupe et des officiers. » Seidlitz dut répéter les paroles du Roi, qui resta pour entendre lui-même ce singulier reproche. « Messieurs, dit effectivement Seidlitz, le Roi m'ordonne de vous dire, etc., etc. » « Quant à moi, ajouta-t-il, en élevant beaucoup la voix, si j'ai quelque chose à vous demander, c'est de vous maintenir dans l'état de perfection où je vous trouve en tous points. » Le Roi l'entendit, monta en voiture et continua sa route.

Möllendorf nous fournira un autre exemple : il avait été page de Frédéric à la bataille de Mollwitz en Bohême, la première qu'ait livrée le Roi ; il fut accusé de ne l'avoir guère vue ou du moins d'extrêmement loin ; il devint lieutenant-colonel dans les gardes à pied. Le gain de la bataille de Torgau [1] fut dû en partie à la fermeté qu'il mit à conserver et à défendre les hauteurs de Siptiz, où il fut fait prisonnier. La paix était faite, plusieurs régiments étaient vacants, il en était dû un à Möllendorf, tant pour ses capacités que pour son ancienneté, et, suivant l'usage établi, il avait écrit au Roi pour lui représenter ses droits. Sur ces entrefaites, Möllendorf exerçant son bataillon à Potsdam, Frédéric fit tout d'un coup interrompre la manœuvre, accabla le commandant des reproches les plus amers comme

---

[1] Le 3 novembre 1760.

les plus injustes et ordonna au bataillon de rentrer. Möllendorf ramena donc son bataillon devant son quartier, et avant de l'y faire rentrer, il appela tous les officiers en cercle autour de lui. « Vous avez tous entendu, leur dit-il, la manière dont le Roi m'a traité, quelqu'un de vous croit-il que je l'aie mérité? Prenez-moi pour un lâche, ajouta-t-il, si je tire encore une fois à Potsdam mon épée hors du fourreau. » Et il les renvoya. Möllendorf rentra chez lui. Trois jours se passèrent sans qu'il sortît, et il ne parut pas à la parade. Certainement le Roi ne manqua pas de s'en apercevoir, mais il ne dit rien; le quatrième jour, point de Möllendorf. Un coureur du Roi vint l'appeler pour le dîner du Roi; il n'ira pas : il est malade. — Le jour suivant, un aide de camp du Roi vint de sa part savoir de ses nouvelles et lui faire des compliments. Enfin, le cinquième ou le sixième jour de bouderie, il reçut sa nomination à un régiment en Poméranie. Il sortit alors, et vint à la parade. Le Roi ne lui dit rien. Le coureur l'appela à dîner, il y alla; le Roi ne lui dit encore rien, et Möllendorf, après avoir pris à témoin les officiers de son bataillon qu'il ne manquait pas à la parole donnée, partit pour rejoindre son régiment. C'est de lui-même que je tiens cette anecdote.

Maintenant, on peut se demander comment, dans un autre service, fût-il infiniment moins sévère que celui de Prusse, non seulement un roi, mais un simple général aurait souffert des traits pareils à ceux que je viens de rapporter. Qu'on se demande aussi quelle est l'armée où l'on trouve une telle fierté, une telle confiance en ce que l'on croit valoir. Il faut, ce me semble, en conclure que si Frédéric et ses généraux n'avaient pas leurs pareils dans les autres armées, sa politique de chercher à les humilier, lors même qu'ils ne méritaient que des louanges, leur inspirait un élan d'honneur et de sentiment de ce qu'ils valaient.

Frédéric ne se bornait pas toujours à ces mécontentements simulés, il se plaisait aussi à tendre des pièges à ses officiers. J'en ai été témoin à cette même revue de Berlin.

Le régiment des gendarmes avait serré en masse par escadrons, et devait déployer sur tel ou tel escadron. Le Roi était sur le flanc de cette masse. Il entend le major Kleist commander à son escadron qui devait déployer à droite : « *Augen rechts,* Les yeux à droite ». Aussitôt, en maudissant le major, il commande à l'escadron : « *Augen links,* Les yeux à gauche », et l'escadron obéit. Mais le major, sûr de son fait, et malgré la présence du Roi et son faux commandement, renouvela le sien de l'œil à droite en ajoutant : *Sie müssen rechts sein,* « Ils doivent être à droite ». Frédéric s'était-il trompé? Je ne le crois pas, et si Kleist ne l'eût pas redressé, il le punissait peut-être.

Pendant les trois jours de la revue de Berlin, l'ordre se donnait dans une grande salle du palais.

Le Roi passait ensuite dans la pièce voisine où se trouvaient ses ministres, les ministres étrangers et les étrangers qui lui étaient présentés. Il était rare qu'il ne mêlât pas un peu de persiflage à ce qu'il disait aux uns et aux autres, et surtout aux Anglais sur leur uniforme et le nombre prodigieux de leurs régiments.

Un jour que je dînais avec beaucoup de monde chez son ministre Herzberg[1], je me trouvais à table à côté d'un jeune Anglais de dix-huit à dix-neuf ans, de la plus jolie tournure, d'une figure charmante, et fils d'un lord très connu, mais dont le nom m'a échappé. Ce jeune homme ne disait pas un mot : en revanche, il mangeait et buvait ferme. Vers la fin de l'entremets, il entendit raconter de l'autre côté de la table un persiflage assez piquant de Frédéric vis-à-vis d'un autre Anglais. Sur cela, mon jeune homme dit tout haut, avec l'accent de son pays : « Si ce vieux b...-là m'avait dit cela, je lui aurais flanqué une paire de soufflets. » Il est difficile que le ministre Herzberg ne l'ait pas entendu.

Une autre fois, le hasard me plaça à dîner chez M. de Las Casas, ministre d'Espagne, à côté de l'abbé Bastiani, l'ami intime du Roi, que je n'avais pas encore vu. L'abbé portait un cornet d'argent qui m'apprit qu'il était sourd. J'avais un autre voisin à qui je ne savais que dire. Entre un sourd et quel-

---

[1] Le comte de Herzberg, né en 1725, mort en 1795.

qu'un que je ne connaissais pas du tout, je dînais fort bien, mais dans le plus grand silence. En revanche, plusieurs Français ne déparlaient pas, et peut-être même eussent-ils mieux fait de ne pas dire ce qu'ils se permettaient. Vers la fin du dîner, l'abbé Bastiani me dit tout d'un coup avec son accent italien : « Moussu, avez-vous juré de ne pas ouvrir la bouche à Berlin ? » Et il place son cornet à son oreille pour entendre ma réponse. — « Non, monsieur, répondis-je, et vous avez pu voir que je l'ouvre souvent pour bien dîner, mais j'ai juré de dire le moins de sottises que je pourrai. » J'étais de mauvaise humeur des indiscrétions françaises que j'avais entendues. La conversation qu'il continua avec moi me prouva qu'il en avait remarqué quelques-unes, et me fit croire qu'il avait eu la curiosité de savoir si je n'étais pas comme un autre capable d'en dire. Hors de table, il m'engagea à aller le lendemain prendre du chocolat chez lui.

J'y fus avec l'empressement et la curiosité si naturels de connaître un sociétaire particulier du philosophe de Sans-Souci. Je le trouvai seul. Nous nous assîmes, et il entama la conversation. Voyant qu'il ne tenait pas son cornet, je le pris sur une table et le lui présentai. Il se mit à rire, et me dit qu'il ne s'en servait que suivant les circonstances et les personnes avec qui il se trouvait, qu'il m'entendrait parfaitement sans ce secours.

Pendant que nous parlions arriva le marquis

Lucchesini[1], autre habitué de la société de Sans-Souci ; l'on apporta le chocolat, et nous déjeunâmes tous les trois. L'un et l'autre me firent tant de questions sur la cour de France, le Roi, la Reine, les princes et les ministres, que je n'eus pas de peine à juger du but que l'on avait eu en me proposant ce déjeuner. Je n'eus donc pas le moindre mérite à observer la plus grande circonspection, et profitant de ma qualité d'étranger, je leur fis au contraire bien plus de questions que de réponses ; j'en connaissais de charmantes et pleines d'esprit de l'abbé à Frédéric, je le priai de me les redire. Il m'en apprit quelques autres, et nous nous quittâmes avec les compliments les plus réciproques.

[1] Jérôme, marquis Lucchesini, né à Lucques en 1751, mort à Florence en 1825, fut présenté à Frédéric II en 1778, devint son bibliothécaire et son lecteur. A la mort du Roi, il entra dans la diplomatie, où il servit la Prusse.

FIN DU TOME PREMIER.

TABLE DES MATIÈRES

DU TOME PREMIER

                                                                    Pages.

Avant-propos, par M. le duc des Cars.   i
Note généalogique sur la maison des Cars.   xix
Introduction, par l'auteur des Mémoires.   1

CHAPITRE PREMIER

Naissance de l'auteur des Mémoires. — Collège de Juilly. — Son entrée au séminaire. — Son engagement dans la marine. — Son voyage au Maroc en 1767. — Mariage de sa sœur avec le marquis de Brunoy.   5

CHAPITRE II

Souvenirs de marine. — Voyages à Bayonne. — Voyages à Cadix, à Marseille. — Maladie et séjour aux Cars. — Mort de madame des Cars   60

CHAPITRE III

Sortie de la marine. — Entrée au service de terre. — Présentation à la cour. — Mariage du Dauphin. — Exil de M. de Choiseul. Mariage de Monsieur. — Nomination de gentilhomme d'honneur de M. le comte d'Artois. — Mort de Louis XV.   101

CHAPITRE IV

Louis XVI ; la Reine ; premier travail avec les ministres. — Inoculation du Roi. — Nomination de colonel au régiment de dragons d'Artois ; le régiment à Cambrai et à Épinal. — Réformes de M. de Saint-Germain.   125

CHAPITRE V

Voyage avec M. le comte d'Artois, en Normandie, en Bretagne, à Bordeaux; séjour aux Ormes, à Chanteloup. — La société à Plombières. — Nomination de capitaine des gardes de M. le comte d'Artois en survivance. 1777. — Le comte François des Cars. — Études au Dépôt de la guerre. — L'abbé Terray et Turgot. — M. de Nassau et la marine. 150

CHAPITRE VI

Combat d'Ouessant. — Aventure avec M. de R... — Séjour du régiment à Nancy. — Marche en Bretagne. — M. de La Fayette; le maréchal de Vaux. — Inspection du duc de Coigny. — Pension sur l'abbaye de Méobecq. — Séjour au régiment et à la Cour. — Réception qui est faite par Louis XVI au baron des Cars. — Sa mort dans un combat naval. 179

CHAPITRE VII

Départ pour l'Espagne avec M. le comte d'Artois. — Séjour à Saint-Ildefonse. — Le roi Charles III, don Gabriel. — Séjour à Madrid. — Le vainqueur du taureau. — L'école de cavalerie d'Ocana. — Revue des carabiniers à Manzanarès. — La route aux flambeaux après Ecija 226

CHAPITRE VIII

Siège de Gibraltar. — Plan de M. d'Arçon. — Anecdotes sur le duc de Crillon et le prince de Nassau. — La première visite aux tranchées. — Enthousiasme pour M. le comte d'Artois. — Bonté du prince. — Chevaleresques égards du général Eliot. — Le chevalier d'Oraison. 253

CHAPITRE IX

L'ouvrage « magique » devant Gibraltar. — Arrivée de la flotte combinée. — Mgr le comte d'Artois la visite. — Le prince aux tranchées. — Attaque manquée. — Incendie de la batterie de Mahon. — La batterie de Pigazzo. — Le souper improvisé. — Attaque par les batteries flottantes; elles prennent feu. — Levée du siège. 284

CHAPITRE X

Retour par Cadix et Madrid. — Le catéchisme sur les *Trois Princes*. — Proposition faite par M. de Ricardos. — Séjour à l'Escurial. — Retour en France. — Mariage du baron des Cars avec Mlle de Laborde. — Sa nomination de premier maître d'hôtel du Roi en survivance. — M. de La Harpe et les fables d'Horace. — Crédit de M. de Laborde. — M. d'Herveley. — Nomination de M. de Calonne. 316

CHAPITRE XI

Voyage d'instruction à Cassel, à Berlin. — Les revues militaires à Berlin et à Potsdam. — Organisation de l'armée prussienne. — Frédéric II et les généraux Seidlitz, Mollendorf, Zieten, Prittwitz, etc. (1785). 350

FIN DE LA TABLE DU TOME PREMIER.